国家出版基金项目
NATIONAL PUBLICATION FOUNDATION

丝绸之路历史文化研究书系

第三辑　杨富学　主编

丝绸之路古钱币研究

杨富学　袁炜　主编

甘肃文化出版社

图书在版编目（CIP）数据

丝绸之路古钱币研究 / 杨富学, 袁炜主编. -- 兰州：甘肃文化出版社，2023.9
（丝绸之路历史文化研究书系 / 杨富学主编. 第三辑）
ISBN 978-7-5490-2633-3

Ⅰ. ①丝… Ⅱ. ①杨… ②袁… Ⅲ. ①丝绸之路－古钱(考古)－研究 Ⅳ. ①K875.64

中国国家版本馆CIP数据核字(2023)第176993号

丝绸之路古钱币研究

杨富学　袁　炜｜主编

项目策划｜郧军涛

项目统筹｜周乾隆　贾　莉　甄惠娟

责任编辑｜党　昀

封面设计｜马吉庆

出版发行｜甘肃文化出版社

网　　址｜http://www.gswenhua.cn

投稿邮箱｜gswenhuapress@163.com

地　　址｜兰州市城关区曹家巷 1 号｜730030(邮编)

营销中心｜贾　莉　王　俊

电　　话｜0931-2131306

印　　刷｜北京联兴盛业印刷股份有限公司

开　　本｜787 毫米 × 1092 毫米　1/16

字　　数｜390 千

印　　张｜21.25

版　　次｜2023 年 9 月第 1 版

印　　次｜2023 年 9 月第 1 次

书　　号｜ISBN 978-7-5490-2633-3

定　　价｜96.00 元

目 录

总 论

专 题

总论

总　序

　　丝绸之路是一条贯通亚、欧、非三洲经济文化交流的大动脉。自古以来，世界各地不同族群的人都会在不同环境、不同传统的背景下创造出独特的文化成就，而人类的发明与创造往往会突破民族或国家的界限，能够在相互交流的过程中获得新的发展。丝绸之路得以形成的一个重要原因，就在于东西经济文化的多样性和互补性。

　　在中西交往的经久历程中，中国的茶叶、瓷器及四大发明西传至欧洲，给当时的西方社会带来了影响，至今在西方人的生活中扮演着重要角色。反观丝绸之路对中国的影响，传来的大多是香料、金银器等特殊商品，还有胡腾舞、胡旋舞等西方文化。尽管这些西方的舶来品在考古现场有发现，在壁画、诗词等艺术形式上西方的文化元素有展示，但始终没有触及中华文明的根基。

　　早在远古时期，虽然面对着难以想象的天然艰险的挑战，但是欧亚大陆之间并非隔绝。在尼罗河流域、两河流域、印度河流域和黄河流域之北的草原上，存在着一条由许多不连贯的小规模贸易路线大体衔接而成的草原之路。这一点已经被沿路诸多的考古发现所证实。这条路就是最早的丝绸之路的雏形。

　　草创期的丝绸之路经历了漫长的历史演进，最初，首要的交易物资并不是丝绸。在公元前15世纪左右，中原商人就已经出入塔克拉玛干沙漠边缘，购买产自现新疆地区的和田玉石，同时出售海贝等沿海特产，同中亚地区进行小规模贸易交流。而良种马及其他适合长距离运输的动物也开始不断被人们所使用，于是大规模的贸易往来成为可能。比如阿拉伯地区经常使用的耐渴、耐旱、耐饿的单峰骆驼，在公元前11世纪便用于商旅运输。而分散在亚欧大陆的游牧民族据传在公元前4世纪左右才开始饲养马。双峰骆驼则在不久后也被运用在商贸旅行中。另外，欧亚大陆腹地是广阔的草原和肥沃的土地，对于游牧民族和商队运输的牲畜而言可以随时随地安定下来，就近补给水、食物和燃料。这样一来，一支商队、旅行队或军队可以在沿线各强国没有注意到他们的存在或激发敌意的情况下，进行长期、持久而路途遥远的旅行。

随着游牧民族的不断强盛，他们同定居民族之间不断争斗、分裂、碰撞、融合，这使原始的文化贸易交流仅存于局部地区或某些地区之间。不过，随着各定居民族强国的不断反击和扩张，这些国家之间就开始了直接的接触，如西亚地区马其顿亚历山大的东征，安息王朝与罗马在中亚和地中海沿岸的扩张，大夏国对阿富汗北部、印度河流域的统治以及促使张骞动身西域的大月氏西迁。这些都说明上述地区之间进行大规模交通的要素已经具备，出入中国的河西走廊和连通各国的陆路交通业已被游牧民族所熟知。

丝路商贸活动的直接结果是大大激发了中原人的消费欲望，因为商贸往来首先带给人们的是物质（包括钱财等）上的富足，其次是来自不同地域的商品丰富了人们的精神文化生活。"紫驼载锦凉州西，换得黄金铸马蹄"，丝路商贸活动可谓奇货可点，令人眼花缭乱，从外奴、艺人、歌舞伎到家畜、野兽，从皮毛植物、香料、颜料到金银珠宝、矿石金属，从器具、牙角到武器、书籍、乐器，几乎应有尽有。而外来工艺、宗教、风俗等随商人进入更是不胜枚举。这一切都成了中原高门大户的消费对象与消费时尚。相对而言，唐代的财力物力要比其他一些朝代强得多，因此他们本身就有足够的能力去追求超级消费，而丝路商贸活动的发达无非是为他们提供了更多的机遇而已。理所当然的就有许许多多的人竭力囤积居奇，有钱人不仅购置珍奇异宝而且还尽可能在家里蓄养宠物、奴伎。诚如美国学者谢弗所言：7世纪的中国是一个崇尚外来物品的时代。当时追求各种各样的外国奢侈品和奇珍异宝的风气开始从宫廷中传播开来，从而广泛地流行于一般的城市居民阶层之中。古代丝绸之路的开辟，促进了东西方的交流，从而大大推动了世界各国的经济、政治发展，丰富了各国人们的物质文化生活。

丝绸之路上文化交流，更是繁荣昌盛。丝绸之路沿线各民族由于生活的环境不同，从而形成不同的文化系统，如印度文化系统、中亚诸族系统、波斯—阿拉伯文化系统、环地中海文化系统、西域民族文化系统、河西走廊文化系统、黄河民族文化系统、青藏高原文化系统等等。而在这其中，处于主导地位的无疑是中原汉文化、印度文化、希腊文化和波斯—阿拉伯文化。

季羡林先生曾言："世界上历史悠久、地域广阔、自成体系、影响深远的文化体系只有四个，即中国、印度、希腊和伊斯兰……目前研究这种汇流现象和汇流规律的地区，最好的、最有条件的恐怕就是敦煌和新疆。"这两个地方汇聚了四大文化的精华，自古以来，不仅是多民族地区，也是多宗教的地区，在丝绸之路沿线流行过的宗教，如萨满教、祆教、佛教、道教、摩尼教、景教、伊斯兰教，甚至还有印度教，以及与之相伴的各种文化，都曾在这里交汇、融合，进而促成了当地文化的高度发展。尤其是摩尼教，以其与商人的特殊关系，始终沿丝绸之路沿线传播。过去，学术界一般认为摩尼教自13世纪始即已彻底消亡，而最近在福建霞浦等地发现了大批摩尼教文献与文物，证明摩尼教已改变了形式，在福建、浙江一带留存至今。对霞浦摩尼教文献的研究与刊布，将是本丛书的重点议题之一。

季先生之所以要使用"最好的"和"最有条件"这两个具有限定性意义的词语，其实是别有一番深意的，因为除了敦煌和新疆外，不同文明的交汇点还有许多，如张掖、武威、西安、洛阳乃至东南沿海地带的泉州，莫不如此。新疆以西，这样的交汇点就更多，如中亚之讹答剌、碎叶（今吉尔吉斯斯坦托克马克）、怛罗斯、撒马尔罕、布哈拉、塔什干、花剌子模，巴基斯坦之犍陀罗地区，阿富汗之大夏（巴克特里亚）、喀布尔，伊朗之巴姆、亚兹德，土耳其之以弗所、伊斯坦布尔等，亦都概莫能外，其中尤以长安、撒马尔罕和伊斯坦布尔最具有典型意义。

西安古称长安，有着 1100 多年的建都史，是中华文明与外来文明的交流的坩埚，世所瞩目的长安文明就是由各种地域文化、流派文化融汇而成的，其来源是多元的，在本体上又是一元的，这种融汇百家而成的文化进一步支撑和推动了中央集权制度。在吸收整合大量外域文化之后，长安文明又向周边广大地域辐射，带动了全国的文明进程，将中国古代文化的发展推向高峰，并进一步影响周围的民族和国家；同时中国的商品如丝绸、瓷器、纸张大量输出，长安文明的许多方面如冶铁、穿井、造纸、丝织等技术都传到域外，为域外广大地区所接受，对丝绸之路沿线各地文明的发展产生了重大影响，体现出长安文化的扩散性和长安文明的辐射性。这是东西方文化长期交流、沟通的结果。在兼容并蓄思想的推动下，作为"丝绸之路"起点的长安，不断进取，由此谱写了一部辉煌的中外文化交流史。长安文化中数量浩繁的遗存遗物、宗教遗迹和文献记载，是印证东西方文化交流、往来的重要内容。

撒马尔罕可谓古代丝绸之路上最重要的枢纽城市之一，其地连接着波斯、印度和中国这三大帝国。关于该城的记载最早可以追溯到公元前 5 世纪，其为康国的都城，善于经商的粟特人由这里出发，足迹遍及世界各地。这里汇聚了世界上的多种文明，摩尼教、拜火教、基督教、伊斯兰教在这里都有传播。位于撒马尔罕市中心的"列吉斯坦"神学院存在于 15—17 世纪，由三座神学院组成，他们虽建于不同时代，但风格相偕，结构合理，堪称中世纪建筑的杰作。撒马尔罕的东北郊坐落着举世闻名的兀鲁伯天文台，建造于 1428—1429 年，系撒马尔罕的统治者、乌兹别克斯坦著名天文学家、学者、诗人、哲学家兀鲁伯所建，是中世纪具有世界影响的天文台之一。兀鲁伯在此测出一年时间的长短，与现代科学计算的结果相差极微；他对星辰位置的测定，堪称继古希腊天文学家希巴尔赫之后最准确的测定。撒马尔罕北边的卡塞西亚，原本为何国的都城，都城附近有重楼，北绘中华古帝，东面是突厥、婆罗门君王，西面供奉波斯、拂菻（拜占庭）等国帝王，这些都受到国王的崇拜。文化之多样性显而易见。

伊斯坦布尔为土耳其最大的城市和港口，其前身为拜占庭帝国（即东罗马帝国）的首都君士坦丁堡，地跨博斯普鲁斯海峡的两岸，是世界上唯一地跨两个大洲的大都市，海峡以北为欧洲部分（色雷斯），以南为亚洲部分（安纳托利亚），为欧亚交通之要冲。伊斯坦布尔自公元前 658 年开始建城，至今已有 2600 年的历史，其间，伊斯坦布尔曾经是罗马帝国、拜占庭帝国、拉丁帝国、奥斯曼帝国与土耳其共和国建国初期的首都。伊斯坦布尔位处亚洲、欧洲两大洲的接合部，是丝绸之路亚洲部分的终点和欧洲部分的起点，其历史进程始终与欧亚大陆之政治、经济、文化变迁联系在一起，见证了两大洲许许多多的历史大事。来自东方的中华文明以及伊斯兰教文化和基督教文化在这里彼此融合、繁荣共处，使这里成为东西方交流的重要地区。

综上可见，丝绸之路上的文化多元、民族和谐主要得益于宗教信仰的自由和民族政策的宽松——无论是中原王朝控制时期，还是地方政权当政期间，都不轻易干涉居民的宗教信仰和民族之间的文化交流。丝绸之路上各种思想文化之间相互切磋砥砺，在这种交互的影响中，包含着各民族对各种外来思想观念的改造和调适。"波斯老贾度流沙，夜听驼铃识路赊。采玉河边青石子，收来东国易桑麻。"通过多手段、多途径的传播与交流，中西文化融会贯通，构成一道独具魅力、异彩纷呈的历史奇观。从这个意义上说，丝绸之路可称得上是一条东西方异质经济的交流之路和多元文化传播之路，同时又是不同宗教的碰撞与交融之路。

为了进一步推进"丝绸之路"历史文化价值的研究，本人在甘肃文化出版社的支持与通力合作下策划了"丝绸之路历史文化研究书系"，得到全国各地及港澳台学者的支持与响应。幸运的是，该丛书一经申报，便被批准为国家出版基金资助项目。

"丝绸之路历史文化研究书系"为一套综合性学术研究丛书，从不同方面探讨丝绸之路的兴衰演进及沿线地区历史、宗教、语言、艺术等文化遗存。和以往的有关丝绸之路文化方面的论著相比，本套丛书有自身个性，即特别注重于西北少数民族文献与地下考古资料，在充分掌握大量的最新、最前沿的研究动态和学术成果的基础上，在内容的选取和研究成果方面，具有一定的权威性和前沿性。整套丛书也力求创新，注重学科的多样性和延续性。

杨富学

2016 年 8 月 23 日于敦煌莫高窟

草原丝路贸易货币考

苏利德

内蒙古自治区钱币学会

一、草原丝路的形成、延续及其贸易

汉唐时,朝廷通过西域沟通了中国与西域各国之间的政治、经济、文化往来,开拓出一条延续千年的"古丝绸之路"。宋代由于河西走廊先后被甘州回鹘和西夏占据,北宋又开拓出一条"海上丝绸之路"。继大唐之后,在广袤的北方草原上辽朝又开拓出以上京为中心,联络西域及高丽、日本等国的"草原丝绸之路"。一时各国使节与客商通过西北、中原、海上各路,与中国频繁往来,形成了贸易繁盛的壮观局面。这是继盛唐之后东西方政治、经济、文化交流的又一繁荣时期。由于当时北方草原丝路上承担运输任务的主要交通工具是骆驼和驼车,运输的货物主要是绸缎、布匹和茶叶等物,所以又把北方草原上的这些交通线称为"丝茶驼路"。

草原丝路是蒙古高原沟通欧亚大陆的商贸大通道,是丝绸之路的重要组成部分,它沿内蒙古阴山长城,向西北穿越蒙古高原、中西亚北部,直达地中海北陆的欧洲地区。它东段最为重要的起点是今内蒙古自治区呼和浩特市,这里是游牧文化与农耕文化交汇的核心地区,是草原丝路的重要连接点。当时中原历朝各代都有对牲畜及畜牧业产品的庞大需求,而北方草原也高度依赖中原所产丝绸、茶叶、瓷器、铁器等各类生产工具和生活用品,所以自古以来形成了草原与中原贸易的坚实社会基础。这一阶段虽然战争不断,但是贸易并未禁绝。

北宋时,与辽在边境地区设置榷场互通有无,宋方输出的产品主要是香料、茶、瓷器、漆器、缯布、稻米等,辽方输出的主要是羊、马、骆驼、盐等。在与辽贸易的同时,与西夏的贸易范围也特别广,西夏输出的产品主要有马匹、青盐及牛、羊、骆驼、毛皮、甘草等,北宋输出的主要是粮食、茶叶、铁器、丝绸等。

南宋时,与金的榷场贸易也很繁荣,双方在淮河沿岸及西部边境设有六个榷场,南宋输出的商品中以茶叶、棉花为大宗商品,金输出的主要是北珠、毛皮、番罗等。此外,民间的黑市贸易规模也很可观,仅光州(今河南省潢川县)一处,每年私下交易的茶叶达数十万斤,牛七八万头。①

元朝,草原丝路的发展与繁荣达到了顶峰。成吉思汗建立横跨欧亚的蒙古国,并建立驿站制度。元朝建立后,以上都、大都为中心,设置了帖里干、木怜、纳怜三条主要驿路,道路四通八达,构筑了连通漠北至西伯利亚,西经中亚达欧洲,东抵东北,南通中原的发达交通网络。元代全国有驿站 1519 处,有站车4000 余辆,这些站车专门运输金、银、珠宝、货品、钱帛、贡品等贵重物资。②当时,阿拉伯、波斯、中亚的商人通过草原丝路往来中国,商队络绎不绝。近几年,在这些草原丝路沿线的遗址当中,相继发现了当时商品交换的大量实物。如在呼和浩特市东郊的万部华严经塔发现了世界上现存最早的纸币实物"中统元宝交钞",在额济纳旗黑城古城遗址相继发现"中统元宝交钞""至元通行宝钞"。在内蒙古各地还发现了大量中原的瓷器。在元代集宁路古城遗址发掘出土了大量的窖藏瓷器,汇聚了中原七大名窑的精品,同时还出土四万余枚铜钱,这足以说明当时贸易的兴盛。另外在元上都、德宁路、净州路等地还发现带

---

① 潘照东、刘俊宝:《草原丝绸之路探析》,中国史学会、宁夏大学编:《中国历史上的西部开发——2005 年国际学术研讨会论文集》,北京:商务印书馆,2007 年,第 76—77 页。

② 王子英等注释:《中国历代食货志汇编简注》下册,北京:中国财政经济出版社,1987 年,第 209、215 页。

有古叙利亚文字的景教墓顶石,充分说明了当时东西方文化交流的盛况。在中国北方大草原上,类似于元上都、集宁路、德宁路、净州路这样的草原商贸城市还有很多,它们呈一线分布于内蒙古草原的东部边缘地带,是东西方商贸交易的重要枢纽。草原丝路的发达为开放的元朝带来了高度繁荣,使草原文明在元朝达到了极盛。中国的指南针、火药、造纸术、印刷术通过草原丝路传到了欧洲,从而推动了世界文明的发展。

明朝建立以后,与北元经历了长期战争,各部之间也战乱不断,草原丝路道路废弃,贸易停滞。至永乐年间(1403—1424年),明朝与蒙古兀良哈部在辽东互市,正统年间(1436—1449年),明朝与蒙古在大同开展互市贸易,但受战争影响,互市时断时续。明中叶,漠南蒙古阿拉坦汗强盛,因民众"以茶为命""不得茶,则困以病",①故通过战争与明朝达成协议,开边互市,沿长城各镇东自宣大、西至延宁开放互市场所13处,蒙古以马匹、牲畜、皮毛等换取内地粮食、茶叶、布帛、瓷器、农具、铁器等。据统计,万历六年(1578年)至万历十年(1582年),张家口、大同、宁夏等地互市销售的梭布从50万匹猛增到100万匹左右。②阿拉坦汗所建的归化城(今呼和浩特市旧城)成为商业中心、交通枢纽,其商路南达山西大同、河北宣化,西南达陕西榆林、宁夏银川,北达哈拉和林、克鲁伦河。

清初,在归化城的清军队伍里,出现了专门为清军提供军需服务的随军经商的商人。这些随军商贾除为部队贩运军粮、马匹等军需外,同时还兼做当地的民间生意。他们把从中原地区购买的茶叶、布匹、粮食,以及其他草原牧民所需的生活日用品运往草原,再换回草原牧民的牲畜、皮毛等畜牧业产品。人们把这些随军流动经商的商贾称作"旅蒙商",当时"旅蒙商"的经商活动主要以骆驼为运输工具,一般都是沿历史上的古驿站线路前进,足迹遍布漠南、漠北、漠西广大草原。

---

① 潘照东、刘俊宝:《草原丝绸之路探析》,中国史学会、宁夏大学编:《中国历史上的西部开发——2005年国际学术研讨会论文集》,北京:商务印书馆,2007年,第76—77页。

② 中国公路交通史编审委员会:《中国公路运输史》第一册,北京:人民交通出版社,1990年,第80页。

康熙三十年(1691年),清政府召集漠北喀尔喀三部和漠南内蒙古四十九旗的王公贵族,在多伦诺尔会盟时蒙古王公一致向康熙帝上书,请求政府派遣更多旅蒙商贾深入蒙古地区进行贸易。康熙帝应允了他们的请求,但考虑到当时北方的威胁还没有完全消除,所以清政府对旅蒙商人设定了严格的限制。规定凡是去内外蒙古和漠西厄鲁特蒙古的商人,必须得到特定衙门的批准,从指定的关口进入指定的地区进行贸易,不准前往未指定的地区经商。商队必须在经商许可证上注明商队人数、货物品种、数量,以及起程和返程的日期等内容,到达后,也必须在当地官吏的监督下进行贸易。清政府尽管对旅蒙商人给予种种限制,但毕竟已合法化,所以中原商人,特别是山西、直隶等地商人蜂拥而至。于是,内地通过长城沿边道口,循着中原通往蒙古地区的驿道,由近及远,逐渐深入漠北的库伦、乌里雅苏台、科布多,及至更远的唐努乌梁海,以及漠西的古城、迪化、伊犁、塔尔巴哈台等地的厄鲁特蒙古地区。

乾隆中期以后,清政府对旅蒙商的限制进一步放宽,遂使内蒙古地区的商业贸易日趋兴旺,旅蒙商贾开始设立永久性的商号。特别是乾隆二十年(1755年)清军平定青海、新疆,占领伊犁后,旅蒙商人开辟了一条"营路",于是,归化和内地到土默特以及走外路(库伦)与西路(哈密)做蒙古生意的汉族商人及庄铺买卖字号,都争先恐后到归化城及北部草原地区发展,因而,归化城成了旅蒙商贸的主要基地,"起初繁荣时期,每年输入70万~80万只羊、3万匹马、1万头骆驼和牛;输入五六百万两的皮革、毛绒;而由新疆伊犁一带运来的货物也达到一二百万两。"①这一阶段,由于草原丝路上的经贸活动进入繁荣阶段,站段固定,线路畅通,草原丝路遂成为我国中原内陆、西北,以及中亚商贸的最大经济命脉。据《蒙古及蒙古人》一书记载:光绪初年归化城每年的茶叶输出量为10余万箱,主要是砖茶。其中24块一箱则主要供给土默特地区的蒙汉民众,每年销售4万箱;39块一箱者主要运往乌里雅苏台,每年约3万箱;运往古城的主要是72块或110块一箱的砖茶;木墩茶和白毫茶(红、绿茶)则主要销

---

① 蒙古族通史编写组:《蒙古族通史》(修订版)下,北京:民族出版社,2001年,第144页。

往伊犁和中亚，以及俄国的维尔年斯克、塔什干、鄂木斯克、托木斯克等地，每年销量3万~3.5万箱。①当时归化城成为贸易经营的重要基地，贯通了中原内陆与漠西、漠北草原，以及中俄边境的贸易交流，形成了蒙古地区一个自成体系的庞大商业网。归化城的旅蒙商把从全国各地贩运来的货物，经归化城运往西北边陲等地销售，再把从蒙古以外及西北各省贩运回来的牲畜及畜牧业产品，经归化城转售内地。因此，归化城汇集了来自全国各地的适于蒙古地区生产、生活需求的商品，为旅蒙商贸易提供了商品转运的便利条件，更加密切了内陆与西北边远地区的经济联系，充分发挥了商品贸易中转站的作用。

据不完全统计，从18世纪后期到19世纪60年代，仅漠北地区定居的旅蒙商号多达五百余家，经商活动的商人多达二十余万。他们在库伦、恰克图、乌里雅苏台、科布多等地建了许多宽敞的店铺、货栈和住宅，形成了进行贸易交换的"买卖城"。当时产于湖北、安徽、福建的砖茶，产于河南、江西、山东的布匹、生烟、陶器、瓷器，产于河北、山西、陕西的麦粉、金属器皿、供佛用品，产于江浙、两广的绸缎、蔗糖，源源不断集中到张家口、归化城等地，再通过草原丝路运往漠南、漠北、漠西地区。清乾隆至道光年间，仅张家口一地，每年运往漠北的砖茶达40万箱(每箱装27块，每块重1.5公斤)，共约12600吨。运往漠北的绸缎、布匹、茶、烟、糖等生活用品，折银约2083.1万两，而由漠北通过张家口转销内陆的各种皮毛、药材等，折银约1767.5万两。②

自鸦片战争以后，帝国主义列强凭借各种不平等条约攫取了许多商业特权，使奔走于草原丝路上的旅蒙商人在贸易成本上处于劣势地位，民族商贸受到严重冲击。20世纪初，随着西伯利亚铁路、中东铁路、京张铁路、京绥铁路的通车，俄国把对华贸易的中心由蒙古转移到东北，其利用享有的通商特权，直接深入中国内陆进行贸易，这种状况使旅蒙商人在对俄贸易中的中介作用丧

① ［俄］阿·马·波兹德涅耶夫：《蒙古及蒙古人》第二卷，呼和浩特：内蒙古人民出版社，1983年，第92—93页。
② 曹梦麟、甄可君：《中国的"丝茶驼路"》，《呼和浩特回族史》编辑委员会编：《呼和浩特回族史料》第二集，内部资料，1990年，第64—67页。

失殆尽，也导致了归化城、张家口、库伦、恰克图等传统边贸中心日趋没落。辛亥革命后，由于国内军阀混战，局势动荡，使旅蒙商遭受了重创，遭此变故最大的归绥旅蒙商号大盛魁也于民国十八年关闭歇业。1929 年以后经常往来于草原丝绸之路，承担与西北贸易的商人是归绥的驼户，当时这些驼户有骆驼五千多峰，每年营业额约 30 万银圆。[①]至日本侵占中国后，侵略者对华实行了强制的经济统制，归绥的日军对驼户的外出经商实行了严苛的限制，还派人跟随驼队监督贸易。加之当时新疆的军阀盛世才实行全面封锁政策，出入新疆的贸易皆被封死。从此草原丝路开始衰败。抗战胜利后，通往新疆的驼道又重新开放，归绥和包头的驼商又开辟了新的驼道，继续与西北边陲进行着贸易，一直延续到 1949 年前。

据有关资料统计，民国十九年、二十年、二十一年(1930—1932 年)，每年从新疆、甘肃、宁夏、青海运入归绥，然后转运平津内地的皮张达 170 万张，羊驼绒、毛等达 2061 万斤，各种药材达 422 万斤。其中仅新疆运来归绥转运内地的货物每年达 282 吨，而由天津运来归绥然后转运西北地区的货物每年达 272 吨。仅民国二十一年(1932 年)，天津运来归绥的洋布有 45715 匹、土布 87181 匹、棉花 12814 斤、砖茶 7735 箱、其他类茶叶 13485 斤、冰糖 59076 斤、红白糖 1320591 斤。以上东西往来的货物的总运价约 817 万元。[②]

二、草原丝路的贸易货币

自草原丝路形成以来，随着商道的畅通，许多内地、国外的使团、商人纷纷进入北方蒙古草原从事商业活动，至清朝及民国，各类商铺遍布阴山南北及草原地带。商品经济的发展，促进了金融业的繁荣，货币的需求量和流通量大大

---

① 曹梦麟、甄可君：《中国的"丝茶驼路"》，《呼和浩特回族史》编辑委员会编：《呼和浩特回族史料》第二集，内部资料，1990 年，第 64—67 页。
② 曹梦麟、甄可君：《中国的"丝茶驼路"》，《呼和浩特回族史》编辑委员会编：《呼和浩特回族史料》第二集，内部资料，1990 年，第 64—67 页。

增加,呈现出新旧交替、中外混杂的局面。但内蒙古地区由于受牧业经济、地域环境、交通条件等方面的限制,金属货币往往不能适应商品交易的需要。因此,其商业贸易还主要是以物易物的原始交换方式,形成了不同阶段、不同朝代草原牧区贸易以土布、砖茶、绵羊等作为交换媒介的特殊货币形式,同时,也流通有各种货币。

(一)草原丝路沿线出土的部分古代外国金、银币

1. 拜占庭金币,黄金铸造。直径 1.4 厘米,为东罗马皇帝列奥一世(457—474 年)时所铸。呼和浩特郊区出土。

2. 芝诺金币,直径 1.9 厘米,2012 年赤峰征集。

3. 卡瓦德一世银币,白银铸造,是萨珊王朝第十九个国王卡瓦德一世(488—531 年)复位后所铸,直径 2.6 厘米。2012 年赤峰征集。

4. 库思老一世、二世银币,银币模铸成,直径均为 3 厘米,呼和浩特市郊区出土。出土地点大部分在丝绸之路上,或者在它的延长线上草原丝绸之路。

5. 霍尔木兹四世银币,直径 3 厘米,2012 年赤峰征集。

6. 卑路斯银币,直径 2.5 厘米,2012 年赤峰征集。

7. 嚈哒银币,直径 2.6 厘米,2012 年赤峰征集。

8. 伊朗狮子银币,直径 2.8 厘米,2012 年赤峰征集。

9. 陀拔里斯坦银币,直径 2.2 厘米,2012 年赤峰征集。

10. 萨希银币,直径 1.7 厘米,2012 年赤峰征集。

11. 花剌子模银币,直径 1.9 厘米,2012 年赤峰征集。

12. 莫卧儿银币,直径 2 厘米,2012 年赤峰征集。

13. 伊儿汗金币,直径 2.3 厘米,2012 年赤峰征集。

14. 察合台金币,直径 3 厘米,2012 年赤峰征集。

15. 阿拔斯金币,直径 1.9 厘米,2012 年赤峰征集。

这些金银币的出土反映了当时阿拉伯、波斯、中亚的商人通过草原丝路往来中国,贸易络绎不绝。在今内蒙古自治区的古代城址中,还发现了许多当时的贸易商品,这些文物和金、银币是北方草原丝路贸易的有力见证,反映出东

西方政治、经济、文化交往的繁荣与兴盛。但当时贸易方式主要是以物易物,也有个别外国商人先把本国货币兑换成中国钱币,再购买中国货物,所以草原丝路沿线古代遗址中出土的外国货币寥寥无几。据裴哥罗梯1340年撰写的《通商指南》中所载,欧洲商人进入元境内后,须将所带金银兑换为中国通行的纸钞,再用纸钞购买所需物品。①

(二)特殊货币

草原丝路上活动的主要是以畜牧业为生的游牧民族,自青铜时代起,先后有狄、匈奴、鲜卑、突厥、回鹘、契丹、蒙古等主要民族,这些游牧民族都是以牛、羊、马、驼等牲畜为财产,因而在与中原和西方国家贸易时一般都是采用以货易货的方式,但也有少量的中国和西方国家的金银币、白银、铜币等古钱币流通。

及至明末、清朝和民国时期,草原丝路上流通的货币更是五花八门,有实物货币土布、绵羊和砖茶,也有各种金属货币、纸币、帖子等。

清朝时期旅蒙商人采取南买北卖、北买南卖的形式,即从张家口、天津、北京、上海等地贩上土布、花缎、丝绸、茶叶、瓷器及药品等物,运到西北各省及库伦、科布多、乌里雅苏台、恰克图等地销售。再从销售地收上灰鼠、旱獭、北极狐、狼、貂等动物皮张、皮革制品,以及贵重药材,如鹿茸、贝母、枸杞、麝香等物,运销内地各省。

当时土布是十分重要的交换媒介,旅蒙商人在恰克图的贸易往来都是用土布来作价的。据张诚《鞑靼旅行记》记载,1688年,法国传教士曾如此描绘他们和蒙古人之间的以货易货:"在路上,我们碰见几位喀尔喀鞑靼人。他们携带着骆驼、马匹和羊出售或进行交换。我们用茶叶和烟草与之交易,价格约为十五索尔可换一只羊……用他们的牲畜交换布、烟草及茶叶……他们不愿收钱,而只需布……拒绝收钱,但要布、茶叶、烟草和食盐作为补偿。"②

---

① 张星烺编著:《中西交通史料汇编》第一册,北京:中华书局,1977年,第316页。
② [法]热比雍(汉名张诚):《张诚日记—鞑靼旅行记》,转引自[法]白晋著:《外国人笔下的清宫秘闻:康熙帝传》,珠海:珠海出版社,1996年,第137、142页。

《绥远通志稿》记载,清代归化城在以货易货中,主要用绵羊和砖茶作为交换媒介。砖茶与绵羊的比价是每只绵羊相当于 7 块三九砖茶(三九砖茶指每箱装 39 块,每块约值白银三钱)的价值,每只好绵羊可值 12 块三九砖茶。①《蒙古地志》载恰克图砖茶市情:"凡市场商店购买物件,有以小片砖茶标价者,土人亦喜相接受,如碎切之银两。大抵一头羊换砖茶十二至十五个,骆驼可换百二十个至百五十个。"②砖茶与羊皮的比价是每张绵羊皮约相当于 1.4 块三九砖茶;与羊肉的比价是每块砖茶相当于 3 斤绵羊肉;与羊毛的比价是每块三九砖茶相当于 2.5 斤绵羊毛。砖茶与马的比价是每匹普通马相当于 46 块三九砖茶,每匹好马可值 86 块三九砖茶。③归化城的绵羊和砖茶比价在科布多、乌里雅苏台等地有明显的差距。土布、绵羊和砖茶是在北方以货易货交易中充当一般等价物的特殊商品。

(三)金属货币及纸钞

草原丝路上活动的游牧民族,虽然在与中原和西方国家贸易时多采用以货易货,但也有少量的中国和西方国家的金银币、白银、铜币等古钱币流通到丝路沿线。如在草原丝路上常见到的汉代货币有"半两""五铢""货泉""大泉五十""货布"等形制,与这些钱币相匹配的钱范、钱文也曾在草原丝路沿线的内蒙古鄂尔多斯霍洛柴登铸钱遗址出土。据此可推测,汉代在北方草原丝路中流通的货币,有一部分来源于霍洛柴登铸钱遗址,可以说,霍洛柴登古城铸钱遗址所制造的钱币为当时草原丝路的商品交换及发展提供了货币支撑,对两汉时期内蒙古地区草原丝绸之路的繁荣发展与延续起到过重要作用。

在不同的历史时期、不同的国家和地区,在草原丝路上流通的货币种类虽有不同,但均对贸易活动的正常进行发挥了重要作用,并对中西方国家货币文化的交流和发展产生了深远的影响。当时草原丝路沿线的西夏在初期的经济

---

① 绥远通志馆:《绥远通志稿》第三册,呼和浩特:内蒙古人民出版社,2007 年,第 569—570 页。

② [日]日本参谋本部编:《蒙古地志》综合系列(二)贸易,呼和浩特:内蒙古大学出版社影印,2013 年,第 150—165 页。

③ 中国政治协商会议内蒙古自治区委员会文史资料研究委员会:《旅蒙商大盛魁》(内蒙古文史资料第十二集),内部资料,1984 年,第 154—155 页。

贸易中,主要采取物物交换的形式,同时也使用少量流通宋钱。北宋灭亡后,失去经济后盾的西夏只好与金建立友好关系,发展榷场贸易。但金经常以各种借口停闭榷场,或在榷场贸易中贬值使用宋钱,使得西夏不得不自己大量铸行货币。这已在草原丝路沿线内蒙古临河市、包头市郊沙尔沁阿都来村、鄂尔多斯准格尔旗的西夏古城址出土的窖藏中得到证明。出土的钱币主要是西夏汉文的"天盛元宝"和"乾祐元宝"铁钱,同时还发现铸铁残渣、铸钱泥范残块等。从这些出土文物可推断出,草原丝路沿线靠近黄河沿岸的榷场经济已达到了空前繁荣的阶段,且自铸的铁钱主要用于榷场的边境贸易。北宋时期,草原丝路贸易除了物物交换外,还使用铜钱和白银,尤其是民间的贸易活动中更是愿意使用白银。白银大量在丝路贸易中的流通,为北宋白银的货币化创造了一定的条件,也产生了积极的影响。由于元代钞法整治极其完善、严密,并禁止金、银和铜钱等传统的金属货币同时流通,所以草原丝路沿线城市遗址出土的钱币主要是元早期的中统钞、晚期的至元钞和至正交钞,还有些元代各朝的铜钱。

随着草原丝路商业日趋兴旺发达,中原商人、西方使团和清朝时期的旅蒙商队纷纷把金银币、白银、银两、纸钞、铜钱、铜圆、纸币相继带入丝路,这样就有许多中国古钱币、外国货币流通到丝路上,成为草原丝绸之路上流通货币的一部分。

清初期,草原丝路贸易货币仍流通银两和铜钱,但从清代晚期开始出现了银圆、铜圆,与银两和铜钱混合流通的局面。

1. 银币

在清代白银和铜钱都可无限制使用,实行银钱平行本位。交易额大用银,小则用铜钱,归化城及北方草原丝路上用银两多于铜钱。银币分银锭和银圆两种,常见有山西省清代和民国初年的大小元宝,如"大同元宝"和"太谷宝"等,也有"归化元宝"。由于各种元宝的重量和质量各不相同,使用非常不便,而且全国各地的衡器千差万别、标准不一,故称银时,归化城一般用城钱平,银圆1元相当于城钱平的六钱五分四厘七毫二,也有以库平银、湘平银为标准的。1933年国民党政府在全国推行废两改元,以银圆为货币单位,称量白银才退出流通领域。清光绪年间发行了银圆,归化城在光绪末年才流入,与铜钱的折合率为每 800 枚铜钱兑银圆 1 元。1914 年后,中国银行相继在归绥、包头设立分支机构,大量银圆流入北方草原丝绸之路,常见有"袁大头""孙中山小人头""英国站洋""墨西哥鹰洋""帆船""俄国羌人头"等,还有日本、美国贸易银圆,但流通量不大。

2. 铜钱

草原丝路上流通的铜钱,以清政府或各省官钱局铸的为多,间杂有前朝铜钱,大小不等,成色不一,品种繁多,非常混乱。品种有制钱、黄钱、白钱、青钱、红钱、普尔钱等。由于钱的比价不断涨落,时有变化,而一些公私铸铜钱出现了减重或劣质品,为此归化城有些钱商在钱市上大搞投机活动,直到 1923 年政府限制后才停止。清初,归化城是以 96 文抵 100 使用,乾隆、光绪时期以 86 文抵 100 使用,光绪末年则又降为 80 文抵 100,此间各地钱法也有所不同,如毕克齐光绪末年是 68 文抵 100 使用。

3. 铜圆

铜圆为清末铸造,分红铜和黄铜两种。每枚重一钱六分的铜圆当制钱 10 文,与银圆比价为 100 : 1;重三钱二分的铜圆当制钱 20 文,多为清政府及各省铸造。清末民国初年流通于北方草原丝路的铜圆,常见有山西铜元局所铸的红铜圆,另有"光绪元宝"和"大清铜币"等种类。

4. 纸币

纸币有两种:一种是地方官银号或银行发行的兑换券。一种是商会或商行发行的帖子。归化城及草原丝路上流通的纸币有以下几种。

大清银行纸币:面额为 100 元、10 元、5 元、1 元四种。

俄国国立银行兑换券(羌帖),面额为 500、100、50、25、10、5、3、1 八种,日俄战争后禁止流通。

民国时期还有许多地方票券流通于草原丝路上。

平市票:绥远平市官钱局在 1920 年发行了 5 吊、1 吊、500 文、300 文、100 文五种制钱票及面额为 10 元、5 元、1 元、5 角、2 角、1 角的银圆主辅币兑换券和面额为 100 枚、50 枚、30 枚、20 枚、10 枚铜圆券。1931 年改发新票,旧票折半兑换,1933 年又四折兑现。1937 年后停止使用,被蒙疆银行票收兑。

晋钞:1919 年山西省银行发行,有银圆和铜圆兑换券两种。由于旅蒙商人中多为山西籍人,故晋钞发行后很快流通到驼道上。1932 年改组山西省银行后,以新钞 1 元兑旧钞 20 元收回,使旅蒙商人遭受巨大损失。

西北银行票:由冯玉祥创办的西北军随军银行,1925 年在归绥和包头设分行,大量发行纸币。初发时还可与中国银行票、交通银行票等价流通,西北军撤退时西北银行撤销,票券停兑成为废纸。

丰业票:丰业银行是归绥市以商股集资开办的商业银行,1920 年成立后,发行了以银圆为本位币的流通券,初期发行 14 万元,面额为 10 元、5 元、1 元三种。1937 年日军侵占归绥后被蒙疆银行票取代。

绥西垦业银号票:1932 年 3 月由太原绥靖公署在包头市成立。发行银圆兑换券 100 万元,面额有 5 元、1 元、2 角、1 角四种。铜圆 20 枚、10 枚两种。

蒙疆票:日军侵占华北后,1937 年 11 月 23 日宣布成立蒙疆银行。1938 年 3—5 月陆续发行了面额为 100 元(三种)、10 元、5 元、1 元纸币及 5 角、1 角、5 分、1 分、5 厘铜质硬币。1940 年又发行了 5 分、1 角、5 角纸币,还把日本铸的 10 钱、1 钱铝币投入市场流通。抗日战争结束后,蒙疆票由绥远省银行以法币 1 元换 4 角收兑。

中央银行券及法币:中央银行券是 1928 年 11 月 1 日由国民党中央银行发行的纸币。1935 年规定中国银行、农民银行、交通银行和中央银行发行的钞票为法币,并负责收兑其他各银行的各种票券。从 1942 年 4 月 1 日起,法币由中央银行统一发行,日本投降后流通于内蒙古西部地区。由于发行量增大,遂于 1948 年 8 月停止流通,以金圆券 1 元收兑法币 300 元。金圆券发行不到 1 个月开始贬值,到 1949 年 6 月 25 日,国民政府行政院规定金圆券 5 亿元兑银圆 1 元,以至城市交易又改用银圆和布匹作为媒介。1942 年 4 月,国民党中央银行还发行"关金券",1 元可兑法币 20 元,日军投降后开始在内蒙古西部地区流通,后被金圆券取代。

银圆券：1949 年 6 月绥远省银行发行，主币面额 1 元，辅币有 5 角、2 角、1 角、5 分，铜质硬币有 5 分和 1 分，1 元主币与银圆等价使用，中华人民共和国成立后被人民币收兑。

帖子：内蒙古西部地区流通于草原丝路的票据，主要是大盛魁票庄印制的，上印有金额、发行商铺名、号码、发行年、月、日，并盖有商务会的印章。这种钱帖有的以清朝制钱为标准，面额大的当 35 吊文，小的当 1 吊文；有的以小洋钱为标准，面额大的当 50 角，小的当 1 角。

上述流通的诸多钱币，虽然其制造与发行并非专为草原丝路贸易使用，但确实流通到了草原丝路上，其中不排除部分货币参与或充当了草原丝路之贸易货币。

三、草原丝路的作用

草原丝绸之路的畅通不仅密切了国内各民族之间的交往，而且也沟通了东西方经济文化的交流，促进了东西方各国经济文化的发展。这主要表现在以下几个方面。

促进了畜牧业的发展。由于从中亚及西北地区输入了像"汗血马""千里驹"，以及细毛羊等优良畜种，从而大大地提高了长城内外牲畜的优化繁殖，促进了畜牧业经济的发展与繁荣。

重视及扩大农业生产。受中原农耕文化的影响，草原游牧民族也逐渐重视农业。如辽对发展农业生产就非常重视，耶律阿保机做契丹各部首领时，就吸取内地经验，多方搜罗汉人，筑城镇，建基地，组织发展农业生产。在他们的重视之下，长城以北辽阔的土地得到了广泛的开发。正如《辽史》所说："二百余年，城郭相望，田野益辟。"[1]明朝建立后出于自身统治的考虑，和北元没有任何经济上的往来。土默特部首领阿拉坦汗通过和平谈判，以及武力的方式达成了与明朝通

---

[1] 《辽史》卷四十八《南面京官》，北京：中华书局，1974 年，第 812 页。

商的目的。通过通商,明朝和蒙古土默特部的经济呈现了向上发展的态势。阿拉坦汗为了发展土默特地区的农业,积极引进农业技术、开垦荒地,在短短几年的时间里,使土默川的农业取得了很大的进步,从而促进了经济的发展。

丰富了农作物和技术作物的品种。通过丝路贸易中亚的葡萄、石榴、胡桃、橄榄、胡麻等农作物传入了中国。中国的方竹、桃、杏(印度人称文那果),中草药中的黄连、大黄,调味品中的姜、花椒、肉桂等也传入西域各国。特别是中国的桑树、茶树、漆树及蚕丝技能更是受到西域人的热捧和重视。

提高了生产技术。自汉代以来,中亚一些民族就精于毛纺技术,如编织毛毯、挂毯、地毯、毛呢绒等。这些技术也随着丝路贸易逐渐传入了中国。而中国的丝绸、瓷器、漆器的制造技术也传到了中亚,大大地促进了中国与西域各国手工业生产技术的发展。

促进了丝路沿线城镇的兴起和繁荣。草原丝路的开拓促进了丝路沿线互市据点的发展,刺激了草原牧民畜牧业、狩猎业的发展,并且为畜产品提供了广阔稳定的市场,同时也促进了丝路沿线城镇手工业、运输业的发展。特别是靠近中亚、中俄边境的草原城镇,由于内外交通的开放、国内外商人自由贸易往来的不断深入,北疆边境地区的一些交通枢纽和边塞小镇,逐渐发展建设成为具有"陆地港口"和"沙漠威尼斯"之称的新兴商埠。

西北民族大学博物馆藏丝绸之路金币叙录

赵学东
西北民族大学历史文化学院

2017 年，西北民族大学博物馆从私人藏家手中征集了一批丝绸之路钱币，数量近 600 枚，包括金、银、铜币，其中金币数量较少，有 47 枚，时间跨度从公元前 2 世纪—公元 19 世纪长达 2000 余年。现就西北民族大学博物馆馆藏丝绸之路金币为主进行简要叙述。

通过初步整理，我们得知这批金币主要来自欧洲、中亚、西亚、东北亚、南亚、北非地区不同政权（其中包括一枚不知来自何地何种用途的编号为 5 的金币），包括了丝路货币四大钱币体系的三大类，即以古希腊罗马货币为代表的地中海文化钱币、以阿拉伯波斯货币为代表的伊斯兰文化钱币，以及以印度为代表的南亚次大陆文化钱币。这些钱币不仅反映了丝绸之路各政权的文化、历史信息，还展现出昔日丝绸之路经济的繁荣和东西方文化的交流。

这些金币中，欧洲地区有 13 枚：古希腊色雷斯（约公元前 4 世纪—公元前 3 世纪）金币 1 枚。狄奥多西王朝时狄奥多西一世（378—395 年）（罗马帝国正式分裂前的最后一位皇帝，将基督教定为罗马帝国的国教）金币 1 枚。拜占庭帝国（东罗马帝国）阿卡狄乌斯（395—408 年）金币 1 枚。查士丁尼王朝（518—610 年）金币 4 枚：包括查士丁一世（518—527 年）索利多金币 2 枚、查士丁二世（565—578 年）索利多金币 1 枚，剩余 1 枚为查士丁索利多金币。希拉克略王朝(610—711 年)金币 4 枚:包括希拉克略(610—641 年)金币 3 枚、君士坦斯二世(641—668 年)金币 1 枚,凯尔特人琥珀金币 1 枚,萨维利亚金币 1 枚。

北非地区有 2 枚:包括绿衣大食金币 1 枚,黑衣大食金币 1 枚。

中亚地区有 10 枚:包括波斯萨珊王朝(224—651 年)附属国金币 1 枚。萨曼王朝(874—999 年)金币 1 枚。帖木儿帝国(1370—1507 年)金币 3 枚。浩罕汗国(1514—1876 年)金币 5 枚,其中阿古柏王朝(哲德沙尔汗国)(1865—1877年)金币 4 枚。

西亚地区有 11 枚:包括萨伐尔王朝(867—1002 年)金币 1 枚。蒙古伊利汗国(1256—1355 年)金币 4 枚:分别为花角、三体、花瓣、普通型各 1 枚。哥疾宁王朝金币 2 枚。塞尔柱王朝金币 1 枚。恺加王朝金币 1 枚。萨曼王朝曼苏尔一世金币 1 枚。阿拔斯王朝金币 1 枚。

北亚地区,蒙古汗国(1206—1260 年)大蒙古金币 1 枚。

南亚地区有 9 枚:贵霜帝国韦苏提婆一世(191—230 年)金币 1 枚。萨伽金币 1 枚。莫卧儿帝国(1526—1858 年)莫卧儿王朝金币 1 枚。科钦王朝金币 1 枚。提普苏丹王朝金币 1 枚。坦雅多尔王朝金币 1 枚,另外,还有表现宗教信仰的金币 3 枚:包括古印度佛陀金币 1 枚,大吉祥天女金币 1 枚,犍陀罗金币 1 枚。

上述金币中时间最早者为古希腊色雷斯金币,约公元前 4 世纪。钱币的正面是头戴公羊角的亚历山大头像,背面是奥林匹斯十二主神之一的智慧、战争、艺术女神雅典娜坐像,左肘倚在立盾上,左手掌朝上,持一奈克女神,两侧的币文为"李西马科斯国王(ΒΑΣΙΛΕΩΣ ΛΥΣΙΜΑΧΟΥ)"。众所周知,亚历山大大帝部将李西马科斯(Lysimachos)在继承人战争中攻占色雷斯和小亚细亚东部,于公元前 305 年建立了色雷斯王国。为了纪念伟大的亚历山大大帝,李西马科斯对钱币进行了创新,一改古希腊钱币上只铸造神祇英雄形象的传统,将亚历山大大帝头像铸在钱币之上,但因以往钱币上只有神祇形象,只好又在亚历山大头像上添加了一对公羊角,以此神化了亚历山大大帝形象。这枚金币造型精美,正面亚历山大像英气勃勃,大家公认此像最接近亚历山大本人。这种铸币风格也被后世统治者所模仿,纷纷将统治者头像铸于钱币之上。

另外,拜占庭帝国时期金币较多。拜占庭希拉克略一世金币,编号 25。这枚金币属于多人立像钱币,发行于 613—641 年,正面中间为老年的希拉克略,左侧为长子君士坦丁,右侧为次子希拉克洛纳斯。背面为三层台基的十字架,三层台基象征着基督耶稣被钉死的地方——各各他山(Golgatha),反映了基督教作为拜占庭帝国国教的事实。

公元 1 世纪,贵霜王朝创立,疆域从塔吉克绵延至里海、阿富汗及印度河流域、恒河流域,在公元 2 世纪左右势力达到鼎盛,由于地处丝绸之路要冲,贵霜王朝和东方的汉朝、帕提亚王朝、西方的罗马帝国均保持着密切往来关系,商业贸易十分发达,汉文典籍中记载有很多来自"大夏"的商品。中原汉朝和贵霜王朝一度发生战争,《后汉书·班梁列传》载:"初,月氏(即贵霜)尝助汉击车师有功,是岁贡奉珍宝、符拔、师子,因求汉公主。超拒还其使,由是怨恨。永元二年,月氏遣其副王谢将兵七万攻超。超众少,皆大恐。超譬军士曰:'月氏兵虽多,然数千里逾葱领来,非有运输,何足忧邪?但当收谷坚守,彼饥穷自降,不过数十日决矣。'谢遂前攻超,不下,又抄掠无所得。超度其粮将尽,必从龟兹求救,乃遣兵数百于东界要之。谢果遣骑赍金银珠玉以赂龟兹。超伏兵遮击,尽杀之,持其使首以示谢。谢大惊,即遣使请罪,愿得生归。超纵遣之。月氏由是大震,岁奉贡献。"[1]月氏曾出兵助汉朝攻打西域的车师,由此双方关系逐渐友好,月氏向汉朝求婚,但遭到拒绝,月氏王恼羞成怒,派副王谢率兵攻打班超驻地,因劳师远行,最终被班超击败。副王谢遣使谢罪,请求向汉朝岁贡。这里的"岁贡"包含了两层意思:一是臣服。二是贸易。由于贵霜王朝在丝绸之路上的特殊地理位置,丝绸之路贯穿贵霜疆域,在丝路贸易中扮演着中间商的角色,他们将东方的丝绸等物品贩运至印度、罗马,再从欧洲、中亚、南亚将货物运至东方。贵霜王朝韦苏提婆一世金币,编号 69,正面为韦苏提婆王左侧站立像,国王手持三叉戟供奉祭坛,背面为头部束带的湿婆立像,左手持三叉戟,身后为神牛南迪,是印度文化中湿婆信仰的一种反映。另外还有大吉祥天女金币、佛陀

---

① 《后汉书》卷四十七《班梁列传》,北京:中华书局,1965 年,第 1580 页。

金币等均表现了印度宗教信仰和丝路文化的交流。

表 1

编号	图版	名称
1		伊利汗金币
2		伊利汗金币
3		伊利汗金币
4		伊利汗金币
5		未知名金币

续表

编号	图版	名称
6		阿古柏金币
7		浩罕王朝金币
8		萨维利亚金币
9		阿古柏金币
10		恺加王朝金币

续表

编号	图版	名称
11		波斯萨珊附属国金币
12		凯尔特人金币
13		古希腊色雷斯金币
14		古印度犍陀罗金币
15		帖木儿帝国金币

续表

编号	图版	名称
16		帖木儿帝国金币
17		帖木儿帝国金币
18		萨伐尔王朝金币
19		塞尔柱王朝金币
20		拜占庭希拉克略一世金币

续表

编号	图版	名称
21		拜占庭君士坦斯二世金币
22		拜占庭希拉克略一世金币
23		拜占庭狄奥多西一世金币
24		拜占庭阿尔卡狄乌斯金币
25		拜占庭希拉克略一世金币

续表

编号	图版	名称
26		拜占庭查士丁二世三分之一索利多金币
27		拜占庭查士丁二世三分之一索利多金币
28		拜占庭查士丁二世三分之一索利多金币
29		拜占庭查士丁尼索利多金币
69		贵霜王朝韦苏提婆金币

续表

编号	图版	名称
71		贵霜王朝萨伽金币
90		哥疾宁王朝金币
133		萨曼王朝曼苏尔一世金币
136		绿衣大食金币
137		黑衣大食金币

续表

编号	图版	名称
140		阿古柏金币
141		提普苏丹王朝金币
142		科钦王朝金币
143		坦雅多尔王朝金币
144		古印度佛陀金币

续表

编号	图版	名称
146		古印度大吉祥天女金币
150		古印度莫卧儿王朝金币
519		大蒙古金币
530		哥疾宁王朝金币

续表

编号	图版	名称
588		阿古柏王朝金币
589		萨曼王朝金币
590		阿拔斯王朝金币

敦煌：古丝绸之路上的"金融中心"

郭勤华

宁夏社会科学院

敦煌作为一个地域名称在长期以来的文化研究中，官修史书对其的记载仅寥寥数语，但作为欧亚通道上的贸易交流之地。敦煌也是东西方政治、经济、文化、军事交流的纽带。丝绸之路上的欧亚大陆使者往来于此。敦煌不仅解决沿途商旅的食宿，还给他们带来精神抚慰，在这里他们目睹并感受着东西方文化交融的光影，接受不同文化的熏陶。敦煌通融诸流，迎送回旋，儒家文化、佛教文化，以及其他各种支系文化在这里碰撞交融，钱币也在其中。季羡林先生曾谈到敦煌在文化交流中的价值时说："世界上历史悠久，地域广阔、自成体系、影响深远的文化体系只有四个：中国、印度、希腊、伊斯兰，而这四个文化体系汇流的地方只有敦煌和新疆地区。从人类发展的远景来看，对文化汇流的研究，有其特殊的意义。目前研究这种汇流现象和汇流规律的地区，最好的、最有条件的恐怕就是敦煌和新疆。"可见，敦煌在古丝绸之路上充当着商品货币运行的金融市场，在整个河西通往中亚乃至更遥远的地区，发挥着金融活动枢纽的作用。

一、具备古丝绸之路"金融中心"的条件

古往今来,凡金融活动的兴盛都会伴随着经济中心的而形成和发展,它是商品经济高度发达的产物。金融中心的形成必须满足如下条件:一是,当商品生产和商品流通以某一城市为中心,加上金融活动的复杂性和多样性,以及金融力量对经济发展的巨大作用力,使少数经济中心发展成金融中心。从这个意义上说,敦煌是古丝绸之路经济贸易的最佳地方。二是,单纯从地理空间看,敦煌尚不足以支撑金融中心的形成,必须有十分坚实和可靠的资源供给地,才能形成巨大的资金流动,敦煌依托广阔的自然环境,通过河西走廊这个大通道,源源不断地提供商品给往来于敦煌的各路商队。在相对区域内外形成发达的市场网络,钱币成为流通环节的重要媒介。三是,敦煌为来自中亚、西亚等地的商队行者提供完善的基础设施,创造良好的交流环境。钱币进入流通环节,需要充分和迅捷的信息服务,敦煌正为此提供了相对完善的住宿、餐饮、市场、信息等基础设施,创造了良好的流通环境,吸引了更多的商贾在本区域内活动。归纳起来,敦煌具备丝绸之路金融中心的基本特征,超过城市所在区域的更大地理区域资金的聚散地,中心城市的良好的基础设施、法律制度以及文化环境为金融中心功能发挥提供依托,金融体系的枢纽,在总体金融体系中居于重要位置,发挥着总体金融体系的关键功能。历史上的敦煌虽然没有现代意义上的金融机构和专门的金融服务和支持性产业,但"盖大汗国中,商人所至之处,用此货币以给费用,以购商物,以取其信物之售价,竟与纯金无别","尚应智者,凡商人之携金银、宝石、皮革来自印度或他国而莅此城者……君主使之用此币偿其货价,商人皆受之。"①敦煌作为丝绸之路东西交流融汇之地,对贯穿东西方文化乃至丝绸之路沿线的波斯文化、印度文化和伊斯兰文化等,都是通过商贸往来、物品交换而彼此传播,互惠互利,从而推进各种文化的交流与融合。敦

---

① 冯承钧:《马可波罗行记》,北京:中华书局,1954 年,第 238 页。

煌所具有的这一传播文化的功能，决定了在丝绸之路商业贸易中充当交换媒介的钱币，具有其特殊性，正因为此，敦煌自然而然成为丝绸之路上沟通东西方贸易和文化传播的重镇。

古丝绸之路沿线各国对各自商品的需求，对彼此商品贸易差价巨额利润的追求，更加促进了敦煌作为商品交换集散地被长期留存并得以发展，吸引着中亚、西亚及丝绸之路两侧各国融入这里，使位置优越的敦煌成为和平时期的主要金融中心，在理论上，金融中心运作的合理结果就是，全部丝绸之路上的商队使者集中在一个区域中心，但在现实世界中，政治因素、战争壁垒和各种措施都会影响货币流通，敦煌在历史长河中，充当地区性和地方性金融中心的作用始终在发挥着。

二、敦煌源于东西方文化交流，钱币文化伴随始终

敦煌位于甘肃西部，是连接青藏高原北部和河西走廊的绿洲，这里自古以来是欧亚文化交流的必经之路。在官修史书中，敦煌没有留下什么磅礴的记录，但从敦煌壁画和出土文献来看，敦煌是东西方文化交流的中心之一，这成就了敦煌数千年文明交往的画面。汉武帝开拓河西后，敦煌成为河西四郡之一，派军驻守，敦煌成为中原文化出行的西大门。沙漠驼铃的古丝绸之路，曾为东西方经济文化的交流与发展带来辉煌。活跃在中古时期丝绸之路上的粟特人，扮靓了敦煌钱币文化的风景。从东汉时起，中亚地区的粟特人逐渐东来入华，尤其是北朝和隋唐时期，他们先至敦煌，中原汉族的生产生活风俗刺激着他们善于经商，追逐利润，他们在东来中原的道路上充实了丝绸之路上钱币文化的多元特点和自治特点。初入河西的粟特人，一个主要的目的是从事经济贸易，获取商业利润。当时除了使用中国的铜钱外，河西走廊等地还使用金、银币，得到了中原王朝的批准。《隋书》卷二十四《食货志》记载北周时期"河西诸

郡，或用西域金银之钱，而官不禁"。①这是一种颇具区域自治特点的多元货币制度。其实，河西流通这些西域金银钱币可以追溯到北魏末年，如 S.4528《人王般若经》末题："大代建明二年（531 年）四月十五日是，佛弟子元荣……以银钱千文赎，钱一千文赎身及妻子，一千文赎奴婢，一千文赎六畜。"②北周武帝给瓜州刺史李贤及其弟李穆的赐物中就有两万银钱，③显然是要在河西、陇右等地流通使用。在河西走廊的敦煌、张掖、武威等地，确实也出土了金银币实物。莫高窟北区 B222 窟出土一枚银币，"正面磨损严重，边缘围绕一圈联珠纹，中间为半身王者像，脸向右，王冠虽残，但尚可辨其后部为一对翼翅，冠顶为一新月抱圆球。在王者像面前有一条由肩上飘起的带状物，与髻后的一条对称。围绕王者像有模糊难辨的钵罗婆文字。背面边缘也有一圈联珠纹，中央为柱状祭坛，祭坛上的火焰正熊熊燃烧，火焰左侧为一五角星，右侧为新月，彼此对称，祭坛两侧各站立一个头戴尖顶高冠、足踏高筒靴的祭司，祭司外侧均有铭文，固（因）磨损过甚无法辨认，经研究这枚银币属波斯萨珊王朝第五代王卑路斯时期（PEROZ，459—484 年）铸造"。④此外，张掖大佛寺金塔殿基下舍利石函内出土了 6 枚波斯萨珊银币，⑤武威康阿达墓曾经出土过一枚金币。⑥除了河西之外，在甘肃东部的陇右地区也有西域金银币的出土。陇西县牟世雄从当地农民手中搜集到一枚金币，直径 1.8 厘米，厚 0.5 厘米，重 2.306 克，剪边并有磨损。金币的正面是戴盔插翎的王者像，身穿铠甲，外披战袍，右手持枪扛于肩上，上围有铭文；背面为胜利女神像，右手持长柄十字架，身背双翅，周围有铭文。经甘肃省钱币学会康柳硕鉴定，初步确定是东罗马拜占庭帝国狄奥多西斯二世

① 《隋书》卷二十四《食货志》，北京：中华书局，1973 年，第 691 页。

② 黄永武编：《敦煌宝藏》第 36 册，台北：新文丰出版股份有限公司，1982 年，第 472 页。

③ 《周书》卷二十五《李贤传》云："于是令中侍上士尉迟恺往瓜州，降玺书劳贤，赐衣一袭及被褥，并御所服十三环金带一要、中厩马一匹、金装鞍勒、杂彩五百段、银钱一万。赐贤弟中国公穆亦如之。"北京：中华书局，1971 年，第 417 页。

④ 彭金章、沙武田：《试论敦煌莫高窟北区出土的波斯银币和西夏钱币》，《文物》1998 年第 10 期，第 22—27 页；彭金章、王建军：《敦煌莫高窟北区石窟》第 3 卷，北京：文物出版社，2004 年，第 323—324 页。

⑤ 张掖市文武管理局编：《张掖文物》，兰州，甘肃人民出版社，2009 年，第 185 页。

⑥ 夏鼐：《咸阳底张湾隋墓出土的东罗马金币》，《考古学报》1959 年第 3 期，第 67—74 页。

时期(408—450 年)的金币。①天水市四中刘大有收藏有东罗马拜占庭金币与波斯萨珊银币,前者出土于清水县,正面为头戴王冠的福卡斯皇帝(602—610 年)半身像,两鬓胡须,冠顶有小十字架,右手托一球体,上有十字架,上围多半圈有铭文,夏鼐考释其意为"我们的主上福卡斯,长生不老的至尊";背面为一带翅的胜利女神像,两手皆执有十字架,脚底座下有铭文,意为"打制于君士坦丁堡"。后者收购于天水城壕旧货市场,正面是头戴王冠的卑路斯半身像,冠顶有新月并托一圆球,卑路斯脸前到肩部有一行钵罗婆文,意为"主上卑路斯";背面饰以袄教祭坛火焰,两侧为新月与星星、相对而言的祭司,亦有铭文。②以上这些实物钱币的出土,为甘肃河西、陇右地区使用拜占庭金币、萨珊银币从事贸易提供了证据。荣新江研究认为"在北方丝路沿线发现的大量波斯银币和少量罗马金币,应当是粟特人贸易的印证,而不是钱币源出国的波斯人和拜占庭人"。③详细论述参其《丝绸之路与东西文化交流》第四编《外来物质文明的贡献》之《丝路钱币与粟特商人》第 240—248 页。流动或定居在甘肃的粟特人通过中转贸易的方式,把相当数量的拜占庭金币、波斯萨珊银币或其仿制品流通到中国境内。

至于甘肃出土的其他与粟特人相关的文物也有不少,如鎏金银瓶,这与前凉"张轨时,西胡致金胡瓶,皆拂菻作,奇状,并人高,二枚"是一致的,④应当就是粟特人从西方沿着丝绸之路流传到这里的。⑤前述天水粟特石棺床墓葬中有一件鸡首瓶,绿黄色釉陶,甘谷县也出土了三彩凤首壶。⑥

① 牟世雄:《甘肃陇西县发现一枚拜占庭帝国金币》,《考古》2001 年第 12 期,第 88 页。

② 刘大有:《丝路骑车仿古觅古录》之《浅谈波斯萨珊朝银币》《甘肃天水新发现一枚东罗马福卡斯金币》,中国泉友丛书编委会自印本,1992 年,第 25 页,第 40—44 页。

③ 荣新江:《从撒马尔干到长安——中古时期粟特人的迁徙与入居》,荣新江、张志清主编:《从撒马尔干到长安——粟特人在中国的文化遗迹》,北京:北京图书馆出版社,2004 年,第 5—6 页。

④ 李昉等:《太平御览》卷七五八《器物部三·瓶》引《前凉录》第 4 册,北京:中华书局,1960 年,第 3365 页。

⑤ 宁夏固原李贤墓出土了北周鎏金银胡瓶,罗丰认为"'西胡'大约是指中亚粟特人,作为礼品将鉴金银胡瓶献给张轨,以求安全通过这一地区以进行贸易",见其《北周李贤墓出土的中亚风格鎏金银瓶——以巴克特里亚金属制品为中心》,《考古学报》2000 年第 3 期,第 311—330 页。

⑥ 杨瑾:《说唐墓壁画中的胡瓶》,陕西历史博物馆编:《唐墓壁画国际学术研讨会论文集》,西安:三秦出版社,2006 年,第 251—266 页。

中亚、西亚等王朝钱币的出土和中原历代王朝钱币在丝绸之路上的推广运用,印证了历史上敦煌在中外商业贸易通道的独特性。宁夏固原出土的北魏漆棺画墓中有波斯萨珊卑路斯银币 1 枚,直径为 2.7 厘米,重 3.5 克,形状为圆形,银币外轮廓不甚规则,正面有联珠纹组成的边框,中间为波斯萨珊王卑路斯头戴王冠的侧面头像,王冠下部有联珠纹边饰,中部与后部有似城池的装饰物,前有一新月,王冠顶部有翼状物翘起,之上有一新月,新月托一圆球。在头像前部有自下向上用古波斯帕勒维文(又译钵罗婆文)草写而成的半周铭文,一般译作"主上、卑路斯、王"。银币背面亦有联珠纹组成的边框,中央为拜火教祭坛,祭坛下有两级台座,台上为一圆柱,柱中系有一飘带,带两边下垂,祭坛上火焰燃烧,火焰由圆点组成三角状,火焰右侧有一新月,左侧为一五角星。祭坛两边有两个面对面的祭司,站立作拱手状。左侧祭司背后有一行帕勒维文铭文,是铸币地点的缩写,为阿巴尔沙尔,是萨珊东部呼罗珊省的四府之一,为今伊朗东北境的泥沙普尔。

出土文物中除发现大量波斯萨珊王朝时期的文物外,还发现了东罗马帝国的金币。北周田弘墓中出土波斯萨珊金币 5 枚,就数量而言,一座墓葬中出土如此众多的金币较为少见。雷奥一世(Leol,thethracian,457—474 年)金币,直径 1.54 厘米,重 2.6 克,有 2 孔。铭文的正面:DNLEOPERPETAYUG,反面:VICTORIAAVGGGI/CONOB,即:DN(Dominus Noster,我们的主宰),LEO(Leol,雷奥一世),PERPETAUG(Perpetuus Augustorum,永远的皇帝),VICTORIA(胜利),AVGGGG(皇帝们),I(发行所记号),CON(康斯坦丁诺布尔),OB(标准黄金)。尤斯第努斯一世(Justinl,518—527 年)金币,直径 1.67 厘米,重 2.9 克,有 4 孔。尤斯第尼阿努斯一世摄政期(Justinianl,the Great,Co-regent,527 年)的尤斯第尼阿努斯金币,直径 1.62 厘米,重 3.3 克,有 3 孔。尤斯第尼阿努斯一世大帝期(Justinianl,the Great,527—565 年在位)金币。

以上金币的正反两面铭文,除皇帝的名称与发行所记号不同外,其余与雷奥一世金币的铭文相同,均为"我们的主宰""永远的皇帝""胜利""皇帝们""康斯坦丁诺尔""标准黄金"。发行所记号有 I、S、A 三种,表明 5 枚金币来自这三个制造局。5 枚金币中的 2 枚,即雷奥一世、尤斯第尼阿努斯一世大帝期的金币属首次在我国境内出土。有 4 枚金币表面分别有 2~4 个不等的穿孔,这表明金币流传到这个区域后原有的货币职能发生了转变。[①]同时,中原王朝铸造的钱币大量在河西走廊出土发现。新疆和田麦力克阿瓦提汉代遗址,出土了 45 公斤汉五铢钱。墨玉县阿克萨莱乡,出土 8.5 公斤宋代钱币。途经罗布泊的古代商道上,散落了 970 多枚开元通宝、乾元重宝等唐代钱币。还有在中亚、非洲及南海、菲律宾等东南亚地区,都发现了很多开元通宝、永乐通宝。境外国家和地区铸造的钱币,比如新疆吐鲁番地区及甘肃、青海、宁夏、陕西、河南、山西等地,出土发现了贵霜钱币、波斯萨珊朝银币、东罗马金币、阿拉伯金银币、倭马亚银币等等。其中尤以 1959 年新疆乌恰县深山石缝中发现的 947 枚波斯萨珊银币最具典型意义。这些钱币一般是丝绸之路沿线如新疆、中亚等地铸造的,明显带有东西方两大钱币文化体系相互交融的特点。

三、用马克思主义相关货币理论认识和理解敦煌在古丝绸之路上发挥钱币交流的作用。

马克思关于货币的相关论述。马克思认为货币关系的出现促进了人类自由、平等的发展。货币促进自由和平等的原因:一是货币的流动性。土地是不动产,货币是动产,与土地等不动产相比,货币具有较强的流动性。货币作为动产,富有变化和不确定性,不受地点和主体的限制。马克思认为"游牧民族最先发展了货币形式,因为他们的一切财产都具有可以移动的,因而可以直接让渡的形式"。[②]地处东西交流要冲的敦煌,往来于此处的各民族,均和草原民族有着息息相关的联系。二是货币的可通约性。货币是一般等价物,是千差万别的事物相互沟通和比较的桥梁,它能够把世界上万事万物联系和沟通起来。货币

---

① 马建军:《二十世纪固原文物考古发现与研究》,2004 年,银川:宁夏人民出版社,第 92、93 页。
② 《马克思恩格斯文集》第 5 卷,北京:人民出版社,2009 版,第 108 页。

可通约性其实就是货币的购买力,货币几乎能够买到一切,货币的这个特点使它成为人们竞相追逐之物。在《1844年经济学哲学》手稿中,马克思借莎士比亚之口描述了货币的魔力,黄金"可以使黑的变成白的,丑的变成美的;错的变成对的,卑贱变成尊贵……这黄色的奴隶可以使异教联盟,同宗分裂"。货币的购买力导致了人们对金钱的追逐和贪欲,对货币的贪欲导致丝绸之路上各民族之间的纷争,正如在货币面前,一切等级门阀观念、种族观点、圣俗区别都烟消云散。可以说,敦煌成就了丝绸之路上来自不同地域的民族、商贾、行者等,在钱币交流中大大地推进彼此的平等共赢。交换本身就意味着交换主体间的某种自由和平等。交换是在双方自愿的基础上进行的,在交换中,交换者必须考虑对方的利益,任何一方都不得使用暴力强迫,这是自由的实现。从交换的过程来看,交换主体是平等的人,他们的商品作为等价物出现,这就是平等的实现。因此,马克思指出"只有在发达的货币制度下交换价值才能实现,或者反过来也一样,所以货币制度实际上只能是这种自由和平等制度的实现"。敦煌在特定历史时期对丝绸之路商业贸易的影响恰恰体现了它为东西往来于丝绸之路上的行者提供了一个实现利润最大化的场所空间。

应该说,敦煌形象地见证了东西方文化的交流和融合。伴随古代沟通东西方文化交流的丝绸之路贸易的广泛开展,文化的交流与融合在钱币文化中也得到了形象而具体的体现。丝绸之路钱币作为一种文化的载体和历史的见证,在东西方文化交流方面扮演了重要角色。丝绸之路钱币作为人类文明的重要内容,不仅是商品交换的媒介,更是文化的载体、历史的见证,以及不同历史时期政治、经济、文化和科学技术发展的缩影,能够非常客观地揭示出敦煌与中原的关系。综上所述,千百年来敦煌地区的钱币文化是中华钱币文化的重要组成部分,真实地体现出历史上敦煌与历代中央政权在政治、经济、文化上的密切联系。

余 论

敦煌的历史文化造就了敦煌历史文化底蕴深厚、风格独特的无穷魅力。敦煌位于古代中国通往西域、中亚和欧洲的交通要道——丝绸之路上,自然资源丰富,发源于祁连山的党河,是敦煌重要的水利命脉,敦煌人民的母亲河。土地资源肥沃,光照资源丰富,土质肥沃,灌溉条件好,适合各种植物生长。矿产自然丰厚,使敦煌工业经济拥有得天独厚的发展前景。敦煌作为中国西北交通的枢纽站,又是中国文化的蓄水池,活跃着众多民族,闪烁着灿烂的异域风情,古丝绸之路上的文物遗存构成了宏伟瑰丽的旅游景区景点。

敦煌在丝绸之路的形成及发展过程中起到的作用,成为"制御西域,总护南北道"的军事政治中心和战略要地,中西文化的交会点。曾经拥有繁荣的商贸活动。钱币文化历史厚重,近年来,伴随着国家政策的扶持和"一带一路"建设的实施,特色文化建设成为发展地方产业的重中之重,敦煌及其周边的钱币文化作为古丝绸之路中最具代表性的文化产品之一,逐渐被人们所了解和重视。从历史文化遗产遗迹的开发和保护、古钱币文化博物馆的建设、商业化重点建设的打造等方面着手,逐步扩大古钱币遗址保护区建设,建设古钱币博物馆,注重古钱币"旧"的历史感和"新"的现代感方面进行复原重建,形成一种具有特色的钱币开发模式,使古丝绸之路上的钱币文化得到开发利用。

敦煌文脉与丝路钱币多元文化探旅

刘　璟

故宫博物院

一、敦煌丝路钱币文脉源起

世界各国人民之间的友好民族文化交往和经济文化交流，是促进人类社会发展的重要因素，无论是古代还是现代，莫不如此。在特殊的时期和环境中，丝路贸易的变迁促进了民族间互市区域的贸易，敦煌处于丝路独特地位，文物遗存丰富，石窟、壁画、墓葬、木简、文书、钱币、铜器、陶器、铁器、丝路残片、丝绸、漆器等都是中西文化艺术的珍贵遗产。据《史记·大宛列传》的记载和对原始传世文献记载的理解，钱币是贸易的载体，以及出土钱币上的图像（不同宗教中的众神）反映着古中亚艺术和早期中外艺术交流的重要脉络。用图像学方法探究钱币上的图像在当时有着怎样的民族文化宗教，以及印度洋上的交易如何产生极具特色的中西多元文化。如目前常见的希腊铭文铅饼，对敦煌石窟壁画与丝路钱币进行谈论。"安息在大月氏西可数千里……以银为钱，钱如其王面，王死辄更钱，效王面焉。"①又《汉书》云："文独为王面，幕为夫人面。"荀悦

---

① 《汉书》卷九六《西域传》，北京：中华书局，1962年，第3896页。

云："幕音漫，无文面也。"①经张骞出使西域所见闻史料和丰富的文物遗存探索敦煌与丝路钱币间的关系分析。

通过丝绸之路历史的演变过程，众所周知，敦煌所处丝绸之路特殊的地理位置，是丝绸之路上的咽喉要道。汉武帝元鼎六年（前111年）前后伴随汉武帝开拓边疆，敦煌成为西域直辖的指挥要塞，西出玉门关形成了南北两路的丝绸之路，分别通向印度、波斯、东罗马帝国，促进人类各大文明的交汇融合。古希腊艺术的审美影响了印度犍陀罗，佛教、耆那教等理想化的宗教审美文化特点并通过中亚传入西域，在汉文化的儒家思想下，敦煌进入了汉文化的世界，汇入了中华文明丰富的哲思智慧并延续发展了汉文化。海洋商贸之路的兴盛，丝路钱币作为商业的媒介，促进了各国之间的友好交往及经济文化交流，也是人类社会发展史上的重要因素。丝路贸易的变迁、东西方人口的交汇与民族文化的多元使之成为敦煌的社会根基和文化主脉。

《中国钱币大辞典》中提出：中国是世界上使用钱币最早的国家之一，已有三千多年历史。②就青铜铸币而言，从贝化、刀化、布化、蚁鼻钱、圆钱到方孔圆钱，走过了一条循序渐进，独立发展的道路，创造了具有中国特色的钱币文化。中国的钱币历史悠久，具有丰富的内涵和表现形态，无论是器形、纹饰、大小、重量、材质，还是内含的成色质地，在不同时期、不同地区都有着不同的制作和规定，以及不同的审美文化。每一种钱币的文字、设计、制作、风格，都是当时社会政治、经济、文化、科学技术的反映。在继承和发扬传统钱币文化的同时，吸收了考古学、古文字学、经济学、历史学、货币史、金属冶炼史、印刷史、民俗学、美学等的研究成果，应用到了新技术、新手段。钱币文化的研究也不再拘泥于钱币本身，文物价值、时代、真伪、钱行区域等相关信息的分析研究，通过图像解析钱币图像背后的历史真相，并且进一步延伸到与钱币相关的社会历史文化的方方面面。在相关研究中，笔者认为，应该进一步探索对这些文物的宏观认识与个案研究的关系，

---

① 《汉书》卷九六《西域传》，第3889页。
② 《中国钱币大辞典》编纂委员会：《中国钱币大辞典·魏晋南北朝隋编·唐五代十国》，北京：中华书局出版，2003年，第3页。

进一步探求生成这些文物的文化交流大背景与具体人文、地理环境的关系,同时也要关注其文化艺术性的关联。例如图1、①图2、②图3、③图4④的内容,与我国先秦时期神话传说及楚辞等中原西域文化密切相关,也是中原地区民俗在西域民族聚居地区流变的生动例证。对这批钱币艺术性展示虽多但整体把握和深入研究尚显薄弱。它不仅影响到东方钱币文化范畴的国家和地区,而且探究了中华民族艺术思维的传统文化是迥异于西方艺术文化的审美体系。

图1　带有风神形象的贵霜　　图2　风神(西魏时期敦煌莫高窟第249窟坡顶局部)
金币,平山郁夫丝绸之路美术馆　　　　图来自《中国敦煌壁画全集2》西魏(线描图自绘)

图3　公元77年丘就却钱币,　　图4　十六国时期甘肃酒泉丁家闸墓室壁画(西王母)局部,
大英博物馆藏,刻画有盘腿而　　　　图来自《中国墓室壁画史》(线描图自绘)
坐的形象与中国的西王母(东
王公)相似

① 孙英刚、何平:《图说犍陀罗文明》,北京:生活·读书·新知三联书店,2019年,第69页。
② 吴健:《中国敦煌壁画全集·西魏卷》,天津:天津人民美术出版社,2002年,第79页。
③ 孙英刚、何平:《图说犍陀罗文明》,北京:生活·读书·新知三联书店,2019年,第77页。
④ 贺西林、李清泉:《中国墓室壁画史》,北京:高等教育出版社,2009年,第66—82页。

二、"丝路钱币"的多元文化交融

遗存至今的"丝路钱币"是丝绸之路文化的重要载体。目前,"古代丝绸之路"的概念已经渐趋清晰:其关涉地域广袤——自我国中原经河西地区与西域通往中亚、西亚、欧洲、非洲的通衢,经蒙古草原与南西伯利亚通往西方的"草原丝绸之路"和途经东海、南海、印度洋的"海上丝绸之路"的广阔地域。其延续时间漫长——从我国先秦时代一直延伸宋、元、明、清各王朝时期。因此,"丝路钱币"既是我们研究华夏文明与世界其他古老文明交融不可缺的珍贵资料,也与今天实施"一带一路"倡议密切关联,是丰富而宝贵的历史见证。"丝路钱币"作为丝绸之路文化不可再生的重要载体,对其多元文化内涵的挖掘与文化特质的把握,在保护与研究中至关重要。笔者认为,"文化多元"不仅仅是量的叠加,更应是"质"的交融,是多种文化基因在不同条件、环境中的传承、变异与创新,从而促进了文化的发展与繁荣。比如敦煌石窟唐朝时期的佛教壁画,我们不仅仅要判别壁画图像所反映的宗教内容,同时也必须关注它所反映的世俗生活,以及蕴涵其中的各民族的信仰、期盼和梦想,关注某些宗教以外的东西(如习俗、服饰、壁画人物、"飞天"形象和艺术性、美学特色等);是"各美其美""同善更美""和而不同",而非互相排斥。

古中亚币是世界四大钱币体系——希腊罗马、印度、中国和伊斯兰的缩影,在世界艺术史的视野中,贵霜钱币是"印度—希腊"艺术的代表,并在古中亚艺术和早期中外艺术交流中占有重要地位,贵霜的民族来源存在复杂性,是一个多民族、多宗教的中亚大国,同时有佛教、印度教、火祆教等宗教传播,致使贵霜钱币上的(铭文)图像有不同宗教中的众神。在东汉时期贵霜入华,因而外来因素的宗教神祇画像也影响了中国艺术。中国和古中亚的交往始于"张骞凿空"。① 汉武帝建元二年(前139年),为"断匈奴右臂",张骞出使西域,以便联

① 李铁生:《古中亚币(前伊斯兰王朝)》,北京:北京出版社,2008年,第17页。

合西域诸国共抗匈奴。元朔三年(前126年)返回,从而揭开了汉朝与西域诸国的丝绸之路的往来,在不平凡艰辛的历程中,史称"三通三绝"。在希腊、罗马传统钱币文化影响下,众多神祇形象,希腊神、波斯神等在贵霜钱币(铭文)图像中出现,最受笔者注意的是"戴翼天使"图像多次出现(图5①、图6②)。比如,图2—图3图像上看到长有双翼的希腊奈克女神一手持棕榈一手持花环(图7),面向右边,面相身姿表现很有仪式感,身后徽记贵霜文"奥林多"(OANINΔO)。③在《古中亚币(前伊斯兰王朝)》中记载,长相(天使)一样的奥林多是伊朗神话胜利之神韦雷特拉格纳的妻子。同样的钱币有关双翼女神图像在期刊论文《论贵霜钱币与画像的宗教艺术关联》中有更详细描述,④在迦腻色伽一世与胡维色伽金币背后的希腊神祇中,胜利女神尼姬(Nike)是十分特殊的一位。在希腊神话中,她是泰坦神帕拉斯(Pallas)和斯梯克斯(Styx)的女儿,曾协助宙斯战胜泰坦族,是在希腊艺术中被广泛塑造的胜利女神。在贵霜钱币中,其图像特点是有顶光、肩生双翼的女神形象,一手持飘带花环一样的王冠,一手拿着象征胜利的权杖。⑤希腊统治者戴王冠是为了显示他们的皇室地位和权威(图8),在其钱币图像表现有大象的头是一种有趣的头饰,安条克和狄米特律斯似乎戴过

图5 德拉克马铜币(100—135年)

图6 德拉克马银币(前85—60年)

① 李铁生:《古中亚币(前伊斯兰王朝)》,北京:北京出版社,2008年,第147页。
② 李铁生:《古中亚币(前伊斯兰王朝)》,北京:北京出版社,2008年,第114页。
③ 李铁生:《古中亚币(前伊斯兰王朝)》,北京:北京出版社,2008年,第179页。
④ 朱浒:《论贵霜钱币与汉画像的宗教艺术关联》,《民族艺术》2017年第4期,第137—154页。
⑤ 李铁生:《古中亚币》(前伊斯兰王朝)》,北京:北京出版社,2008年,第54页。

图 7　第纳尔金币(152—192 年)　　　　　　图 8　查柯铜币(前 175—165 年)
（重 7.91 克，直径 20 毫米）

这种头饰，以显示他们之间的东方联系。

　　说到"双翼天使"图像特征(图 9)，①在早期的犍陀罗佛教艺术中，飞人(天人)形象出现频繁，且戴翼神人多次出现佛陀浮雕中，其形象也影响到了中国中古时期的佛教雕塑形象，比如北朝时期就有飞翔的戴翼神人出现在释迦牟尼雕像头顶护佑。②最早期具有古希腊罗马风格的"有翼天使"壁画像就出现在新疆米兰佛寺中，但不能完全断定就是古希腊罗马文化向东传播的最东点，是丝绸之路上东西文化融合的有力证据。米兰寺壁画中的"有翼天使"，应该是古希腊神话中的小爱神厄罗斯。其特征大眼浓眉，炯炯有神，表情略带微笑，仰视，仿佛各个角度都能与"天使"余光对视，视觉中带有一种宗教的注视感。③有关"双翼天使"的图像来源，学术界有不同的讨论，有希腊爱神厄罗斯说，西方中世纪早期基督教"天使观"说，印度史诗"乾达婆、紧那罗"说，还有中

图 9　有翼天使壁画，2—4 世纪，米兰佛寺出土，大英博物馆。图来自《图说犍陀罗文明》

---

　　①　孙英刚、何平：《图说犍陀罗文明》，北京：生活·读书·新知三联书店，2019 年，第 65 页。
　　②　向达译：《斯坦因西域考古记》，上海：上海书店，1987 年，第 86 页。
　　③　王嵘：《关于米兰佛寺"有翼天使"壁画问题的讨论》，《西域研究》2000 年第 3 期，第 50—58 页。

国汉代墓室壁画、画像石的"羽人"，以及敦煌石窟壁画"飞天"等不同学术观点，都是丝绸之路多元文化交融的丰富产物，具有后期值得专题研究的重要意义。

三、丝路钱币中亚文明的影响与调适

丝绸之路是一条传播文明和友谊的道路。[①]古代各国通过丝绸之路，不断地进行着政治、军事、文化、商业贸易活动，其中贸易是相当繁荣发达的，中国的丝绸、漆器、火药、造纸、印刷术等传到西方，西方的特产，如玻璃、水银、琥珀等珠宝及动植物，如狮子、孔雀、葡萄、苜蓿等也源源不断地输入中国。罗马帝国是当时西方最富庶的国家之一，也是西方最大的丝绸消费国。[②]波斯萨珊王朝时期是古代伊朗的辉煌时代。该王朝取代安息王朝的统治，统一伊朗高原和美索不达米亚平原，联结东方世界与西方世界，影响范围包括印度、拜占庭帝国、中亚、地中海和阿拉伯半岛等广大区域，其制度和理念被后来的阿拉伯帝国沿用。通过陆上丝绸之路，公元408年，东罗马帝国的狄奥多西斯皇帝同波斯王朝伊斯提泽德一世签订丝绸贸易协定，为这两个国家控制丝路贸易带来巨大利润，但此举未能阻止丝绸价格的上涨。此后随着波斯帝国的日渐强盛，逐步控制了丝绸之路上的贸易权，东罗马帝国不得不向波斯妥协，每年付给波斯1万镑以上的金币换取丝绸，在这样的国际环境下，波斯与中国的商业关系最为突出，北朝至隋唐时期波斯使节来华50余次。

萨珊波斯王国也称波斯第二帝国（224—651年）。在安息帝国衰败及其末代君王阿尔达班五世阵亡后，阿尔达希尔世建立了萨珊王朝。萨珊王朝一直统治到阿拉伯入侵，伊嗣埃三世。萨珊波斯王朝统治时期，包括今伊朗、阿富汗、伊拉克、叙利亚、高加索地区、中亚西南部、土耳其部分地区、阿拉伯半岛海岸部分地区、波斯湾地区、巴基斯坦西南部，控制范围甚至延伸到印度。620年前

① 李明伟：《丝路贸易与西亚钱币文化初探》，《兰州商学院学报》1992年第1期，第57—86页。
② 周伟洲、丁景泰：《丝绸之路大辞典》，西安：陕西人民出版社，2006年，第236—240页。

后,萨珊王朝控制的土地达到 560 万平方公里,人口约 1970 万。

萨珊王国立国近 400 年,其货币文化对周边国家和地区产生了深远的影响,如塔巴里斯坦作为萨珊的附属国,其银之形制始终采用萨珊式。[①]即使阿拉伯人灭亡萨珊后,在很长时间里,钱币形制依然沿用萨珊样式,仅是铭文采用了阿拉伯文。中国的丝绸大量流入波斯,而波斯的银币和一些罗马帝国的金币也相应进入中国。目前,中国境内已发现的罗马金币和波斯银币已达 2000 余枚。

图 10 唐代青铜币(618—907 年)
(图自拍摄印度新德里博物馆)

中国铸造的硬币与从南亚到欧洲发行的不同。[②]统治者和宗教符号的形象完全消失(图 10),硬币上刻有确认其经济价值和合法性的铭文——这枚硬币上的文字是"开元通宝"。

汉王朝时期,统治者采取了中央管理铸钱,国家监督盐铁专卖等措施。在汉武帝(前 141—前 87 年)时期,张骞、王然于等人勘察了西北和西南的交通路线,进一步扩张了丝绸之路的道路。

一种金币的铸造地是他的流通地之一,这是不成问题的。问题是在于能否用金币的出土地来说明他的流通地域。导致金币在某地出土的原因很多,比如,有人根据《史记·秦始皇本纪》关于秦初"徙天下富豪富于咸阳十二万"的记载,认为咸阳出土的陈爰是楚国豪富携带去的。[③]这种可能性是存在的,齐国的都城临淄出土了楚国金币,也可以从史书上找到类似的线索。《战国策·齐策六》白起拔鄢、郢后,"鄢、郢大夫不欲为秦,而在城(按:指临淄城)南下者百数"。迁徙的楚国豪富、贵族随身携带金币,是自然的。但是,我们要注意到,导致楚金币在某地出土的原因很多,有经济的(商业的、财政的……),有非经济

① 米向军:《丝路遗珠——罗马金币、萨珊波斯银币》,《收藏界》2018 年第 3 期,第 74—75 页。
② 唐石父:《中国古钱币》,上海:上海古籍出版社,2001 年,第 158—160 页。
③ 赵德馨:《楚国的货币》,武汉:湖北教育出版社,1995 年,第 31—49 页。

的(掠夺、贡献、迁豪富、旅行……),有必然的,也有偶然的。但是,从本质上或根本上说货币"是交换过程的必然产物。整个货币流通就它的范围、形式和运动来说,只是商品流通的结果"。[①]一般情况下,在没有可靠资料证明是经济外原因引起的偶然性的情况下,不应离开经济原因去解释一种金币为什么在某地出土。因此,用出土地说明一种货币流通地域的方法是可取的。对于考察2000多年前的、缺乏文献记载的某种金属货币的流通地域来说,舍此没有其他途径可走。

四、从古普塔金币图像看印度洋上的贸易文化

几个世纪以来,印度、非洲、中东、东亚和欧洲一直通过陆地和海洋进行贸易。非洲和印度尼西亚相距近8000公里,但由于印度洋相连,它们可以积极地交流。纵观历史,商人们一直在利用非洲和亚洲之间的季风。它们在一年的一半时间里吹东北风,另一半时间吹西南风。对于中世纪的商人来说,这意味着他们可以在很远的地方就能找到回家的路。印度洋连接着不同的人和不同的地方,使他们成为一个由海洋连接起来的社区。

大约2000年前,在萨特瓦哈纳和罗马帝国时期,印度洋上的贸易增加了原材料所制成品。印度的宝石、纺织品和香料被远至欧洲和北非的人们所珍视,而罗马的硬币和产品则在印度被发现。在1世纪,《红海航行纪》已经提到了船只从埃及到达芬迪亚不同港口的路线,以及交易的商品。印度和中国之间的贸易是双向的,在11世纪,切拉斯派了四个著名的使团到中国寻求改善贸易关系,印度因其纺织品的质量而闻名,这些纺织品通过印尼的苏拉威西岛、也门的亚丁和东非的桑给巴尔等国际港口销售。

迁徙不仅限于商品和自然产品,贸易网络导致了不同语言、宗教和文化在该地区的传播。同样,朝圣者前往麦加朝圣的旅程,许多人从西方的芬迪亚港

---

① 赵德馨:《楚国的货币》,武汉:湖北教育出版社,1995年,第53页。

出发,把来自伊斯兰世界不同文化的人们聚集在起。朝圣者和旅行者有时会留下生动的描述,这些描述可以让人们了解他们的旅程和职业,以及宗教信仰传播的历史。此外,并非所有人都愿意漂洋过海,有些人被卖作奴隶或作为囚犯运送,而有些人则被卖到新的国家工作。

1514 年前后,葡萄牙人在印度建立了永久基地,标志着一个转折点的到来,欧洲人开始逐渐主导印度洋贸易。金银货币的价值一方面由货币本身所含的金银价值决定,另一方面由国家信用所赋予的面值决定。货币的面值往往大于货币本身所包含的固有实际价值。但为了维持币值的稳定,面值不应大于实际价值太多。

屋大维是罗马帝国第一位君主,在位四十余年。前 27 年,屋大维被授予"奥古斯都(Augustus)"尊号,建立元首制,罗马帝国建立。朱利亚克劳狄王朝由此成为罗马帝国第一个世袭王朝,共传 5 位皇帝,历时 95 年。八月的英文 August 来自拉丁文 Augustus,奥古斯都有神圣伟大之意。

凯撒用从高卢劫掠的黄金增加了金币奥里斯的流通量,度过了财政危机。前 23 年,奥古斯都规范了罗马帝国的货币体系,固定金银币的兑换比例为 1∶25,规定了三种金属货币:1 奥里斯金币=25 迪纳厄斯银币=400 阿斯铜币。奥里斯金币重 7.85 克,直径 19 毫米,纯度 99%;迪纳厄斯银币重 3.9 克,纯度 95%。计算可知,当时金银的比率是 1∶12。25 迪纳厄斯银币为 97.5 克。罗马塔兰特是当时最重的货币单位,等于 100 罗马磅(1 罗马磅=12 盎司=325 克),1 罗马塔兰特=32.5 公斤。三世纪危机时,通过降低金银币的金银含量、同时保持其重量和面值不变的方法,增加了货币发行量。但劣质货币导致了日益严重的通货膨胀。

公元 284 年,戴克里先用 1/60 罗马磅黄金铸造了一种新的金币苏勒德斯(solidus)来代替奥里斯。君世坦丁将苏勒德斯贬值到 1/72 罗马磅 4.48 克,直径 21 毫米,这种金币成为东罗马帝国延续和发展的重要保障。这种足值金币在此后几百年一直是整个地中海最具国际信誉的货币。

狄奥多西(379—395 年)是统治罗马帝国东半部和西半部的最后一位皇

帝,他在位时的罗马金币(图 11),金币的背面呈现一个戴着十字架的人物造型,坐在浮现大海的宝座上,显示了他尊享上帝恩典的皇帝地位。更古老的金币是按其价值保存下来的,并在更晚的时期用于贸易和储蓄,在狄奥

图 11 狄奥多西(379—395 年)
印度德里博物馆藏,图采自拍摄

多西统治的时期并没有能证明它何时来到印度。这枚硬币被用作吊坠,从两个穿孔可以明显看出他是可以佩戴的,也表明了他的价值经久不衰。经考古发现它是在马哈拉施特拉邦著名的彩绘洞穴阿贾塔发现的,由此证明了该地区与印度罗马贸易的联系一直持续到公元四五世纪。

除了军事力量和行政控制,宗教在当时是帝国和国家的决定性因素。一些统治者试图将宗教一致性强加于其臣民,而另一些统治者则对其多信仰的人民实行容忍。无论如何,统治者往往选择将自己与特定的信仰或神联系起来,通过声称自己是神的后裔或拥有神的授权来维护自己的合法性。硬币在各个帝国中流通,是宣传统治者和他们的信仰的理想媒介,展示与神的关系,并通过暗示神的恩惠或极大的虔诚来增强统治者的权威。推行国教也是团结人民的一种手段,这对至高无上的统治者来说尤为重要。传播国教的一种有效方式是通过造币将统治者的形象与神的象征结合起来。罗马和拜占庭皇帝,以及萨珊和阿克苏美特国王都采用了这种方法。

印度教的视觉语言建立于公元 400 年左右的笈多时期。自萨慕德拉古塔统治时期的硬币(图 12、图 13),它的一面是一匹马站在一根祭品柱前,这匹马象征着阿什瓦米德哈耶(Ashwamedha yajna)。另一面是飞舞的女神,阿什瓦米德哈耶是一种精心设计、非常公开的吠陀王权仪式,古普塔王朝(Guptakings)恢复了这种仪式,以表明自己是婆罗门王朝。笈多王朝开始于公元 300 年之后不久,它从印度北部迅速扩张,直到覆盖了印度次大陆的大部分地区,古普塔钱币上占主导地位的宗教肖像大体上是印度教的,但具体来说是毗湿奴。我们经常在硬币上看到揭鲁达、毗瑟奴的鸟坐骑,或者他的配偶拉克希米。

图 12 （335—380 年）（孟买）　　　　图 13　古普塔第纳尔（335—414 年）
印度德里博物馆藏，图采自拍摄　　　　（印度中部）印度德里博物馆藏，图采自拍摄

来自印度北部的笈多王朝（320—550 年）统治着印度次大陆的大部分地区，他们信奉印度教。通过资助寺庙和雕塑的建设，他们明确了印度教的形象。我们今天所熟悉的许多对印度教神灵的经典描述都是在笈多时期发展起来的。古普塔硬币的一面是印度教神灵，另一面是统治者在宣传君主的虔诚，有助于传播宗教形象。后来的印度王朝继续采用这种策略，帕拉瓦和查鲁基亚王国硬币上即使没有统治者的形象，也印度教的符号。

罗马皇帝康斯坦丁在 4 世纪初皈依基督教。[1]后来所有的罗马皇帝，除了一位以外，都宣布基督教为他们的个人信仰，并最终开始在硬币上宣传他们对基督教的忠诚。罗马帝国的硬币传统上以皇帝的画像和异教神的形象为主要内容。[2]以这种格式坚持，用基督教符号取代异教神。用硬币上的十字架等图像帮助传播了基督教，[3]现在是基督教的标志（图 14、图 15）。罗穆卢斯·奥古斯都（475—476 年）有时被认为是西方最后一位罗马皇帝。他的这枚硬币的一面是他的肖像，另一面是一个基督教十字架，周围环绕着一个月桂花环。

国家和信仰的关系在整个社会中交织在一起，在某些情况下，这种关系以一种非常明显的形式出现，产生了新的建筑和有影响力的机构。在印度，古普塔资助了基督教国家大规模的建筑寺庙。7 世纪，统治者捐赠教堂和修道院，伊斯兰教的兴起和传播改变了中东的宗教面貌。这种新的信仰导致了一种新的

---

① 罗通秀、钱乘旦译：《剑桥艺术史》（希腊和罗马·中世纪文艺复兴），北京：中国青年出版社，1990 年，第 7 页以后。

② ［英］渥德尔著，王世安译：《印度佛教史》，北京：商务印书馆，1995 年，第 22 页。

③ 吴雷川：《基督教与中国文化》，北京：商务印书馆，2015 年，第 75—93 页。

图 14 　罗穆卢斯·奥古斯都钱币
　　　（475—476 年）

图 15 　罗穆卢斯·奥古斯都钱币
　　　（475—476 年）

货币风格，强调是上帝的话语，是帝国的主导力量，而不是统治者，宗教形象被
摒弃，取而代之的是上帝的话。尽管有不同的视觉方法，这些硬币也表明了信仰
和国家之间仍然存在着内在的关系。

宁夏出土丝路古钱币考述

吴晓红

宁夏社会科学院

古代丝绸之路分为东、中、西三段:东段,长安至凉州;中段,凉州至玉门关;西段,玉门关经西域至葱岭进入中亚地区。其中的东段又分为南北两道:南道途经地均在今陕西、甘肃两省境内,路线出长安沿渭河向西,越陇山(六盘山脉南段),经天水、临洮,至永靖,渡过黄河,沿庄浪河谷抵达凉州(今甘肃武威)。北道途经今陕西、甘肃、宁夏三省区,主要路程在宁夏境内,路线出长安沿泾河西北行,至六盘山东麓萧关至高平(今固原)。宁夏地区自古位居京都长安的西北边关要地,其战略要塞为萧关、原州、灵州,所以丝路的走向与渭河至陇山,泾河至北地郡形影相伴。在宁夏境内因为历代西北政治、军事形势的变化、周边民族关系的冷热及政权的更替,丝绸之路又有三条不同的走向:其一,汉代以固原为中心的萧关道。该道走向为长安—高平—凉州,西出阳关走向西域和亚欧。其二,唐宋以灵州为中心的灵州道。该道走向为长安—灵州—凉州。其三,元朝时期以固原为中心的六盘山道。该道走向由元大都(今北京)南下至奉元路(今西安)进入汉唐的萧关道。宁夏地处古丝路东段北道必经之路,丝路重镇固原是关中通往中亚的咽喉要塞,波斯萨珊银币、东罗马金币等古钱币在固原的出土,是中西文化交流与贸易繁荣的佐证。学者对币种、图案、铭文构成、铸造时代及出土状况进行了研究,使人们深入了解丝路贸易、中西文化交流及当地人们的生活习俗,具有重要的学术价值,也充分证明,丝绸之路的商业贸易与文化交流在丝路重镇固原体现得尤为突出。

一、萨珊银币

萨珊银币是波斯王朝萨珊使用的银质通货,银币正面镌刻国王的名字和称号,萨珊王朝时,每位新王即位就要另铸其半身像的新钱币,因此各王的冠冕均有不同特征。背面的图案是古波斯祆教(即拜火教)祭坛及宗教相关元素图案。萨珊银币通过丝绸之路商业贸易进入我国,并在一定范围内流通,宁夏境内出土5枚萨珊王朝卑路斯银币。

1981年,固原北魏漆棺画墓中出土1枚直径2.7厘米,重3.5克的萨珊银币(图1、图2)。轮廓不太规则,中间是萨珊卑路斯王肖像侧面,王冠上部有翼状饰物,冠顶上新月托一圆球,前部铭文模糊不清,币周有联珠纹。背面中间为祆教祭坛,坛上火焰左侧有五星,右侧有新月,坛两侧站立两位祭司,右侧祭司背后难以辨认的文字应是铸造地点的缩写。冯国富、武殿卿、黄丽荣对照考证类似银币,发现其为波斯萨珊王朝卑路斯王(459—484年)B式银币。①

图1　北魏漆棺画墓出土的萨珊银币正面　　　　图2　北魏漆棺画墓出土的萨珊银币反面

---

① 冯国富、武殿卿、黄丽荣:《固原北魏墓出土文物》,《固原师专学报》第4期,1991年,第105页。

1987 年,固原南郊隋唐墓葬之隋史射勿墓出土钱币 1 枚,正面为萨珊王肖像,王冠顶部有飘带及新月托一圆球。背面为祆教祭坛,坛左右有两祭司拱手而立。其与北魏漆棺画墓出土的银币不同之处是,火焰两侧的新月在左,五星在右,与一般五星在左,新月在右相反,很少见。铸造地点的铭文缩写残损无法辨认铸造年代,但据出土银币的墓葬明确记载为隋大业五年(609 年),再从肖像及饰物推断其属萨珊王朝卑路斯银币。①

2003 年,固原南塬开发区唐早期墓葬出土银币 1 枚,银币正面的萨珊王头冠像不清晰,背面中央是祆教的祭坛,祭坛两侧有祭司,右侧祭司身后为铸币地点的铭文缩写。正反面主体图案的周围环绕以联珠纹圈框,磨蚀严重,近似弦纹。

2009 年,固原彭阳县新集乡姚河村海子塬北魏墓葬出土钱币 2 枚,一枚正面为萨珊王面向右的头像,冠顶部为一新月托圆球,肖像前自下而上铸有半周古波斯铭文,字体较模糊,辨别困难。背面的中央为祆教祭坛,祭坛上有四层联珠纹组成燃烧的三角形火焰,火焰左侧有一五角星,右侧有一新月。祭坛两侧立有两名抽象化的祭司,呈拱手状,祭司头部和面部不清,双腿和身躯由圆圈纹构成。其右下亦有一行铭文,应是铸币地点的缩写,部分骸骨也发现有手握或口含钱币的现象。同时出土的另一枚古币残缺锈蚀严重,正反两面图案比较模糊。②

萨珊银币背面的祆教是古代波斯帝国的国教,也称拜火教。余军、李彤通过大量考古文献资料证明火祆教曾在粟特人中广泛流行,史道德墓出土的金覆面、九龙山墓地出土的金箔制冠状饰物、史诃耽墓出土的蓝色圆形宝石印章都被认为是祆教文物③。程云霞、张惠霞研究表明,具有祆教色彩的金覆面习俗

---

① 黄丽荣:《丝绸之路文化在固原》,《宁夏社会科学》2007 年第 3 期,第 124—128 页。

② 马建军:《宁夏境内考古发现的丝绸之路古国金银币简考》,《中国钱币》2016 年第 6 期, 第 31—35 页。

③ 余军、李彤:《考古与人类学视角下的粟特胡的人种问题》,载罗丰主编:《丝绸之路上的考古、宗教与历史》,北京:文物出版社,2011 年,第 214—216 页。

可追溯至公元前，东西方都有相似的覆面，金覆面上的星月托球图案与中亚的拜火教有一定的关系，可能是由粟特人传至内地并在固原流传。①

萨珊银币在中国境内出土总数达 2000 枚以上，绝大多数分布于陆上丝绸之路沿线，从银币上萨珊国王的名字和银币背面图案元素考证，该王朝 12 位国王制作的银币都曾传到中国，宁夏出土的银币均为萨珊朝卑路斯银币，证明早在北魏时期固原就与西域有商贸往来，而且关系密切。

二、东罗马金币

在中国境内有 17 处出土 53 枚，东罗马金币及其仿制品。宁夏现存金币 7 枚，均出土于固原北周墓葬和西南郊隋唐墓葬中。②1996 年，固原北周田弘夫妇墓中一次出土了 5 枚东罗马金币，这是中国境内发现东罗马金币最多的一次。金币直径 1.54~1.67 厘米，重 2.5~6 克，双面压花纹。正面为皇帝肖像，背面为胜利女神像，周边有中古波斯铭文（图 3）。经专家考证，除一枚是东罗马皇帝列奥一世所铸外，其余 4 枚均为东罗马皇帝查士丁一世和查士丁尼一世所铸（图 4）。谷一尚撰文介绍了田弘墓所出 5 枚金币及中国境内其他墓葬所出土罗马金币的情况，并对东罗马金币流入中国的数量、时期和中国出土

图 3 北周田弘墓中的查士丁一世金币

图 4 北周田弘墓中的查世丁一世与查世丁尼一世共治时的金币

① 冯国富、程云霞:《固原北朝隋唐文物考古述略》,《固原师范学院学报》2011 年第 4 期, 第 103—106 页。

② 马建军:《宁夏境内考古发现的丝绸之路古国金银币简考》,《中国钱币》2016 年第 6 期, 第 31—35 页。

拜占庭币的制造地(大半是在康斯坦丁诺布尔发行所制造)进行了讨论①。另外2枚东罗马金币分别为1996年出土于固原南郊墓葬史道洛墓的查士丁二世金币,1998年6月出土于固原南郊的农田中的阿纳斯塔修斯一世金币。

宁夏境内现存东罗马金币仿制品4枚,均出土于固原西南郊隋唐粟特人墓葬中。1982—1995年,固原南郊史氏墓葬群的发掘,是目前国内唯一一处有计划发掘、研究的大型粟特人家族墓葬,共发掘隋墓1座,唐墓8座,粟特人墓葬6座。粟特人作为中亚的一个古老民族,一直活跃在丝绸之路的贸易活动中,由此而担当起了东西方文化交流的重要角色,中国文献中将他们称为"昭武九姓"。北朝开始,粟特人进入宁夏地区,唐时所建立的羁縻府州中,就有属于昭武九姓的羁縻州,上隶于灵州都督府,统称"六胡州",他们在南部的固原地区形成了粟特人的聚落。

隋唐史家墓葬中史铁奉墓出土1枚金币(图5),正面为阿尔达希尔三世侧面肖像,头戴皇冠,脑后飘发,眼睛较大,鼻高,身着铠甲,颈部有项圈。罗丰从古币图案元素考证,其可能是按照阿尔达希尔三世金币仿造的。阿尔达希尔三世金币或银币在全世界发现很少,在我国境内属首次发现。金币上只有正面王像而无背面,可能与仿造者宗教信仰有关。②史索岩夫妇墓、史诃耽夫妇墓、史道德墓各出土一枚东罗马拜占庭金币的仿制品(图6),正面为东罗马皇帝肖像,戴头盔,身着铠甲,肩扛一短矛。有一周铭文,字迹模糊难以辨识。

图5 史铁奉墓出土的阿尔达希尔三世金币仿制品

隋唐史家墓葬出土古币含于墓主口中或握于手中,对此埋葬方式的疑义,王维坤认

---

① 谷一尚:《田弘墓几个问题的讨论》,原州联合考古队编:《北周田弘墓——原州联合考古队发掘调查报2)》,东京:勉诚社,2000年,第124—130页。

② 罗丰:《固原出土的外国金银币》,载《固原南郊隋唐墓地》,北京:文物出版社,1996年,第146—163页。

为,墓葬是现实生活的真实写照与缩影,死者口中含币(此币名为货币,实为冥钱)的埋葬习俗和埋葬制度,犹如一面历史的明镜,如实地反映了一定历史时期的政治、经济及物质文化发展的最高水平,同时也反映了意识形态领域内人们对于生与生死观的认识。①他还认为这是起源于古代希腊的习俗,无论在中亚、新疆吐鲁番或中原,其得到合理的解释应该只有一个:他们或同

图6 史索岩夫妇墓出土的东罗马拜占庭金币仿制品

为中亚人,共同信奉一种宗教——祆教。②罗丰研究指出,流入中国的外国金银币在退出流通后被拥有者收藏,埋入墓葬是一种普遍的选择。③罗丰根据粟特人墓葬的考古发掘资料考证,口含、手握金银币是粟特人流寓中国后的一种重要丧葬习俗。④而王山却持不同观点,他认为中国境内发现的粟特人墓葬,其汉化程度与他们之间的相对年代早晚并无关系,而是与他们家族进入中国的时间长短有关。他对相关问题进行对比、研究后认为,含币丧葬习俗应当是粟特人接受汉族文化"汉化"的结果,他们的埋葬方式则大多遵从中原传统的丧葬习俗,较少采用中亚粟特人的丧葬习俗。⑤李国平研究认为中国大约在西周时就出现含币葬俗,其发展演变与作为商品媒介的货币有着密切关系,同西方的含币葬俗虽有相似的因素,但这不能说明中西方在这方面的相互传承,只能说明人类文化在某些方面的某种共同性或相通性。⑥从以上金银币币面图案不难

---

① 王维坤:《隋唐墓葬出土的死者口中含币习俗溯源》,《考古与文物》2001年第5期,第76—89页。

② 王维坤:《丝绸之路沿线发现的死者口中含币习俗研究》,《考古学报》2003年第2期,第219—240页。

③ 罗丰:《中国境内发现的东罗马金币》,载《胡汉之间——丝绸之路与西北历史考古》,北京:文物出版社,2004年,第113—155页。

④ 罗丰:《固原隋唐墓中出土的外国金银币考述》,载《胡汉之间——丝绸之路与西北历史考古》,北京:文物出版社,2004年,第162—188页。

⑤ 王山:《中国境内发现的粟特人墓葬相关问题研究》,《西北大学硕士学位论文》2009年,第61—63页。

⑥ 李国平:《古代西域地区"含币"葬俗简论》,《西北民族大学学报(哲学社会科学版)》2017年第1期,第154—158页。

看出，它们具有西方钱币文化的体系特点。王永生研究指出，这些由境外铸造的钱币，伴随丝绸之路贸易流入我国境内，其共同特点就是币材多用金、银等贵金属，钱币图饰多为人物头像或动物图案，采用打压法制成，形制为圆形无孔，铭文多记打制地点、年代、国王名字及宗教颂词等，并打印有徽记及神像，具有浓厚的宗教色彩。①罗丰研究指出，外国金银币币面上的铭文、人物及各种宗教色彩的图案等信息，反映了当时的政治格局及经济环境的变化。②刘靖、③黄丽荣、④高继林⑤对宁夏固原隋唐墓葬出土外国金银币的研究成果进行了介绍。余军、陈晓桦、⑥南君⑦认为在中国境内发现的外国钱币中，拜占庭金币在数量上仅次于波斯萨珊王朝银币，这一事实足以证明中国和拜占庭帝国在整个中西方关系中的地位。马建军、周佩妮详细介绍了丝路重镇固原及周边地区出土的萨珊银币，并对金币上图案和铭文的细微变化进行了论述。⑧

　　丝绸之路沿线国家古钱币是反映中西文化交流的重要文物，它见证了丝绸之路的兴盛和中西文化交流的繁荣。通过对其的深入研究，为人们了解丝路贸易、中西文化交流及当地人们的生活习俗提供了重要的学术依据。同时希望有更多人了解和关注丝路文化，积极参加到保护历史文化遗产的队伍中来，同时助推宁夏丝路历史文化遗产申报世界文化遗产名录。

---

① 王永生：《关于丝绸之路钱币研究中的几点思考》，《中国钱币》2010 年 2 期，第 19—23 页。

② 罗丰：《固原隋唐墓中出土的外国金银币》，载《胡汉之间——丝绸之路与西北历史考古》，北京：文物出版社，2004 年，第 162—188 页。

③ 刘靖：《宁夏固原唐墓出土东罗马金币》，《中国钱币》1996 年 4 期，第 73 页。

④ 黄丽荣：《固原博物馆馆藏精品简介十三——东罗马金币》，《固原师专学报》2002 年 4 期，第 105 页。

⑤ 高继林：《罗马金币、波斯银币与丝绸之路》，固原博物馆编：《固原历史文物》，北京：科学出版社，2004 年，第 225—237 页。

⑥ 余军、陈晓桦：《宁夏固原唐墓出土一枚萨珊卑路斯银币》，《中国钱币》2005 年第 1 期，第 51—52 页。

⑦ 南君：《固原市北周田弘墓出土拜占庭金币考释》，《中外企业家》2009 年第 16 期，第 155 页。

⑧ 马建军、周佩妮：《金币辉煌丝路遗珍——丝绸之路的金银币（上）》，《文物鉴定与鉴赏》2012 年第 10 期，第 78—81 页；马建军、周佩妮：《金币辉煌丝路遗珍——丝绸之路的金银币（下）》，《文物鉴定与鉴赏》2012 年第 11 期，第 80—83 页。

宁夏出土丝绸之路古钱币整理及价值

张玉梅

宁夏社会科学院

中西经济贸易的交流,早在先秦时期就有了发端。德国著名地理学家冯·李希霍芬将这条中亚地区和中国贸易商路,以及中亚至印度之间的地理交通线称为"丝绸之路",古老的丝绸之路是东西方经济、文化交流的桥梁。中国与西方国家的经济往来络绎不绝,国家之间的贸易互相渗透。伴随着商品的交换,钱币流通也应运而生。近一个世纪以来,在丝绸之路古道上,不断有中外古钱币被发掘,这些古钱币向世人展示出多彩绚丽的东西方货币文化。

一、丝绸之路在宁夏

宁夏,是丝绸之路东段北道必经之地,也是古代长安北出与北方草原丝绸之路相衔接的重要通道,中亚文化、西亚文化、草原游牧文化在这里互相交融。固原处于北魏平城沿鄂尔多斯南缘,高平与西域往来的中心位置,是东西方交通的要道,古代各民族文化在这里交相融汇,也是古代重要的军事要地。特别在魏晋南北朝和隋唐时期,由于固原所处的北道北南较窄,并且道路比较平坦,所以大批的外国使节、商旅、佛教僧人在这条路上络绎不绝。

二、宁夏出土丝绸之路古钱币

丝绸之路既是一条贸易之路,也是一条钱币之路。钱币的流通,不仅承担了货币的职能,还形成了丝绸钱币文化。近些年来丝绸之路在宁夏境内发现了大量的文化遗产,其中不乏各个时期的古钱币,这也证明了当时丝绸之路东段北道的繁荣与发达。

宁夏固原有四座经过考古发掘的墓葬出土有萨珊银币,其中一座北魏夫妇合葬墓①和一座隋代史射勿墓,②各出土 1 枚卑路斯银币,在史铁棒墓中出土了 1 枚萨珊王朝仿阿尔达希尔三世金币。

1981 年,固原市原州区城西约 2.5 公里处的西郊乡雷祖庙村,发掘了一座北魏墓,出土有棺板漆画和波斯银币等珍贵文物。经考证,出土的银币为萨珊波斯银币,直径 2.7 厘米,重 3.5 克。外轮廓不是很规则,正面有一周珠联纹,中间为萨珊卑路斯王侧面肖像,王冠上部有翼状饰物,冠顶上有一新月,新月上托一圆珠,其前部有铭文但模糊不清。背面为拜火教祭坛,坛上火焰两侧有星月,坛两侧站立着两位拱手对立的祭司。③

1982 年,固原南郊王涝坝村史道德墓中出土东罗马帝国金币仿制品 1 枚,直径 2 厘米,重 4 克。双面打制图案,顶部有孔。正面中央为东罗马皇帝的侧面肖像,头戴用联珠纹装饰的头盔,身着用小联珠纹组成的铠甲,肩扛短矛或标枪。背面为一胜利女神像。币两面的文字大多已模糊不清,无法辨识。

1985 年, 固原南郊乡羊坊村的史索岩夫妇合葬墓出土 1 枚东罗马帝国金币仿制品,直径 2.4 厘米,重 7 克。这枚金币已被剪过边,单面花纹,上下均有一个穿孔。正面为东罗马皇帝半身肖像,头戴由联珠纹装饰的头盔,身着铠甲,右手执短矛,矛尖露于左耳下,耳边有飘带。

---

① 固原县文物工作站:《宁夏固原北魏墓清理简报》,《文物》1984 年第 6 期,第 46—50 页。
② 罗丰:《固原南郊隋唐墓地》,北京:文物出版社,1996 年,第 159—163 页。
③ 邱王军:《丝绸之路在宁夏》,银川:宁夏人民出版社,2008 年,第 61 页。

1986 年，固原南郊小马庄村史诃耽墓中出土了拜占庭金币仿制品，直径1.9 厘米，重 0.8 克。外边缘较宽，单面压花纹，一周旋纹形成边框，中间为东罗马皇帝肖像。

1987 年，固原市原州区南郊乡小马庄村隋正仪大夫史射勿墓，出土了 1 枚萨珊银币仿制品，直径 2.7 厘米，重 3.3 克。从银币的图案分析，属于萨珊王朝卑路斯银币。银币正面由联纹珠装饰边框，中间是萨珊王侧面肖像，王冠的顶上有翼状装饰物，前部有一个新月托球。背面也是用联珠纹装饰边框，中间是拜火教的祭坛，坛座有两级，上面立着一个圆柱，柱上有三角形的火焰。火焰的左侧是新月，右侧是五星。祭坛的左右有拱手相对站立的祭司。铭文模糊不清。币面两侧打有孔。

1995 年，中日原州联合考古队对位于固原南郊小马庄村的史道洛墓进行挖掘，出土了东罗马金币。币直径 2.1 厘米，重 4.6 克，为查士丁尼二世金币。币正面是东罗马帝国皇帝查士丁尼二世的正面肖像，头戴珠饰皇冠，两耳侧垂珠饰。铭文为 DNIVSTNVSPPAVG。在肖像的上下边缘各打有一圆孔，孔径 2 毫米。币背面是阿波罗神站立像，铭文为 VICTORIAAVGGG，底部铭文为 CONOB。

1996 年，中日原州联合考古队在固原市原州区南郊乡王涝坝村，发掘出土北周柱国大将军田弘夫妇合葬墓。在该墓中一次出土东罗马金币 5 枚，据专家考证除 1 枚是东罗马皇帝列奥一世时代铸外，其余 4 枚均为东罗马皇帝查士丁尼一世时所铸。列奥一世金币直径 1.54 厘米，重 2.6 克，双面压花，正面为东罗马皇帝列奥一世半身肖像，身着铠甲，面稍侧，右肩扛短矛，枪尖露于左侧鬓角，左手持盾牌掩盖胸部和肩部。正面有铭文 DNLEOPERPETVG。背面为神坐像，身体稍偏向右方，右手扶一双杆十字立柱，左侧有翼。头像周围有铭文 VICTORI/AAVGG/CONOB。查士丁尼一世金币，直径 1.67 厘米，重 2.9 克，双面压花纹，正面是东罗马皇帝查士丁尼一世左侧半身像，右手持标枪扛于肩上，枪尖露于左耳上侧。币面打有 3 孔，上面一孔从王冠中间打穿，其余两孔在脸部左右的位置。右上侧有铭文 DNIVST（NVSPPAV）。背面为一胜利女神立像，右手执一长十字架，左有翼，铭文为 VICTORIA/AAVGGGI/CON。查士丁和查士丁尼一世时期的金币,直径 1.62 厘米,重 2.6 克,双面压花纹。正面为查士丁与查士丁尼并坐全身像,头部有神圣光环。二帝左手各执一圆球,右手贴于胸前。二帝头部之间有一十字架。币面两侧打 4 个较为对称的圆孔。边缘有一周铭文为 DNIVS/TINETIVS/TNIANVSPPAVG/CONOB。金币的背面是一个带翼站立的神像,右手执一长柄十字架,左手托一圆球,球上有一十字架。铭文为 VICTORT/AAVGGGI/CONOB。其四是查士丁和查士丁尼一世共治时期的金币。直径 1.62 厘米,重 3.3 克。金币正面图案是两帝并坐在王座之上,头部环绕着神圣光环,两帝头部中间有一十字架。两帝左手各持一球体,右手抬起贴于胸前。有铭文为(DNIV)STINETIVSTNANVSPPAVG/CONOB。金币的背面是一位站立带翼的神像,右手执一长柄十字架,左手托着一个圆球,球上有一个十字架,金币背面的铭文为 VICTO(RI)AAVGGGS/CONOB。金币打有 3 孔。查士丁尼一世金币,直径 1.65 厘米,重 2.5 克。正面为查士丁尼一世正面半身肖像,头戴王冠,两边有垂索饰物,身着铠甲,右手执一十字架。铭文为 DNIVSTNI/ANVSPPAVT。金币的背面图案是带翼的神像,右手执一长十字架,左手托一圆球,上有十字架。铭文为(VICTORI)/AAVGGGA/CONOB。

固原西吉县由于中国、中亚、西亚的商人频繁的贸易往来,在此留下了许多珍贵的钱币。如西吉钱币博物馆藏的波斯银币,圆形,片状,直径 33 毫米,重 3.1 克。1999 年,西吉马莲乡巴都沟村出土一枚古罗马金币,直径 31 毫米,厚 2 毫米,重 3.7 克,这是一枚唐代时期传入西吉的东罗马帝国钱币。圆形片状,正面为头戴王冠半身像,边缘处有铭文 CATEI,背面有带翅膀的胜利女神像,女神右手持长柄钩状器,左手持一上立十字架的球体,左边缘处有铭文 VCCCZ。

三、古钱币在丝绸之路中的意义

1. 古钱币在丝绸之路贸易中充当着重要的角色。丝绸之路经过的地区是丝路贸易的核心地带,丝路贸易的繁荣为中外钱币的流通创造了条件。这种融合和发展在钱币文化中得到了形象而具体的体现。通过对出土钱币地点的研究,可以勾勒出历史上丝绸之路线路的变迁,以及伴随中外贸易的东西方文化交流的轨迹。

2. 丝绸之路钱币是丝绸之路贸易中古代东西方文化交流的载体。中华文化和希腊、罗马文化,以及波斯文化、印度文化等通过商贸往来、物品交换彼此传播,相互影响,从而促进了各种文化的交流与融合。通过宁夏固原北周柱国大将军田弘夫妇合葬墓发掘的东罗马金币和在新疆和田、陕西咸阳、内蒙古土默特旗、河北李希宗墓、内蒙古武川县、青海都兰吐谷浑墓等地出土的东罗马金币,我们可将丝绸之路连接起来,勾勒出古代东罗马帝国和中国交往的历史。钱币本身蕴含着的文化元素,以及由钱币提供的信息弥补了文献资料记载的不足和缺失,为理清历史脉络提供了历史线索。

3. 虽然这些古钱币都是由陆上丝绸之路传入中国,但具体的传入线路却有区别,因此在地域和时间上会出现交叉现象。据考证,传入宁夏的萨珊银币处于南北朝时期。当时银币的分布区域较为广泛,基本沿着丝绸之路由西向东深入,银币的种类也由第一期的三位帝王增加到第二期的十余位帝王,数量大增,反映了当时丝路的繁荣和萨珊国力的强盛。诸如此类尚未定论的问题,可以通过后续问世的丝绸之路古钱币及其他相关文物进行论证,为史学界的研究开辟新的研究领域。

阿塞拜疆出土古钱币发展历程综述

[阿塞拜疆]阿格申·阿利耶夫

北京外国语大学亚洲学院

阿塞拜疆,通常被称为"火之国",位于欧亚大陆"心脏地带",是古代丝绸之路上东西交通的"十字路口"。阿塞拜疆也是"一带一路"沿线重要邻邦。自古以来阿塞拜疆的地理位置也成为各种宗教文化产生与接触的地区。

阿契美尼德王朝(前550—前330年)解体后在阿塞拜疆地区形成了两个国家:阿特罗帕特尼王朝(前321—224年)与高加索阿尔巴尼亚王朝①(前6—8年)。

阿塞拜疆(高加索)阿尔巴尼亚国(前4世纪—3世纪)亚历山大大帝去世后,在阿拉斯河以北成立的古国,首都是盖贝莱,②自5世纪以来移至巴尔达。③在3世纪,萨珊帝国征服了高加索阿尔巴尼亚国。7世纪,阿尔巴尼亚国被阿拉伯哈里发统治。阿特罗帕特尼王朝前321—224年存于阿塞拜疆南部,首都为甘扎克市。

目前这两个国家的钱币文化没有书面记载。斯特拉波在其《地理学》中写道:"那个地区(指高加索阿尔巴尼亚)没有自己锤制的货币……他们只能进行货物的交易。"20世纪60年代出土的古钱币证明前3世纪阿塞拜疆部分地区

---

① 跟现代的阿尔巴尼亚国同名异国。
② 位于阿塞拜疆北部。
③ 位于阿塞拜疆中部。

有国内铸造的硬币,同时使用国外流通的钱币。研究表明斯特拉波从来没有来过高加索地区,他的依据的是别人编写的关于里海的资料。

高加索阿尔巴尼亚国的古钱币(主要以硬币为主)的使用时间可以分为两个阶段:

第一阶段:前4世纪到前1世纪。

第二阶段:前1世纪到3世纪。

第一阶段的古钱币是在巴勒斯坦铸造的,它们是前4世纪的两枚四德拉克马银币(图1)。这两枚硬币于1820年在阿塞拜疆北部的沙马基市①发现。除此之外,在巴尔达市发现了前2世纪的四德拉克马。还有在盖贝莱市出土了7枚属于亚历山大的古钱币。所以阿塞拜疆古钱币的研究历史从前4世纪末开始。

图1　德拉克马银币

阿塞拜疆的钱币铸造是3世纪开始的,这个时期高加索阿尔巴尼亚国的钱币称为希腊硬币的仿造钱币。这个时期的古钱币主要发现于赫尼舍勒村②和盖贝莱市。大部分古钱币发现于盖贝莱市。根据它们正反面的图像和仿造方式,可将其分为四类。

第一类,正面是亚历山大的图像,头像右边有半圈点,反面是皇帝坐在王座上,右手上有老鹰,左手持权杖(图2)。

---

① 位于阿塞拜疆东部,阿塞拜疆古代首都之一。
② 沙马基市的一个村庄。

图 2 阿塞拜疆钱币

第二类，德拉克马仿造钱币，平均重量是 3.4 克。主要流通于前 1 世纪。

第三类，塞琉西亚四德拉克马的仿造币。这类钱币大部分发现于盖贝莱市。正面的图像是戴着皇冠的皇帝。反面是手上拿着箭的阿波罗图像。旁边有希腊文字(图 3)，这类钱币主要流通于前 2—1 世纪。

图 3 塞琉西亚王四德拉克马仿造币

第四类，安息帝国皇帝米提里达梯钱币的仿造币。这类古钱币主要发现于赫尼舍勒村。正面是皇帝的头像，反面有比较模糊的文字，共有 110 枚，流通于前 2—1 世纪。

萨珊王朝存在于 226—651 年，包括今天的伊朗、伊拉克、阿富汗、巴基斯坦、乌兹别克斯坦、土库曼斯坦、塔吉克斯坦和阿塞拜疆。226 年，起源于波斯的阿达希尔一世打败了安息帝国，建立了萨珊王朝。3 世纪阿塞拜疆阿特罗帕特尼王朝和阿塞拜疆高加索阿尔巴尼亚国被萨珊王朝统治。萨珊王朝的统治者称自己为"国王之国王"。

萨珊王朝建立以后他们开始铸造本国的钱币，在阿塞拜疆地区也大量使用萨珊王朝的钱币。因为萨珊王朝的国教是祆教，所以钱币上面有大量祆教的象征。一般来说钱币的正面会出现国王的图像，比较清晰。反面是政权的象征，这些象征主要以祆教为主。这种钱币象征着国教和王权的结合(图 4)。

除此之外这个时期的古钱币还有霍苏陆二世银德拉克马(图 5)、布兰银德拉克马(图 6)。

图 4　萨珊王朝钱币

图 5　霍苏陆二世银德拉马克

图 6　布兰银德拉马克

可以说 3 世纪中叶开始在阿塞拜疆境内萨珊王朝的钱币占主导地位，其他所有的币种都退场了，但是还有部分地区使用拜占庭的钱币。在盖贝莱市发现的 158 个钱币里面只有 3 枚属于古罗马铸造的钱币，余下来的都是以萨珊瓦拉汉二世铸造命名的钱币。6—7世纪萨珊人的钱币铸造业更加发达,这个时期阿塞拜疆境内有许多铸币厂,它们主要分布在盖贝莱市、纳希切万地区、[①]吉兰、[②]阿尔达比勒市、[③]巴尔达市等。这些铸币厂的钱币在包含阿塞拜疆在内的整个萨珊王国使用,甚至在一些中亚城市也发现了阿塞拜疆铸造的萨珊王国钱币。到目前为止在阿塞拜疆发现的属于萨珊王朝的钱币窖藏有大概100多个。651年,亚兹德格勒三世被阿拉伯哈里发击败。萨珊王朝灭亡。

7世纪40年代,阿拉伯人统治了阿塞拜疆。刚开始阿拉伯人不太重视铸造自己的钱币,很长时间使用了萨珊王朝的钱币。一直到9世纪中旬至10世纪初,在阿塞拜疆发现的古钱币已经没有萨珊王朝的钱币了。阿拉伯统治时期在阿塞拜疆境内使用的钱币主要包括:

金币:第纳尔(Dinar)(图7)

银币:迪拉姆(Dirhem)(图8)

铜币:菲尔(Fels)(图9)

从9世纪下半叶,当哈里发在外域的势力开始减弱时,阿塞拜疆抓住机会将其行政区变成独立的封建国家,它们开始铸造钱币叫作"sikka"(货币特权或铸币权)阿塞拜疆的货币的地位变得更加牢固。

图7 第纳尔金币　　　　　　图8 迪拉姆银币

---

① 现纳希切万自治共和国是阿塞拜疆的自治共和国,位于阿塞拜疆共和国南部的飞地。
② 纳希切万自治共和国的一座古城市。
③ 现伊朗北部,跟阿塞拜疆共和国相连的城市,主要居民为阿塞拜疆人。

图9 菲尔铜币

在这些封建小国如西尔万国(图10),①萨吉国(图11),②萨拉里国(图12),③拉瓦迪国,④沙达迪国⑤(图13)使用的钱币不仅满足了阿塞拜疆国内市场的需求,还与阿拉伯的货币一起扮演着国际货币的角色。

图10 西尔万国的银币

图12 萨拉里国的银币   图11 萨吉国的银币

① 公元861—1538年位于阿塞拜疆北部与西部大部分地区的封建小国。
② 公元889—942年主要位于阿塞拜疆地区的封建小国。
③ 公元942—981年主要在阿塞拜疆地区存在的封建小国。
④ 公元981—1054年位于南阿塞拜疆的封建小国。
⑤ 公元951—1088年位于阿塞拜疆西部的封建小国。

9—10 世纪阿塞拜疆成为南北经济走廊的主要枢纽,在这种历史条件下出现的新的经济现象——"白银危机"。当时硬币是南北走廊上包括近东国家和阿塞拜疆的主要货币,但是 11—13 世纪(东方文艺复兴时期)银从流通领域逐渐消失,最终被铜币取代。尽管蒙古的入侵使阿塞拜疆文艺复兴的进程倒退了很长一段时间,但是阿塞拜疆的经济生活与文艺发展逐渐复苏。因此,一个世纪后,将近有 30 个造币厂在阿塞拜疆运行,这无疑是城市经济高度发展,以及商品货币关系的证据。在这些造币厂铸造的各种征服者的硬币,反映了 14 世纪阿塞拜疆的政治和社会经济状况。

15—16 世纪,阿塞拜疆的经济和文化重新繁荣起来。在西尔万国的努力下,阿塞拜疆北部、西尔万地区获得了相对和平。高标准的硬币——西尔万国的坚戈(腾格)(图 14),在整个外高加索地区,扮演着全球支付媒介的角色。

在阿塞拜疆南部的白羊王朝(图 15)和黑羊王朝(图 16),两个突厥王朝及萨法维王朝不仅铸造银币而且还铸造金币。萨法维王朝铸造的货币反映了该国的经济和军事力量。18 世纪阿塞拜疆出现了小汗国,一直到 19 世纪初阿塞拜疆历史对钱币学研究来说是很复杂的一个时期。当地贸易中使用钱币的种类也很丰富(图 17—图 24)。这些钱币主要来自萨法维王朝、奥斯曼帝国、伊

图 13　沙达迪国银币　　　　　　　图 14　西尔万国的坚戈

图 15　白羊王朝的银坚戈　　　　　图 16　黑羊王朝的铜币

图 17　萨法维王朝的银沙赫①　　　　图 18　阿塞拜疆萨法维王朝的金币

图 19　西尔万汗国的银币　　　　　图 20　古巴汗国的银阿巴斯②

图 21　沙吉汗国的阿巴斯　　　　　图 22　卡拉巴赫汗国的银阿巴斯

图 23　耶利万汗国的铜币　　　　　图 24　纳希切万汗国的银阿巴斯

朗、莫卧儿帝国、宗教性硬币,以及阿塞拜疆汗国本地铸造的钱币。

　　根据俄罗斯和波斯帝国所签的 1813 年《土库曼恰伊条约》和 1828 年《古利斯坦条约》,阿塞拜疆北部并入俄罗斯统治,南部并入波斯帝国的统治。汗国的钱币停止使用,阿塞拜疆被纳入俄罗斯和波斯帝国的货币流通领域。

---

① 沙赫:阿塞拜疆萨法维王朝的银币的名称。
② 阿巴斯:大部分汗国硬币的名称。

参考文献

AbbasaSeyidov, AkifQuliyev, RəsidRzayev, *Az ərbaycantarixinumizmatikmater-iallar əsasında*, Bakı 2017.

Али РАДЖАБЛИ, НУМИЗМА ТИКААЗЕРБАЙДЖАНА, Издательства 《Элм ве Хаят》Баку 1997.

ГАНИРА ПИРКУЛИЕВА, МЕДНЫЕ *МОНЕТЫ АЗЕРБАЙДЖАНА*, Баку 2007.

М.А.塞非德基尼:《阿塞拜疆中世纪钱币上的回鹘蒙文铭文》,《蒙古学信息》1997 年第 1 期。

Q.ə. Pirquliyeva, *Numizmatikanənı sasları*, Bakı 2009.

Q.ə. *Pirquliyeva*, "*İşərişəhər*" *Tarixi Muzeyinin sikkə kataloqu*, Bakı 2011.

佛教与货币经济
——从出土钱币及资料看寺院的供养与货币使用

李志鹏

甘肃省社会科学院　陕西师范大学中亚研究中心

寺院是佛教徒表达信仰的神圣场所，在寺院频频发现的钱币是佛教世俗化、大众化的体现。通过研究佛教场所发现的古钱币及文史资料，为学者了解佛教场所的货币经济生活及其所蕴含的佛教文化内涵打开了一扇窗户。[1]由此可知，佛教与货币经济休戚相关，佛教活动离不开世俗经济的供养，世俗经济为佛教活动提供了必要的物资保障。此外，为了传播佛教信仰，发扬光大佛教仪轨，寺院也从事着相关的经济活动。[2]故而，在传播佛教的同时必然离不开货币的使用。

近年来在中国各地的古代寺院遗址或地宫中频频发现的各类古钱币及窖藏，即佛教世俗化、大众化的体现，也是佛教生活与世俗世界交往的见证。本文

---

① 譬如，陕西宝鸡法门寺地宫出土的"玳瑁开元通宝"，山西五台山出土的"金质开元通宝"钱币都是赋予了佛教文化内涵的专用钱币，用于佛教活动。参见高西省：《法门寺出土的玳瑁开元通宝》，《中国钱币》1992 年第 3 期，第 33—34 页；高西省：《法门寺出土的玳瑁开元通宝》，《文博》1993年第 4 期，第 74—77 页。

② 主要有寺院土地、寺院房屋出租，寺院高利贷及佛教活动等。参见郑筱筠：《当代南传佛教寺院经济现状及其管理探析》，《世界佛教文化》2014 年第 1 期，第 78—84 页；黄强：《中国佛教寺院经济刍议》，《徐州工程学院学报》2007 年第 9 期，第 42—46 页。

以中国各地佛教场所出土古钱币为聚焦，通过结合历史文献和敦煌文书所记载的寺院经济生活情况，为我们了解古代佛教场所的货币经济情况及其所蕴含的佛教文化内涵提供了佐证，进而为中国古代货币经济与佛教文化传播之关系研究，添一助尔。

一、各地佛教场所出土古钱币概况

1.陕西法门寺唐代地宫出土钱币

法门寺唐代地宫当初开启时，出土了大量的古钱币。陕西宝鸡市法门寺博物馆对地宫出土钱币进行了全面整理，共整理品相较好的古钱币 9200 枚，绝大部分为唐代开元通宝铜钱，也有少量的金质开元通宝。其中法门寺地宫出土 13 枚玳瑁开元通宝钱币是考古界的重大发现，因而被称为目前发现最珍贵古代货币。[①]

2.河北毗卢寺出土 11 万多枚中外古钱币

河北谈固村旧城改造施工现场出土数万枚古代钱币窖藏，经专家考证，这批古钱大多是清代的钱币，以乾隆、嘉庆、道光时期的最多。这批钱币放置在大瓮中，共有 11 万多枚，20 多种，以清代钱币为主，乾隆时期的就有 4 万多枚，还有宋代、金代和明代的钱币，此外，还有少量外国古钱，如日本和越南的钱币。[②]

3.辽宁千山灵岩寺窖藏出土古钱币

1997 年在千山灵岩寺遗址意外发掘出钱币 77 种 30 余万枚，历史跨度在两汉至金代之间。通过这些古钱币和发掘出的建筑遗址，可反映出当时寺庙的规模，并对窖藏钱币进行了初步的探究。这批古钱币的发现，为研究鞍山地方史提供了十分宝贵的资料。[③]

---

① 《法门寺唐代地宫出土钱币整理完毕》，《收藏·拍卖》2010 年第 3 期，第 51 页。
② 黄鋆：《河北毗卢寺古钱币：共 11 万多枚，含外国古钱》，来源于中新网，2014 年 12 月 3 日。
③ 韩英：《千山灵岩寺窖藏出土古钱币内涵初探》，武斌主编：《沈阳故宫博物院院刊沈阳故宫博物院建院八十五周年纪念特刊》，北京：现代出版社，2012 年，第 531—534 页。

4. 辽宁朝阳北塔辽代天宫出土古钱币及供养钱

在整理辽宁省朝阳市的全国重点文物保护单位朝阳北塔辽代天宫出土文物时,在上千枚铜钱中发现了2枚少见的佛教供养钱。其中1枚为檀香木雕成,棕色,素面无文字;另1枚为白玉材质,素面无文字,非常精致。据朝阳北塔天宫石刻题记得知,朝阳北塔入藏的时间为辽重熙十二年(1043年)四月八日,此钱即当时佛教信徒作为供养钱而放入天宫内的。[①]

5.南京金陵大报恩寺遗址地宫出土钱币

南京金陵大报恩寺原名大长干寺,是六朝京师名寺。打开地宫首日,发现地宫内铺了满满一层的铜钱,经过清理,大部分都是唐代的开元通宝和宋代的皇宋通宝。在明代朱棣为母所修寺塔之地宫内,竟然没发现当时的洪武或者永乐通宝。[②]

6.陕西礼泉香积寺塔旧址出土窖藏古钱币

陕西省礼泉县香积寺塔旧址出土约两吨古钱币窖藏。古钱币种类跨越唐、宋、元3个朝代,有唐代的开元通宝、北宋的崇宁重宝,以及元代的大朝通宝等。古钱币发现地系汉文帝刘恒为纪念其母薄太后而修建的香积寺塔旧址的一部分。埋藏在这里的古钱币可能来源于香积寺的香火钱,存钱的青砖窖很可能修建于元代或元代以后。这些古钱币对研究中国古钱币发展和寺庙文化具有重要意义。[③]

7.福建泉州崇福寺应庚塔出土北宋厌胜钱

崇福寺是泉州三大禅林之一。寺内大雄宝殿北侧有应庚塔,据传建于宋初。2001年9月26日—11月8日,有关部门对该塔进行抢救性维修时,发现大批钱币等珍贵文物。此次出土历代钱币共4417枚,种类丰富,上至西汉半两钱,下至北宋治平通宝,其中尤其以唐钱数量最多。[④]

---

① 郎成刚:《辽宁朝阳北塔出土辽代供养钱》,《中国钱币》1998年第4期,第55页。
② 南京市考古研究所:《南京大报恩寺遗址塔基与地宫发掘简报》,《文物》2015年第5期,第4—52页。
③ 张志攀:《礼泉县发现一古钱币窖藏》,《西部金融》2009年第7期,第85页。
④ 唐宏杰:《泉州崇福寺应庚塔出土北宋厌胜钱》,《中国钱币》2003年第3期,第42—43页。

8. 西藏绒布寺出土古钱币

2016 年 5 月，西藏定日县政府组织工人对珠峰脚下的绒布寺进行加固维修时，意外在寺中挖出钱币 5500 余枚，重 26.6 公斤。钱币为圆形，形状大多完好无损，两面均有不同形状的花纹。[①]

9. 新疆于田古代佛寺遗址出土西汉五铢钱

中国社会科学院考古工作者在新疆和田地区于田县发掘出一处古代佛寺遗址，其中出土一批珍贵文物，有 4 枚完整铜币，铜币上铸有五株字样，为西汉"五铢钱"，具有一定的断代作用。考古专家初步确定遗址上限不会早于汉代，下限不会晚于唐朝，距今约 1500 年，应该在四五世纪的南北朝时期，已把遗址命名为"拉依苏胡杨墩遗址"。[②]

10. 山西五台山出土的北宋淳化元宝佛像金钱

1988 年，在佛教圣地五台山中台顶佛塔旧址清理塔基时，挖出 2000 多枚在背面刻有两尊佛像的金钱，经考古学家和钱币专家鉴定，这就是我国宋代淳化年间铸造的淳化元宝佛像金钱。从实物看，该钱直径 24 毫米，厚 1.2 毫米，穿径长 5 毫米，佛像凸出浮雕 2 毫米，每枚重约 12 克，成色均在 96% 以上，极为珍贵。[③]

11. 敦煌莫高窟出土的波斯萨珊银币和西夏钱币

1988 年 11 月，敦煌研究院考古研究所在莫高窟北区进行考古发掘时，获得 1 枚波斯萨珊王朝卑路斯 B 式银币，该银币磨损较重，直径 3.1 厘米，重 3.8 克。同期还出土有汉五铢，唐开元通宝，宋代绍圣元宝、治平元宝、嘉祐通宝、皇宋通宝、祥符通宝、宣和通宝，西夏天盛元宝、乾祐元宝等铜铁钱币 59 枚。[④]

12. 新疆哈密地区出土的清代钱币窖藏

2010 年 3 月 27 日，施工队在哈密市原大十字清真寺西铺设天然气管道时

---

① 张宸：《珠峰脚下绒布寺挖出古钱币》，来源于新华网，2016 年 5 月 8 日。
② 孙涛：《新疆于田县发掘出一处古代佛寺遗址》，来源于中国广播网，2012 年 5 月 4 日。
③ 阎鸿禧：《五台山发现的淳化元宝金钱》，《中国钱币》1989 年第 2 期，第 42、82 页。
④ 彭金章、沙武田：《试论敦煌莫高窟北区出土的波斯银币和西夏钱币》，《文物》1998 年第 10 期，第 22—27 页。

发现古钱币。地区文物局对现场进行了抢救性发掘整理,初步可判定这些古钱币是用麻绳拴系封装在一个长750毫米,宽400毫米,深300毫米左右的木箱里,共30排,每排有古钱币约200枚,共9层。在长期的窑藏环境下,麻绳和木箱都已腐蚀断裂,部分钱币出现蚀锈。挖出的很多钱币大多为方孔圆形钱。有极个别为无孔钱,这是新疆哈密地区发掘古代钱币数量最多的一次。①

兹后世后代寺院考古发现古钱币情况或与上述所列情况类同,概不赘述。中国各地古代佛教寺院和地宫中出土的古钱币,是研究寺院经济生活与世俗联系的佐证。不仅有佛教寺院和地宫的古钱币窑藏发现,在新疆哈密清真寺附近还发现了古钱币窑藏,这些古钱币为学界研究佛教在中国及东亚、东南亚的传播提供了线索,也是由钱币学入手打开佛教与世俗世界联系的金钥匙。

二、佛教传播与寺院的"供养"经济

综上所述,在中国古代的寺院遗址中,频频发现的古钱币是民间世俗和皇室贵族表达信仰、供养三宝、布施钱财的遗留物。同时,寺院为了传播佛教信仰也从事着相关的经济活动。就佛教在中原的传播而言,寺院依靠的主要经济来源为皇室或贵族的官方扶持、世俗社会的捐赠和布施,以及寺院的自身经营。中国古代的历史文献及敦煌经济文书②对此都有详尽的论述和记载。

1. 佛教传播与民间世俗的供养

佛教信徒对寺院施舍的财物是寺院"常住"物的来源。佛教有"六度"的修行方式,布施处在第一位。它要求施与他人以财物、体力、智慧等,为他人造福成智,以此求得累积功德,以致解脱自身,生往西方极乐世界。在中国佛教的发展中,布施的对象则以寺院、僧人为主,布施者包括来自社会各阶层的佛教信徒。达官显宦、富商大贾,他们钱财雄厚,又被佛教的学说所吸引,因而施舍起

① 阿依夏木·肉孜:《新疆哈密地区新近出土的清代钱币窑藏清理报告》,《中国钱币》2011年第1期,第57—60页。
② 唐耕耦、陆宏基编:《敦煌社会经济文献真迹释录》,北京:书目文献出版社,1986年。

来非常大方。譬如，据北宋洪迈撰《夷坚志》卷7《阎大翁》所载："阎大翁者，居都阳，以贩盐致富，家货巨亿。夫妇皆好布施，诸寺观无不沾其惠，而独于安国寺出力尤多。"①又如，北宋欧阳修对洛阳佛教寺院的议论"河南自古天子之都，王公戚里富商大姓，处其地喜于事佛者，往往割脂田沐邑货布之赢，奉祠宇为庄严，故浮图氏之居，与侯家主第之楼台屋瓦。高下相望于洛水南北，若弈棋然。及汴建庙社，称京师，河南空而不都，贵人大贾废散，浮图之奉养亦衰，岁坏月隳，其居多不克完，与夫游台钓池并为榛芜者，十有八九"。②由此可见，达官贵人、富商大贾的施舍与佛教寺院的兴衰是紧密联系在一起的。③这些达官贵人在有生之年享尽了荣华富贵，为了来世照样能过上奢靡的生活，于是求佛保佑，毫不吝命地施舍供佛，正如北宋陈郁撰《藏一话腴》所载："今世王公大人更相施舍供养，谓能植福。"④由此可见，寺院是民间世俗布施钱财的主要场所。当然民间世俗的供养也是维持寺院运转的主要经济来源之一。

2. 佛教传播与皇家、贵族的供养

在1世纪前后，印度的佛教经西域传播到中国，起初传播范围主要限于社会上层，信仰者多为统治阶级中人。这为后期寺院经济的兴起创造了政治和社会基础。有史料记载"楚王诵黄老之微言，尚浮屠之仁祠"。⑤可见汉光武帝刘秀之子楚王刘英即最早的佛教信仰者。东汉时期佛教仅限于上层统治者和外来僧侣、商人间传播，不允许民间百姓出家为僧。譬如，东汉桓帝延熹九年（166年）襄楷上书说："又闻宫中立黄老、浮屠之祠。此道清虚，贵尚无为，好生恶杀，省欲去奢……"⑥至东汉末年佛教在中国发展缓慢，但传播范围由社会上层逐渐影响到了下层，具有了传播和信仰上的广泛性。

---

① ［宋］洪迈撰，何卓点校：《夷坚志》卷七《阎大翁》，北京：中华书局，2006年，第1439页。
② ［宋］欧阳修：《河南府重新净垢院记》，《欧阳永书集》第八册，上海：商务印书馆，1933年，第2页。
③ 游彪：《论宋代寺院经济的地域差异》，《中国社会经济史研究》1990年第3期，第33页。
④ ［宋］陈郁撰：《藏一话腴》，参见《四库全书》（子部）杂家类。
⑤ 《后汉书》卷四十二《楚王英传》，北京：中华书局，1965年，第1428页。
⑥ 《后汉书》卷三十下《襄楷传》，北京：中华书局，1965年，第1082页。

西晋时期，佛教在中国传播兴盛，王公贵族、平民百姓均笃信佛教。统治者广建庙宇，据记载西晋长安和洛阳有佛教寺院 180 座。晋武帝"广树伽蓝"，而晋惠帝则于洛下建兴圣寺，供养百僧。东晋皇帝和广大士族都尊崇佛教。据《高僧传·竺法潜传》载："中宗元皇，及肃祖明帝……并钦其风德，友而敬焉。"又言"哀帝好重佛法，频遣两使殷勤征请，朝野以为至德，以潜诏旨之重，暂游宫阙，即于御筵开讲《大品》，上及朝士并称善焉。"①可见佛教寺院与世俗王权社会皆有交往，佛教势力由此也在高族名士的追捧中不断扩大。

寺院经济初步形成于南北朝时期。南朝萧梁政权极力崇信佛教，营造和供养佛寺。仅梁武帝三次"舍身"同泰寺，百官公卿"以钱一亿万奉赎"，梁武帝在大同年间为京城的阿育王寺的改建一项，就曾施钱一千万，设置金银供具无数，并在寺内造二塔，"造诸堂殿并瑞像周回阁等，穷于轮奂焉"。②寺院建寺造像的钱财主要来自捐资施舍。据学界统计，南朝佛寺志著录的二百二十五座著名的寺院，其捐建者除原载不详外，计与皇帝有关者 33 人，与后妃公主有关者 17 人，另有王公官僚 30 人，僧侣捐造者 16 人，商人 1 人，官府强迫百姓集资造者 1 人。③寺院建成后，巧立名目作为贡奉而捐赠的钱财更是数不胜数。这些数目庞大的钱财自然落入寺院手中。由此可见，佛教寺院与世俗王权社会的官僚贵族联系紧密，施舍及寺院通过自身的多种经营方式，以及侵占等手段，大大充实了寺院的经济实力。

北朝时期，佛教传播更为兴盛。西域高僧佛图澄在后赵深受礼遇，扩大了佛教影响，"百姓因澄故多奉佛，皆营造寺庙，相竞出家"④，后秦姚兴尊崇高僧鸠摩罗什，关中佛教大盛，"沙门自远而至者五千余人"。而凉州，"自张轨后，世信佛教。敦煌地接西域，道俗交得其旧式，村坞相属，多有塔寺"。

北朝佛寺僧尼数目巨大。魏太和元年（477 年），京师平城有寺庙"新旧且百

---

① ［梁］释慧皎撰，汤用彤校注，汤一玄整理：《高僧传》，北京：中华书局，1992 年，第 156 页。
② 《南史》卷七十八《夷貊传上》，北京：中华书局，1974 年，第 1954—1956 页。
③ 简修炜、夏毅辉：《南北朝时期的寺院地主经济初探》，《学术月刊》1984 年 1 期，第 36—45 页。
④ 《晋书》卷九十五《佛图澄》，北京：中华书局，1974 年，第 2487 页。

所,僧尼二千余人,四方诸寺六千四百七十八,僧尼七万七千二百五十八人"。
北魏末年洛阳寺庙有一千三百六十七所。天平元年(534年),迁都邺城,洛阳余
寺四百二十一所。宣武帝时各州即有寺一万三千七百二十七所。东魏、北齐间,
"僧尼大众二百余万矣,其寺三万有余"。到北齐末年,寺庙超过四万,僧尼约为
三百万人。北朝寺院经济实力高于其他经济势力,这可从其寺院建筑的豪奢及
造像的华丽与数量繁多略见一斑。据日本学者佐藤智水研究统计,有确切纪
年的北朝造像数达 1360 尊,其中金铜像 272 尊、石像 1088 尊;按朝代分,北
魏(149 年)598 处、东魏(17 年)159 处、西魏(22 年)56 处、北齐(28 年)423
处、北周(25 年)94 处。北朝造像之风盛行,耗费资源巨大始自北魏。北魏文成
帝时,在京城五缎寺造释迦牟尼像五尊,各长一丈六尺,共用铜二万五千斤;
北魏献文帝时,在天宫寺造释迎立像,高四十三尺,用铜十万斤,黄金六百斤。
其余寺塔,也"各相高尚,贫富相竞,费竭财产,务存高广"。譬如永宁寺,初因
皇子元宏出生,献文帝起此永宁寺,高三百余尺,为"天下第一",后迁都洛阳,
灵太后"亲率百寮,表基立刹。佛图九层,高四十余丈,其诸费用,不可胜计"。
由此可见,北朝时期佛教的发展盛况,皆离不开统治者及贵族的极力推崇和
供养。

隋唐时期是中国佛教发展的鼎盛之时。隋文帝时专弘佛教,"有僧行处,皆
为立寺"。[1]隋炀帝在位更是崇佛,设"千僧斋",受"菩萨戒"。[2]因此寺院与僧尼
数目众多。当时,"计海内寺三千七百一十六所,计度僧尼一万八千五百余
人"。[3]随着佛教势力的不断发展,寺院经济也有了长足发展。开皇年间,朝廷曾
送寺院绢一万四千匹、布五千端、绵一千屯、绞二百匹、锦二十张、五色上米、前
后千石。唐代也不例外,尤其贞观之后,社会各阶层对于寺院大兴施舍,钱、帛、
金玉,积聚不可胜计。武周之世更是"以释教开革命之阶",阎铸浮屠,立庙塔,

---

① [唐]释道宣撰,郭绍林点校:《续高僧传》卷十五,北京:中华书局,2014 年,第 549 页。
② [隋]隋炀帝撰:《天台山颙禅师所受菩萨戒文》,[唐]释道宣撰:《广弘明集》卷二十七《诫劝篇》,钦定
四库全书。
③ [唐]慧立、彦佛著,孙毓棠、谢方点校:《大慈恩寺三藏法师传》,北京:中华书局,2000 年,第 153 页。

役无虚岁。唐朝寺院经济势力强大,有"十分天下之财而佛有七八"①的说法。

隋唐时期统治者的极力宠佛使得佛教经济发展迅速,甚至一度威胁到了国家正常的经济环境,故而受到统治者的限制。②由于佛教具有愚民和教化功能,因此,在宋元明清时期依然得到统治者和社会上层人士的崇信,各地皇家寺院、贵族寺院势力强大、影响广泛。除汉传佛教之外,藏传佛教、南传佛教都得到了发展。至此,佛教成为中国境内影响最为广泛的外来佛教信仰之一。

追溯佛教在中国的传播历史,离不开统治者的推崇和支持,所依靠的社会力量主要是皇室和贵族上层。皇室的供养和赏赐不仅数目颇大,而且带有一定的导向作用。因此,佛教在传播过程中,由于其势力受统治阶级上层的影响,故而由单一的佛教性组织变成一种含有政治、经济、佛教融合的势力实体。

三、从敦煌文书看寺院的"自养"经济

寺院经济形成于南北朝,在隋唐时期继续发展,直到宋以后进入衰落期。其发展既有佛教因素,也有社会外部因素。寺院经济包括庄园式寺院经济和禅林经济,其中禅林经济是在安史之乱后才形成的以自我经营为主,极少依附朝廷的资助、富豪施舍的寺院经济。③敦煌作为佛教东西方文化交融的节点,尤其报恩寺在吐蕃占领敦煌和归义军时期寺院经济活跃,极具代表意义,是研究古代寺院"自养"经济的典型。学界研究得知,报恩寺的经济收入并不局限于佛教方面的施舍,其世俗收入的比重要大于佛教收入。④报恩寺世俗收入详情如下:

1. 出贷寺院"常住"物收入

寺院"常住"物是指寺院中常备僧侣受用之物,一般来说是属于寺院的财

① 《旧唐书》卷一百一《辛替否传》,北京:中华书局,1975年,第3158页。
② 唐玄宗曾多次下诏限制民间供养和营造寺院,安史之乱后,佛教在中原受到冲击,唐后期寺院经济与前期相比呈现衰落之势,特别是唐武宗"会昌法难"后,除禅宗盛行外,其他各佛派都已衰弱,故而寺院经济势力也不可避免地大受影响。
③ 李佩桦:《禅林传统寺院经济及其现代启示》,《湖南科技学院学报》2010年第5期,第24页。
④ 莫秋新:《唐宋时期敦煌报恩寺研究》,上海师范大学硕士学位论文,2018年,第38—46页。

产,僧人无权私自买卖。但是可以由寺主或"常住"物监管者通过一定渠道将"常住"物出贷,以获取利息的方式充盈寺院经济,然而也不排除借贷而不收取利息的情况。据考证,唐五代时期流行的内律准许出贷寺院"常住"物以牟利。因此,以出贷寺院"常住"物来获取利息是这一时期寺院经济来源之一。譬如,敦煌文书 P.3370《戊子年(928 年)六月五日公廨麦粟出便与人抄录》①,记载了报恩寺公廨司的出贷对象和分布情况。出贷对象有僧人,也有世俗大众。而且分布很广,遍布敦煌各乡。②报恩寺的借贷记录大多是在归义军时期但吐蕃占领时期已经出现了,且大多用"便",而非"借",便即借。如 S.4192 背《未年(803年)四月五日张国清便麦契》第 1 行有"未年四月五日,张国清遂于处便麦"。③这是一份比较完整的便麦契约,但到归义军时期的借贷情况变得频繁之后,关于借贷的情况可直接从算会稿中看到,如 S.286《10 世纪中叶报恩寺诸色斛斗入破历算会牒稿》④第 24 至 26 行"又白褐一段,折粟两石,何愿昌折债入。掘一束,砲户石盈昌折债入,准折麦粟七石"。这里的借贷者是用折债的方式归还所借的麦和粟。又如 P.4004+P.3067+S.4706+P.4908《庚子年(940 年)后报恩寺交割常住什物点检历》⑤第 33 至 34 行"新大铸鏊二,在库,内一有裂,王庆住折债(入)"。⑥同卷第 42 至 43 行"又张午子折债新花合盘一副"。⑦关于王庆住入债情况还有 S.4199+P.3598《丁卯年(967 年)后报恩寺交割常住什物历》第 10 至 11 行"王庆住入债三(斗)(铛)一口,有古路"。极有可能是王庆住在借贷后的归还期限内没能将贷款还上,故被迫用其他家当代替。这类情况还有同卷第 11 行"张江子入债七升锅子一口,底上有烈(子)"。可知报恩寺借贷对象多数是敦

---

① 唐耕耦、陆宏基:《敦煌社会经济文书真迹释录》第 2 辑,北京:全国图书馆文献缩微复制中心,1990年,第 207—208 页。
② 唐耕耦:《敦煌寺院会计文书研究》,台北:新文丰出版公司,1997 年,第 399—400 页。
③ 唐耕耦、陆宏基:《敦煌社会经济文献真迹释录》第 2 辑,北京:全国图书馆文献缩微复制中心,1990年,第 79 页。
④ 唐耕耦:《敦煌寺院会计文书研究》,台北:新文丰出版公司,1997 年,第 290 页。
⑤ 唐耕耦:《敦煌寺院会计文书研究》,台北:新文丰出版公司,1997 年,第 296 页。
⑥ 唐耕耦:《敦煌寺院会计文书研究》,台北:新文丰出版公司,1997 年,第 298 页。
⑦ 唐耕耦:《敦煌寺院会计文书研究》,台北:新文丰出版公司,1997 年,第 297 页。

煌当地的常住百姓,且有不少无法按期还债的情况。

2. 厨田收入

僧人的主要任务是进行佛教活动,那么报恩寺的土地该如何产生效益,于是有了出租厨田的情况。以 S.5049《庚辰年(980 年)正月报恩寺寺主延会诸色斛斗入破历算会牒稿》为例来说明,第 7 至 11 行有"豆两石,大瀼沈法律手上领入。麦一石五斗,千渠赵承恩手上领入。麦两石五斗,乡农王师手上领入。黄麻三斗,乡农索通子手上领入。麦二石五斗,于千渠张保山手上领入。麦七石,上头庄佛经手上领入"。这里的大瀼、千渠、乡农、上头皆是河流水系所在的灌溉区域名称,这些区域的田地应是报恩寺租给沈法律、赵承恩、王师、索通子、张保山、庄佛经等人的,租借对象有僧有俗。从他们所还的"租金"来看,包括豆、麦、黄麻,那么很可能是因为他们将所租田的产物直接充当租金。①

3. 牧羊收入

牧羊也是报恩寺的经济营利手段之一,同样也是以出借的方式进行。如 S.3984《丁酉年(937 年)十一月三日报恩寺徒众分付牧羊人康富盈羊抄》和 S.4116《庚子年(940)十月廿六日报恩寺徒众分付牧羊人康富盈羊抄》将此二者联系起来分析,937 年 "计白羊大小五十口""计牯羊大小三十九口", 共 89 头羊,到 940 年"计白羊大小五十四口""计牯羊大小五十三口",共 107头,也就是说在 3 年间牧羊人康富盈等将羊的数量增加了 18 头。这 18 头羊经算会后实际上已归属于报恩寺,这也是报恩寺收取利润的方式之一。②

4. 碾硙收入

硙课,是寺院出租碾硙而获得的经济利益。③据敦煌文书记载报恩寺有碾硙,如 S.5008《年代不明(980 或 920 年前后)报恩寺诸色斛斗入破历算会牒》第 15至 16 行"油一升,硙场店铛及灯油用"。说明报恩寺有碾场,否则无须付灯油。又 S.5039《年代不明(940 年前后)报恩寺诸色斛斗入破历算会稿》第 13 至14行

① 莫秋新:《唐宋时期敦煌报恩寺研究》,上海师范大学硕士学位论文,2018 年,第 43、44 页。
② 莫秋新:《唐宋时期敦煌报恩寺研究》,上海师范大学硕士学位论文,2018 年,第 44 页。
③ 郝春文、陈大为:《敦煌的佛教与社会》,兰州:甘肃教育出版社,2013 年,第 101 页。

"麦二斗,买胡饼砲头僧吃用"。除了有碨头僧,报恩寺还有碨轮博士,如S.11282+S.11283《中和三年(883)正月报恩寺都师宝德诸色斛斗入破计会牒》第22至23行"粟三斗,充碨轮博士用"。博士,是从事某种手工业生产的具有一技之长的手艺人,分为雇匠和工匠,此处应是雇匠。①这些就构成报恩寺足以出借碨碾以赚取利益的因素。S.6154《丁巳年(1017或957年)后报恩寺算会见存历稿》第3至5行"黄麻一硕四斗,在丁巳年都师愿进下碨户张富昌、李子延二人身上"。显然,碨户张富昌和李子延都租用了报恩寺的碾碨。在S.11282+S.11283中直白地表明报恩寺收取的碨课,如第38至40行"右通前件家账回残及寅丑二年新附碨课,并由樑课及诸家散施麦粟油面黄麻豆等"。②

5. 梁课收入

梁课,亦作樑课,与碨课类同,只是这里寺院出借之物为油梁。有梁课收入就会有收取的对象——梁户。譬如S.6154《丁巳年(1017或957年)后报恩寺算会见存历稿》第4至6行"油四斗七升,在都师愿进下梁户史怀子身上。麻渣八饼又在史怀子身上"。梁户史怀子租用了报恩寺油,如此必有梁课的收入,且在上面所举例子中S.11282+S.11283就有提及"梁课"。再如S.286《10世纪中叶报恩寺诸色斛斗入破历算会牒稿》第22行"油八斗,梁户□□□纳入"。同卷第26至27行"油五斗,于梁户李富德领入"。③

6. 酿酒收入

酿酒,即寺院自酿。寺院所用之酒一般有三个来源:一是由官酒户、酒店酿造,寺院付给酒本和工价,文书常用词为"付酒本";二是向酒店购买,即沽酒;三是寺院自酿。报恩寺关于这三者情况都有所记载,如S.5050《年代不明(980年前后)报恩寺诸色斛斗入破历算会稿》第6行"粟七石,付集子酒本用"。另外报恩寺沽酒的文书记载很多,如S.5039《年代不明(940年前后)报恩寺诸色斛斗入破历算会稿》第2至3行"粟二斗,沽酒,和尚、孟都料吃用。麦三斗,沽酒,

---

① 郝春文:《唐后期五代宋初敦煌寺院中的博士》,《中国经济史研究》1993年第2期,第123页。
② 唐耕耦:《敦煌寺院会计文书研究》,台北:新文丰出版公司,1997年,第290页。
③ 唐耕耦:《敦煌寺院会计文书研究》,台北:新文丰出版公司,1997年,第296页。

孟都料、安录事等吃用"。此外,报恩寺还有自己专门酿酒的酒户,如羽068《公元920年前后报恩寺算会酒户张盈子手下酒破历》,张盈子为报恩寺的酒户,那么自然就有酿酒的记录,如S.5008《年代不明(980或920年前后)报恩寺诸色斛斗入破历算会牒》第1至2行"粟一硕四斗,卧麦酒用"。又同卷第5至6行"油一升,付卧麦酒用"。和第10行"白面一升,与延德卧麦酒用"。①由此看来,卧酒的粮食不一定就是寺院给予的,卧麦酒,寺院可以用油或者面来替换供给。S.11282+S.11283《中和三年(883年)正月报恩寺都师宝德诸色斛斗入破计会牒》第10至11行"面三斗五胜,油一胜半,造酒食用"。造酒即酿酒,面和油并不是造酒所需的材料,那么这里的面、油应是抵用给寺院酒户的酒本和工价。一般利用本寺院酒户造酒,寺院都会以低于时价的价格获取同等数量的酒,以此来减少酒费的支出,报恩寺僧人以酒款待宾客,以及用酒作为往来礼仪的物品的情况很多,对酒的需求量大,那么以自酿的方式造酒实际上大大减少了报恩寺对酒的费用支出。

7. 造醋收入

还有造醋的情况。譬如S.5937《庚子年(940年)十二月廿二日起报恩寺都师愿通沿常住破历》第5至6行"四月六日,麸两石,付都师造醋用"。第11行"又麸两石,付都师造醋用"。都师,是寺院中负责仓库储物的保管和僧众伙食的管理者。②又如S.5048背《庚子年(940年)报恩寺麸破历》第2至3行"四月廿七日,麸两硕,都师卧醋用"。都师造醋是为满足本寺用醋的需求。

如上所述,报恩寺是敦煌地区寺院经济的缩影。它的经济来源比较广泛,相较于不稳定的佛教收入,报恩寺的世俗收入更具主动性,也是报恩寺经济的主要来源,其中占据比例较大的要数厨田出租和借贷业,特别是后来居上的借贷业,在归义军时期风靡整个敦煌地区,近乎成为当时敦煌佛教的支柱产业。③

① 潘春辉:《晚唐五代敦煌僧尼饮酒原因考》,《青海社会科学》2003年第4期,第83页。
② 郑炳林、邢艳红:《晚唐五代宋初敦煌文书所见都师考》,《西北民族学院学报》1999年第3期,第96页。
③ 莫秋新:《唐宋时期敦煌报恩寺研究》,上海师范大学硕士学位论文,2018年,第42—44页。

因此,报恩寺的"自养"经济收入要更胜于"供养"经济的收入。通过结合敦煌经济文书所载各寺庙的经济收入情况来看,敦煌寺院经济的发展由于受各自地产规模、利息收入、经营状况等因素的制约而表现出不平衡性,具体表现为某些寺院的经济规模相当大,而有些寺院的经济状况却是相当拮据。[①]就寺院的经济收入方式而言,"供养"经济收入受寺院佛属地位的影响,贫富差距较为悬殊。而"自养"经济收入受寺院规模大小、僧人数量等因素的影响,依然存在差距。无论是"供养"经济收入,还是"自养"经济收入都是维持寺院运转的经济方式,当然也是古代货币流通和使用的经济环境。

四、从寺院所铸钱币看佛教文化的交融与变迁

寺院是表达信仰的神圣场所,也是连接起佛教与世俗社会的桥梁。随着佛教信仰的传播和发展,寺院依赖于世俗社会的供养,同时寺院为了传播信仰、供养三宝、度化众生也从事着一定的经济活动,古代的寺院经济由此而产生。寺院经济的膨胀和萎缩,一定程度上反映了佛教在历史上的盛与衰。[②]通过研究各地寺院和地宫出土的供养钱,为我们管窥货币与佛教文化交融、变迁现象提供了佐证。

1. "供养钱"是传播和表达佛教信仰的圣物

"供养钱"也称"寺庙钱"或"供佛钱",起初是由寺庙信徒铸造专门用来放在佛像前作供奉用的钱币,不是流通货币,但是元朝时期随着统治者对于佛教的极力推崇,[③]使得佛教地位提升,供养钱也可以用于流通,这一现象揭示了佛教与货币经济的密切关系。[④]我国具有悠久的供养钱文化,譬如,1987 年在陕西

---

① 王祥伟:《试论吐蕃归义军时期敦煌寺院经济发展的不平衡性——敦煌寺院经济发展规模的量化考察》,《兰州商学院学报》2009 年第 1 期,第 20 页;王祥伟:《吐蕃至归义军时期敦煌佛教经济研究》,北京:中华书局,2015 年,第 70—71 页。

② 汪锡鹏:《中国古代的佛教与"钱"》,《中国城市金融》2007 年第 9 期,第 66 页。

③ 元朝统治者崇尚佛教,喇嘛僧位成为职官,僧人成为皇帝的老师,忽必烈就曾尊八思巴为国师,忽必烈之后先后有 10 多位僧人成为国师,佛教的势力由此盛极一时。

④ 汪锡鹏:《中国古代的佛教与"钱"》,《中国城市金融》2007 年第 9 期,第 67 页。

宝鸡法门寺地宫中发现的金质开元通宝和13枚玳瑁钱①。据有关专家研究,13枚玳瑁钱可能是皇室特赐的供养钱,也可能是一种用于避邪的吉祥物。又如,1988年在山西五台山出土的金质淳化元宝供养钱,该钱币背铸佛像,工艺精美,世所罕见,是宋太宗亲自设计和铸造给五台山的供养钱。该钱币对于研究宋代佛教发展与钱币文化具有重要的价值。②再如,北京的大昊天寺是辽代名刹,后毁于大火,元延祐三年(1316年)为了营造该寺特意铸造了延祐元宝背"大昊天寺"供养钱,该钱币的发现对于研究元朝政治、经济、文化提供了宝贵的资料。③同佛教供养钱相类似,中国的道教也有供养钱,并且内涵丰富、种类多样、用途广泛,故不再赘述。笔者认为,伊斯兰货币将箴言"万物非主唯有真主"打制在钱币上也有供养的意蕴。此外,西方基督教国家的古钱币上打制有国王或神灵、英雄的头像,也是一种宗教供养。受其文化影响,中亚、西亚等丝绸之路沿线国家的古钱币上也被赋予了相似的理念。④由此可见,供养钱起源于佛教、表达于佛教,作为佛教文化传播的载体,是佛教信仰与货币文化交融的产物。

2."压胜钱"具有祈福、驱灾、镇宅的功用

所谓厌胜思想,是指一种试图通过诅咒巫术以达到制服人或物的巫术思想。从文史资料看,这种巫术思想起源于先秦时期,基本成形于秦汉时期。压胜思想与钱币的结合是基于"货币崇拜""天圆地方""钱币神化"思想,最终形成了中国钱币中的一朵奇葩——压胜钱。压胜钱的出现被赋予了佛教文化的内涵。压胜钱能得到古人的喜好是因为其被赋予了祈福、驱灾、镇宅的功用。

从中国各地佛教场所和地宫中发现的钱币来看,譬如,山西五台山出土的金质淳化元宝供养钱就有祈福的用意。又如,宝鸡法门寺地宫出土的玳瑁材质

---

① 玳瑁是海龟科的一种,其材质坚硬,与金、银、琉璃、珊瑚、琥珀、玛瑙等被佛家称之为"佛教七宝",由玳瑁雕琢而成的钱币更是举世罕见、弥足珍贵。

② 薛延龄:《五台山"淳化元宝"出土追记》,《五台山》2006年第8期,第58—59页。

③ 兰金顺:《"延祐元宝"背"大昊天寺"供养钱赏析》,《收藏界》2008年第3期,第92页。

④ 譬如中亚的大夏和巴特克里亚钱币上有国王或英雄的头像;贵霜王朝迦腻色迦时期钱币上有佛陀的肖像;西亚古波斯钱币上有拜火教的祭坛和火焰徽记。

开元通宝供养钱也有驱灾、镇宅的用意。再如,辽宁朝阳辽代天宫发现的檀香木和白玉材质雕刻的供养钱币也有类似功用。探究压胜钱的演变进程与中国封建文化的嬗变步伐是基本一致的。因此,压胜钱是中国封建文化的特有产物。①

3. "占卜钱"具有趋吉避凶、佑护平安的功用

占卜钱是人们借助道教的符咒和佛教的超度来驱邪避凶、趋吉避凶、佑护平安的专用钱币。譬如,敦煌 P.T.1055 金钱卜。即用铜钱占卜吉凶的判词,已残,存 94 行,分为 9 例,名为"金钱神课判词"。即用铜钱的"字"与"冥"来定正反,以答疑解惑、趋吉避凶。具体而言,四枚铜钱为字(正面朝上),其余皆冥(正面朝下)者为"水卦";五枚铜钱为字,其余皆冥者为"金卦";六枚铜钱为字,其余皆冥者为"土卦";七枚铜钱为字,其余皆冥者为"青铜合金卦";八枚铜钱为字,其余皆冥者为"土水卦";九枚铜钱为字,其余皆冥者为"贡孜(孔子)卦";十枚铜钱为字,其余皆冥者为"火土卦";十一枚铜钱为字,其余皆冥者为"牛黄卦"。按惯例,应是用 12 位铜钱问卜取其字、冥已决奇偶。但据东噶·洛桑赤列活佛云:"这一类金钱课,有时也用 21 枚铜钱卜卦,如 21 枚铜钱正面全部朝上,即全部为字者,大吉。"②

4. 历代佛教政策对货币文化的影响

中国历代的佛教政策对货币文化的形成和发展都有影响。佛教传入初期,统治者推崇道教,佛教受到了道教的抑制。譬如,压胜钱最初就是源于道教的法事活动。南北朝时期,佛教发展迅速,皇室和世俗崇信佛教。信众向寺院捐赠布施钱,又称"香火钱"非常活跃。北周周武帝"兴道灭佛",是因为道教信徒不出家、消耗社会财富要远远小于佛教,所以北周所铸的"五行大布"(有大中小)三种钱,是同周武帝的佛教和经济政策有一定关系的。唐朝时期佛教发展鼎盛,大批的铜料或钱币被用来铸造佛器,使得社会上铜钱流通量锐减,进而出

---

① 周克林:《试论中国古代压胜钱的产生与演变》,《四川金融》1997 年第 5 期,第 7—10 页。
② 郑炳林、黄维忠主编,王尧等译:《敦煌吐蕃文献选辑(文化卷)》,北京:民族出版社,2011 年,第112—116 页。

现"钱荒"。唐朝佛教熔钱造佛像和贮藏钱币的情况,已经到了影响商品货币经济正常发展的程度。唐武宗于会昌五年下令缩减天下寺院,收佛像钟鼎铸"会昌开元"钱,缓和了唐中后期一直难以解决的"钱荒"问题。[①]

元朝时蒙古人实行较为宽松的佛教政策,包括汉传佛教、藏传佛教、道教、伊斯兰教、基督教等在中国境内都得到发展,尤其藏传佛教成了元政权的国教,影响深远。寺院铸造的供养钱都可以用于流通,由此可见,历代的佛教政策对当时的社会经济及货币文化都有着直接的影响。

综上所述,中国古代的佛教与货币经济有着密切的联系,佛教活动离不开世俗经济的供养,世俗经济为佛教活动提供了必要的物资保障。此外,为了传播佛教信仰,发扬光大佛教仪轨,寺院也从事着相关的经济活动。故而,在传播佛教的同时必然离不开货币经济的支持。通过对中国各地寺院和地宫出土的古钱币进行分析和研究可知,寺院经济是这些钱币及窖藏的主要来源。无论是"供养"经济,还是"自养"经济,都不可避免要使用和流通大量的钱币。此外,寺院为了传播佛教信仰,表达佛教意念,寺院还铸造了专门的"供养钱"。为了给广大的信徒祈福佑护、驱灾镇宅、趋吉避凶,使用了专门的"压胜钱"和"占卜钱"。同时,中国历代的佛教政策对货币经济的发展和货币文化的形成都有影响。故而得知,货币是"俗权"和"神权"的结合物,[②]货币经济的盛衰影响到佛教信仰的传播,佛教信仰的传播又反作用于世俗社会的发展。货币与经济作为人类社会生活的两个组成部分,二者之关系难解难分,共同作用于人类历史的进步。

---

① 徐力民:《论佛教与我国古代的压胜钱——兼谈佛教对货币经济的影响》,《中原文物》1988 年第 3 期,第 80—81 页。

② 孙健灵:《佛教文化与经济发展》,昆明:云南大学出版社,2010 年,第 2 页。

"敦煌与丝路钱币"学术研讨会综述

袁　炜

贵州省博物馆

2019年6月28日至7月2日,由甘肃省历史学会、敦煌研究院共同举办的"敦煌与丝路钱币"学术研讨会在敦煌研究院敦煌院部举办。作为研讨会的预热环节,6月28日,敦煌研究院兰州院部举办"丝绸之路与敦煌学"系列公益学术讲座(第七讲)。中国钱币博物馆王永生从辽金元时期货币由铜变银、各种货币多元一体、白银货币化和纸币西传等角度,以《帝国与货币:以"辽夏金元蒙"四朝货币为视角的考察》为题进行报告。评议人长治学院齐小艳指出,古代史在研究过程中,钱币能很直观地展现历史,我们要以文献、考古、钱币等学科互证,共同解读历史。西北民族大学赵学东以《西北民族大学博物馆新入藏的丝绸之路金币》为题进行报告,介绍了2017年西北民族大学博物馆征集并整理出的丝绸之路金币47枚。评议人王永生认为此次公布的这批丝路金币品相好,其中个别金币需要重新认定,这批钱币在丝绸之路钱币收藏、展示、研究中起到重要作用。西北民族大学博物馆作为大学博物馆,在丝绸之路钱币学上的行动,说明相关大学已将丝路钱币收集、展示、研究纳入了学科教学的重要范畴,他们走在了全国高校开展钱币学教学的前列。上海博物馆王樾以《丝绸之路货币的内涵:以萨珊、贵霜王朝货币为中心》为题进行报告,得出丝绸之路货币实际是欧亚大陆古代国家货币的统称，这些钱币有着共性的表达和同样的内涵。设计上遵循了同样的理念，反映出相似的文化背景，说明这些钱币发行者在一个经济文化圈内。评议人北京外国语大学阿格申·阿里耶夫认为丝路钱币是古代东西方文明交流的最好证明。

6月29日，会议移师敦煌研究院敦煌院部，三十余位与会学者就丝绸之路货币研究进行了汇报。在总论方面，新加坡钱币学会邬显康就丝路货币研究的历史与现况进行了汇报。

在丝绸之路钱币文化交流方面，敦煌研究院杨富学、陕西历史博物馆张红娟以《从多体文字看异质文化对丝路钱币的影响》为题，对汉佉二体钱等多种文字钱币进行探讨，指出透过钱币可反映出丝路沿线各古代民族兼用其他民族的语言或文字，从而形成了丝绸之路钱币文化的一大特色。河北师范大学戴建兵以《印度和中国的货币文化交流》为题，对自西汉至民国时期的中印货币文化交流进行了归纳。兰州大学王睿以《丝绸之路与古代东西方货币交流——以汉佉二体钱为中心》为题，阐述了中国新疆的希腊式钱币是多元文化环境下的产物，体现了丝绸之路东西方文化的交流与融合。

在丝绸之路钱币贸易交流方面，西北民族大学安语梵在《唐与回鹘绢马贸易实质解诂》中，研究了安史之乱后唐与回鹘的绢马贸易，指出绢马贸易中大量的唐朝绢布被回鹘通过"回鹘道"转卖于西方。中山大学韩雪飞在《再论罗马帝国的东方贸易——以红海贸易的货币流通为视角》中指出，罗马东方贸易中货币是一种贸易品，通过《贝莱尼斯海关陶片档案》研究罗马金银币的包装，并对印度出土的罗马金银币进行分析。东北大学郝庆云等在《丝绸之路经济带视域下唐与渤海国的对外交通与贸易》一文中，分析了以渤海国都城上京为中心的六条对外交通要道，指出渤海国与唐、日本的贸易在丝绸之路贸易中的重要性。宁夏社会科学院郭勤华在《敦煌：古丝绸之路上的"金融中心"》一文中通过文献、出土钱币，论证了敦煌在河西通往中亚，乃至更远的地理区域内，发挥了金融活动中枢的作用。

在丝绸之路钱币考古发现与文物征集方面，上海博物馆王樾在《略论吐鲁番出土古代萨珊王朝钱币》一文中，整理了吐鲁番出土萨珊波斯钱币，揭示其所反映的吐鲁番地区经济生活状况。阿格申·阿里耶夫在《阿塞拜疆出土古钱币的地区分布图及丝绸之路上的价值》中指出，阿塞拜疆考古出土钱币已达15万枚以上，并对其历史、艺术价值做了展示，并为大家讲述了阿塞拜疆钱币博物馆又名为"中国清真寺"的缘由。河北师范大学何艳杰在《甘陕货币研究》一文中认为，商代时陕甘地区的海贝和仿贝不是货币，而为装饰品，西周时期受东方商文化影响，大量海贝充当货币，东周时期货贝的出土数量急剧减少，仅残存于西戎地区或用作饰品。甘肃省社会科学院李志鹏在《宗教与货币经济——从出土钱币及资料看寺院的供养与货币使用》一文中认为，宗教与货币经济密切相关，宗教传播离不开货币使用。宁夏社会科学院吴晓红在《丝路古钱币在宁夏的发现与研究述略》中对宁夏出土萨珊波斯银币和东罗马金币进行了研究，指出宁夏地区在丝绸之路上的重要地位。宁夏社会科学院张玉梅在《宁夏出土丝绸之路古钱币整理及其价值研究》中详述了丝绸之路宁夏段出土的钱币，揭示了钱币在宁夏古代丝绸之路文化交流中的价值。中国人民银行银川中心支行郑悦等的《宁夏考古发现东罗马币铭文及性质补议》对宁夏出土部分东罗马币的铭文重新进行了释读，提出这些钱币具有货币、装饰双重用途的结论。内蒙古钱币学会张文芳在《论丝绸之路上额济纳黑城发现的佛像掌中"天元通宝"的学术价值》中指出，北元时期货币在佛教宗教活动中具有重要意义。

在丝绸之路钱币实物研究方面，四川博物院侯世新通过《交子问世引发的几点思考》一文，对成都在古代丝绸之路的地位做考察，论证了交子在世界金融史上的重要意义。兰州大学李树辉通过《西域棉布货币研究》一文，对吐鲁番文书等进行研究，探讨回鹘高昌国流行的棉布货币，长治学院齐小艳在《粟特仿中国"开元通宝"钱币研究》一文中，考证七、八世纪粟特诸国仿开元通宝铸造的铜钱，认为这是粟特钱币发展中不断模仿、创新和本土化的过程，见证了丝绸之路各文明在粟特地区的交流与融合。敦煌研究院王东在《黄金与吐蕃民众社会生活——以敦煌吐鲁番文献为中心》一文中，考证了黄金在吐蕃社会中的使用与流通,特别是具有苯教因素的黄金使用。敦煌研究院王进玉在《隋唐时期丝绸之路上的货币》一文中,对这一时期的丝路钱币进行了简要概述。中国钱币博物馆王永生在《丝绸之路上的圆形方孔钱兼论五铢开元通宝的国际货币属性》一文中,通过对域外出土五铢钱、开元通宝钱的研究,论述了古代丝绸之路钱币的国际货币属性,由此说明人民币的国际化具有历史必然性;河池学院杨彦鹏等人的《迦腻色迦一世铜质铸币初探》一文,详述了这一时期的铜铸货币,形成较为完整的迦腻色迦一世时期铜币系统资料。

在通过丝绸之路钱币论证历史学、宗教学等方面,澳门科技大学刘璟在《敦煌文脉与丝路钱币探旅》一文中,从图像学角度来考证丝绸之路钱币,论证丝绸之路贸易文化。兰州大学米小强的《鞋扣饰与贵霜游牧起源》,通过贵霜钱币等文物上君主所穿着的鞋扣饰,论证了贵霜的游牧属性。敦煌研究院祁晓庆的《敦煌莫高窟北朝交脚坐图像组合及其贵霜起源》,通过贵霜钱币等文物上贵霜君主的坐姿,认为莫高窟交脚弥勒菩萨及其高背座椅的图像组合来源于贵霜。贵州省博物馆袁炜在《从钱币等看贵霜伊朗系宗教信仰的多神偶像崇拜》一文中,认为大月氏时期,大月氏出现伊朗系宗教偶像崇拜的萌芽,在贵霜帝国迦腻色迦和胡维色迦时期,贵霜伊朗系宗教偶像崇拜进入繁盛期,此后的贵霜、萨珊贵霜、寄多罗贵霜时期,贵霜伊朗系宗教偶像崇拜逐步衰落。

敦煌研究院张先堂等学者在会议最后进行了学术总结,指出本次学术会议取得了多项学术成果:一是集中展示近期敦煌学与丝绸之路钱币学的新成果,研究覆盖面广;二是全面显示了学者在丝绸之路钱币研究中发现的新视角;三是本次会议汇聚了老中青三代钱币学者,体现出丝绸之路钱币学薪火相传,后继有人的良好趋势。

专题

丝路最早的货币
——货贝研究

何艳杰

河北师范大学历史文化学院

丝绸之路有广义和狭义之分,从广义上说"凡是古代中国到相邻各国的交通路线,不论是陆路还是海路,均称为"丝绸之路";狭义的丝绸之路是指,起始于古代中国长安或洛阳,通过甘肃河西走廊和今天的新疆地区,越过帕米尔高原,进入中亚、伊朗等地,连接亚洲、欧洲的交通和商业贸易路线[1]。从狭义的丝绸之路来说,陕西省位于丝绸之路的起点,甘肃省位于丝绸之路的中间。两省在丝绸之路中的地位都非常重要。此定义中"古代"一词太宽泛,实际上未能确定丝绸之路开始的时间。一般认为丝绸之路的开通始于西汉张骞通西域之时。但是越来越多的出土文献和考古资料显示,在匈奴控制大漠,隔断中原和西域交通之前,两地之间已经开通了经贸往来的商路。早在新石器时代,新疆、甘肃、陕西之间已经存在着商贸往来之路,汉代之前这种经贸往来道路是多向网状的。早期东西商路流通传播的既有玉石、小麦等粮食作物、铜器、装饰品等商品,也有车辆制造、驶马驾车、金属铸造、器物加工等技术交流。古代丝路的肇始应不晚于新石器时代晚期,历经商周有了一定的发展,秦汉匈奴强大之时丝

---

[1] 刘进宝:《"丝绸之路"概念的形成及其在中国的传播》,《中国社会科学》2018 年第 11 期,第 181—202 页。

绸之路的发展陷于瓶颈甚至中断状态,自张骞凿空后又步入复兴发达时期。

作为一条商路,丝绸之路各地的货币更是不可或缺的媒介。丝绸之路上最早出现的货币即货贝。货贝本是指生物学上的一种特殊海贝。这种海贝最早出现在新石器时代晚期的丝绸之路沿线青海、甘肃等地,在商周时期曾一度充当中原地区的主要货币。作为一种实物货币,货贝的形态是多样的,除真正的货贝外,还有其他种类的海贝、螺等,并且出现了金、银、铜、铅、玉、石、陶、骨、蚌等各种质料和等级的仿贝。本文将各种海贝和各种质料的仿贝通称为货贝。学界关于货贝的研究主要集中于来源、路线、功能,以及殷墟等商周时期出土量较大的遗存,其他方面的研究相对薄弱,关于丝绸之路上甘肃、陕西两省的货贝比较研究尚未引起关注。本文搜集先秦和秦汉时期甘肃、陕西两省出土海贝和仿贝资料,以列表形式分析各种货贝的出土地点、数量、出土具体位置等数据,归纳分析其流通区域、数量和功能等特点,总结不同时代两省货贝的特征,并加以比较,以期有益于丝路货贝的深入研究。

一、商代晚期及之前甘陕货贝的始现

新石器时代甘肃、陕西两省不存在真正的海贝,仅甘肃出土了个别的仿贝。新石器时代晚期,甘肃兰州出土了一枚装饰用陶贝。鉴于青海地区与甘肃相邻,且出现了较多的货贝,甘肃出土的陶贝可能是受到青海影响出现的装饰品。

夏代,甘陕两省出土了少量真正的海贝和仿贝。甘肃玉门出土了真正的海贝,但数量依然稀少,出土于墓葬尸体的口部,应该是作为口含。新石器时代晚期到夏代早期,陕西神木出土了 2 枚装饰用石贝。夏代两省虽有出土海贝,但数量稀少,功能依然是装饰,并出现了新的口含功能。两省所出的贝应该都不具有货币功能。由于陕北神木出土的是石贝,甘肃的海贝不太可能受陕北的影响,推测应该依然是受青海的影响。

商代和先周时期,甘陕两省出土货贝数量明显有了差异,甘肃依然数量稀少,而陕西数量则明显增加。商代晚期到西周早期,甘肃合水出土了海贝 2 枚,

分别出土于头龛和墓葬填土中,应该属于某种葬俗,不具有货币功能。西周时期甘肃合水地区属于寺洼文化分布区。寺洼文化源自西北河湟地区,与青海地区文化渊源颇深。因此合水出土海贝依然是受青海地区的影响。商代晚期的陕西地区出土海贝数量大增。陕西彬县、宝鸡、扶风等地出土 30 余枚海贝,均出土于墓葬中,一般位于头部或颈部。这些海贝的功能应该也是装饰或口含。商代晚期之前,陕西地区未出土过真正的海贝,到商代晚期突然出现数量众多的海贝。这种现象反映了以下问题:第一,商代晚期商人势力入侵陕西关中地区,带来了商俗中流行的以贝为装饰品或口含的习俗。因此陕西关中地区的海贝应该来自东方的商文化。海贝的流通道路应该是从河南西进到陕西关中;第二,商代晚期之前,陕西关中地区从未出土过海贝或仿贝,仅陕北神木出土了石贝,这说明神木出土石贝的来源与关中不同,可能并非源自东方的商文化,更有可能是受西北甘肃、青海的影响;第三,商代晚期及之前,甘陕地区使用海贝(仿贝)的主要功能是装饰或丧葬用器,而并非作为货币等价物。

二、西周甘陕货贝的勃兴

西周时期甘陕两省出土了真正具有货币功能的货贝,并且数量有了显著增长。特别要指出的是,西周时期陕西宝鸡铸铜遗址出土了贝范,以细泥夹砂陶做成[1](图1)。这反映了西周时期陕西已经开始将贝视为货币,并用铜仿制海贝,铜贝作为货币已经开始批量生产。

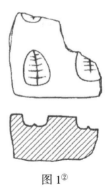

图 1[2]

西周甘肃有 8 个地点出土海贝共 259 枚,其中以灵台出土数量最多(3 处),达 194 枚。庆阳位居第二,出土 37

① 周原考古队:《周原庄李西周铸铜遗址 2003 与 2004 年春季发掘报告》,《考古学报》2011 年第 2 期,第 245—316 页。
② 周原考古队:《周原庄李西周铸铜遗址 2003 与 2004 年春季发掘报告》,《考古学报》2011 年第 2 期,第 283 页,图四一 –2(H11:20)。

枚,还有出19枚者(崇信),7枚者(泾川),另外永靖和甘谷各出1枚。从质料来看,除甘谷所出一枚为陶贝外,其余都是海贝。从出土具体位置来看,一般都出土于墓葬,具体位置有头、口、颈、手、腰、足下等。出土位置的多样性和不规范性反映了西周甘肃出土货贝不仅数量有了显著增长,而且出土具体位置也相当灵活,这说明货贝此时已经基本被视为财富的象征而入葬,不再拘泥于含贝和握贝的位置。这些地点基本都位于甘肃东部,在甘肃和陕西比较邻近之地。尤其是灵台,据文献记载是周人的豳地,先周时期周人的主要居地。货贝的出土地点多位于陇东,出土数量以周人聚居地最多,重数量而轻葬俗,多海贝而少仿贝,以上这些特点反映了西周时期甘肃货贝已经具有货币功能,但主要以随葬财富的形式来表现,装饰功能依然存在。另一方面也昭示了此时甘肃货贝不再受青海等地的影响,转而受周人的影响。

西周陕西省出土货贝数量众多,呈现出空前的繁荣景象。西周早期出土货贝数量猛增,以扶风出土数量为最。据不完全统计,西周早期陕西省共有7地出土8批贝,其中长安出土2批。西周陕西所出均为海贝,8批中3批标明有磨孔。除2处数量不明外,共计出土546枚海贝。从各地出土数量来看,以扶风出土最多,一次出土达330余枚。淳化出土180枚,位居第二。其三为长安出土2批共24枚。其他渭南(10枚)、陇县(2枚)、宝鸡、临潼均有零星出土。扶风属于周人祖居之地"岐",淳化曾发现了黑豆嘴等先周遗存,西周早期两地都属于周人的重要聚居地,两地集中出土大量货贝绝非偶然,这表明了在周初两地是重要的财富聚集地。从出土位置分析,西周早期8批海贝的出土位置出现了新的变化,除3处不明外,出土于墓葬者4处,依然以墓葬为主要出土地。墓葬中出土货贝的具体位置比较分散,有口含,头部,腰,脚,棺椁内。分散的货贝出土地点表明墓葬中货贝的财富功能日渐突出,葬器功能已经衰弱。宝鸡新发现一处灰坑中出土海贝的现象比较奇特。

西周中期陕西出土货贝数量依然众多,以长安出土者最多。据不完全统计,西周中期陕西省共有4地出土6批贝,其中长安一地出土3批。所出均为海贝,其中3处标明有孔。除2处不明外,共计出土贝295枚。从各地出土数量来看，以长安为最，出土 3 批 200 枚。凤翔出土 95 枚。宝鸡、扶风出土数量不明。西周早期的长安总共出土 2 批 24 枚，西周中期出土了 3 批 200 枚。西周早期到中期长安出土货贝数量和批次的明显增多，无疑显示出长安地位日渐重要，成为西周中期财富集中之地。今陕西长安本为西周宗周故地，丰、镐等都城所在之地。西周中期出土货贝的其他三地凤翔、宝鸡、扶风都属于周人龙兴之地"岐地"。与西周早期货贝出土情况相较，可以发现西周早期和中期的财富集中地出现了微妙的变化，从原来的以"岐地"为中心，渐渐转移到以"丰镐"之地为中心。西周中期货贝的出土位置又有了新的变化。所知西周中期的货贝出土位置明确者仅有 2 处，都出土于墓葬，具体位置包括腰坑、口、头、腰部，其中腰坑中出土货贝是新现象。

西周晚期陕西出土货贝数量骤减。西周晚期陕西省出土货贝的地点仅有 3 处，包括宝鸡、岐山和凤翔，都是周人祖居地周原之地。三处之中宝鸡出土的是石贝且数量不明，岐山出土的贝数量不明，明确数量者仅有凤翔出土的海贝 6 枚，但出土位置不明。宝鸡出土石贝见于墓葬棺椁之间，并与蚌饰并出，明显是棺饰。岐山出土者位于口中，是葬贝。与西周中期相较，西周晚期出土货贝不仅数量和地点急剧减少，而且出现了仿贝，出土者三处，无一处可以明确认定为货币。这表明西周晚期陕西省货贝的使用已经步入衰落阶段。

此外，西周（未分期）陕西省出土货贝墓葬也有 37 处，可酌情参考。其中出土海贝者 27 处，出土仿贝者有 10 处。出土的仿贝主要是玉贝、石贝和蚌贝，除 1 处不明者，6 地出土玉贝（含蚌贝）95 枚。3 处出土石贝 17 枚。总体来看，仿贝在西周（未分期）墓葬中出现的数量较少，不占主要地位。出土海贝者有 27 处，其中沣西出土地点 7 处，为最多者。扶风有 6 处出土点，居其次。总体来看出土海贝地点的分布，依然以周原（扶风 6，岐山 4，宝鸡 2）和丰镐（沣西 7，长安 4）两地区为主，其他地点都是零星分布。除 10 处数量不明者外，陕西各地出土海贝数量巨大，约 2221 枚，批次也多达 27 次，沣西一次出土 1000 余枚，为出土数量之最。出土 200~300 枚的也有 3 处。出土数十枚的有 8 处。海贝出土数量巨大，出土批次众多，这种情况反映了西周时期陕西地区已经是财富的聚集地,并且财富大量汇聚在周原和丰镐地区。海贝均出土于墓葬,分析具体出土位置,出土于口部或头部的有10处,手部的2处,这表明贝作为口含或握贝的葬器功能是最常见的。出土于尸骨上的有5处,这表明贝作为人体装饰品的功能也是非常多见的。此外有5处出土于墓室各处,这表明海贝的财富或棺椁装饰功能也依然保持。比较新的是作为功能马饰的有3处,这表明由于货贝大量存在和普及,周人已经不仅用来装饰尸体、棺椁,而且用来装饰马匹,以炫耀自己的财富。

三、东周甘陕货贝的衰落

两周时期甘肃礼县和东周甘肃漳县的墓葬中各出土了两批贝,礼县出土2组8件,明显是一串4贝的2朋贝币。漳县则出土了9组129枚磨背海贝。东周时期甘肃发现货贝的地点虽然不多但数量相当可观,共有137枚。东周甘肃货贝出土情况呈现以下特点:货贝出土地点集中,数量较多,多是磨背海贝,并出现了成串的"朋"的特点。若排除考古发掘成果的偶然性因素,与西周出土货贝相较,可以认为东周时期甘肃货贝的出土地点、数量明显减少,这反映了贝的实用货币功能已经趋于衰弱,货贝主要是以随葬财富的形式集中使用,丧葬用贝的习俗减弱。再考虑到两县都位于甘肃东南部,周代礼县是秦人的主要居地,发现了2处秦公大墓。漳县处于兰州和天水之间,东周时期是西戎分布地区,是古丝绸之路的交通要冲。礼县货贝出土地点必与秦人有关,表明东周时期秦人曾以货贝为货币。货贝出土于漳县既表明了东周时期东西商路的存在,又反映了在丝绸之路西戎分布区货贝的使用一直保持到东周时期。

东周时期陕西出土货贝数量有了显著减少。东周陕西出土货贝地点仅7处,且基本处于春秋时期。出土地点以周原为主(宝鸡2,凤翔2)。出土货贝可分为海贝和玉石仿贝两种。其中出土海贝数量和地点极少,仅3处出土71枚。出土玉石仿贝数量稍多,有4处约420枚,均为石贝。无论海贝和仿贝均出土于棺椁内外。这些资料表明东周陕西货贝的地位已经降低,不仅出土地点和数量极少,功能也简化为棺椁装饰品。

四、汉代甘陕货贝的残余

秦朝统一币制之后,货贝在甘陕地区仅有零星存在。

据不完全统计,汉代甘肃省仅在庄浪墓葬中发现了3枚磨背货贝。庄浪自东周以来一直处西戎分布地区,虽臣服于秦汉,但秦汉居于此地之民依然以西戎为主,因此庄浪墓葬中发现的货贝应该是西戎使用的货币,这反映出在中原地区自秦代开始已经被强制取消的货贝依然顽强留存于西戎地区。

西汉陕西省也发现少量货贝的踪迹。西汉时共发现4处货贝,集中发现于原秦都和西汉都城所在地:咸阳和西安一带。其中有3处发现海贝,数量共计大约在3枚以上,唯一明确的出土位置是墓葬陪葬陶俑的带饰,有1处发现5个铜贝形饰。总之,西汉陕西发现的货贝数量稀少,集中出土于全国经济、政治中心的都城,无论海贝或仿贝都是装饰品。这反映出货贝的货币功能被强制取消后,其主要作为一种装饰品留存下来。

综上所述,货贝作为西周时期最早出现于丝绸之路的货币,经历了四个阶段:商代晚期及之前的始现,西周早中期的勃兴,西周晚期至东周的衰落和西汉的残余。货贝在甘陕两省的兴衰态势彰显了先秦丝绸之路的开创和发展。通过对甘陕两省出土货贝资料的分析,我们发现丝绸之路其实肇始于商周之前。甘肃陕西地区的货贝于新石器时代最早出现,源自青海,主要作为葬器和装饰品。这种现象一直延续到商代晚期。商代晚期商人势力西渐,周人势力东渐,东西两方经贸往来随之越来越频繁,商人的货币——货贝也逐渐向西流通于周人主居地豳、岐、周原等地,进而向西影响到甘肃地区。西周时期,货贝成为周人统治广大地区的流通货币。居于甘肃的西戎部族也在与周人的经贸往来中认识并接纳了货贝。东周时期,随着金属铸币的流行,中原地区陕西的货贝逐渐退出流通领域,成为墓葬中的装饰品。西戎的居地甘肃却依然流通着少量货贝。秦代以政府强制的形式结束了货贝的货币功能。西汉时期的都城尚且残存少量作为墓葬陪葬装饰品的货贝。西汉时甘肃依然是西戎居地,仍然保存了货贝的财富象征功能。

本文虽尽可能地搜集了两省货贝的资料,但是由于资料分散零星,描述不翔实,因此难免挂一漏万之嫌,敬请各位学者原谅。

表 1　先秦秦汉甘肃省出土贝统计表

序号	年代	地点	海贝(枚)	仿贝(枚)	出土位置	资料来源
1	新石器时代晚期	兰州		陶贝 1	装饰	《考古学报》1980(2)
2	夏代	玉门	海贝		口中等,含贝	《文物考古工作三十年》
3	商代晚期—西周早期	合水	海贝 2		M17 头龛、填土中各 1 枚	《考古学研究》1997
4	西周早期	泾川	贝 7		颈、手部	《文物》1977(9)
5	西周	灵台	海贝 52 一孔			《考古》1981(6)
6	西周	灵台	海贝 22 穿孔			《考古》1976(1)
7	西周	灵台	海贝 120			《考古学报》1977(2)
8	西周	庆阳	海贝 37 磨贝		口含、足下	《考古》1985(9)
9	西周	永靖	海贝 1 一孔			《考古》1980(4)
10	西周	崇信	海贝 19 一孔		头、腰、手部	《考古与文物》1986(1)
11	西周晚期	甘谷		陶贝 1 一孔		《考古学报》1987(3)
12	两周	礼县	贝币 2 组共 8 件		M32	《文物》2018(1)
13	东周	漳县	海贝 9 组 129,大部分背部磨孔		墓葬	《考古》2017(8)
14	汉代	庄浪	贝壳 3 ,磨背货贝		墓葬	《文物》2017(9)
共14处	新石器时代 1　夏代 1　商代 1　西周 8　两周—东周 2　汉代 1	11地	约 400(数量不详者不计)	陶贝 2	多出于墓葬	

表2　新石器时代—西周陕西出土贝(含海贝和仿贝)分期统计表

序号	年代	地点	海贝(枚)	仿贝(枚)	出土位置和功用	资料来源
1	新石器时代末期—夏代早期	陕西神木		石贝2,白色,磨光,一端残	装饰	《考古与文物》2002(3)
共计1批	新石器时代末期—夏代早期	1地		共计2枚		
1	商代前期偏晚阶段	陕西耀县	海贝(缓贝)1边上一穿		IM1	《考古学研究》1994(00)
2	商代晚期、先周	陕西彬县	海贝20背磨一孔		墓葬,M4、5、6	《考古学报》1999(1)
3	商代晚期	陕西宝鸡	海贝12		M19,置于墓主人的头骨部,M21	古代文明(辑刊)2008(7)
4	商代晚期	陕西宝鸡	海贝1		墓葬	《考古》1998(4)
5	商代	陕西扶风	海贝		墓葬,颈部	《文物》1984(7)
共计5批	商代	4地	1处数量不明,其他共计34枚			
1	先周—西周晚期	陕西长安	海贝20多		墓葬,口中,含贝	《考古学报》2000(2)
2	先周—西周晚期	陕西长安		玉贝(数量不明)	头端棺椁之间	《考古学报》2000(2)
共计2批	先周—西周晚期	1地	共计20多	数量不明		
1	西周早期	陕西陇县	贝2		口含,M124,45岁左右男性;M136,55~60岁男性	《考古与文物》1995(1)
2	西周早期	陕西宝鸡	海贝,长1.6厘米		H59	《古代文明》(辑刊)2003(2)
3	西周初期	陕西扶风	贝330余			《文物》1973(11)
4	西周早期	陕西长安	海贝11		口中、腰部	《考古》1962(1)

续表

序号	年代	地点	海贝(枚)	仿贝(枚)	出土位置和功用	资料来源
5	西周早期	陕西长安	贝 13			
6	西周早期	陕西临潼	贝			《文物》1977(8)
7	西周早期	陕西淳化	海贝 180—孔、磨背		棺椁内	《考古与文物》1980(2)
8	西周初期	陕西渭南	海贝 10、磨孔			《文物资料丛刊》(3)
共计8批	西周早期	7地	2处数量不明,其他共计546枚		四处墓葬:口含,头部,腰,脚,棺椁内;一处灰坑;三处不明	
1	西周中期	陕西宝鸡	贝			《文物》1976(4)
2	西周中期	陕西凤翔	海贝 95		口、头、胸部	《考古与文物》1987(4)
3	西周中期	陕西扶风	贝			《文物》1976(6)
4	西周中期	陕西长安	海贝 137部分一孔			《文博》1988(1)
5	西周中期	陕西长安	贝 56 一孔		腰坑	《考古学报》1957(1)
6	西周中期	陕西长安	贝 7 磨孔			《考古》1964(9)
共计6批	西周中期	4地(长安出土3批)	除 2 处不明,共 295		4处不明,2处墓葬	
1	西周晚期	陕西宝鸡		石贝	M25,脚侧棺椁之间散见蚌饰和石贝	《古代文明》(辑刊)2003(2)
2	西周晚期	陕西岐山	贝一孔		口中	《考古学集刊》(3)
3	西周晚期	陕西凤翔	海贝 6			《考古与文物》1985(1)
共计:3	西周晚期	3	6,2处数量不明	有石贝	2处墓葬,1处不明	

表3 西周(未分期)陕西出土货贝统计表

序号	时代	地点	海贝(枚)	仿贝(枚)	出土位置	资料来源
1	西周	陕西武功	贝 37 磨孔			《考古》1988(7)
2	西周	陕西旬邑	海贝 28 一孔			《考古与文物》1984(4)
3	西周	陕西铜川	贝币 3 一孔		墓室外	《考古》1986(5)
4	西周	陕西铜川	贝 43		口、头、腹部	《考古与文物》1987(2)
5	西周	陕西岐山	海贝			《考古》1976(1)
6	西周	陕西岐山	海贝 201 穿孔			《文物资料丛刊》(8)
7	西周	陕西岐山	海贝 35 一孔		壁龛	《文博》1985(5)
8	西周	陕西岐山	贝		口中	《考古》1963(12)
9	西周	陕西宝鸡	海贝		颈胸	《文物》1983(2)
10	西周	陕西宝鸡	海贝数枚加工		椁外	《文博》1985(2)
11	西周	陕西扶风	贝 330 余		手中	《文物》1986(8)
12	西周	陕西扶风	贝			《文物》1980(4)
13	西周	陕西扶风	海贝 5 穿孔			《文博》1986(5)
14	西周	陕西扶风	海贝 30 一孔		口中、椁内	《文博》1987(4)
15	西周	陕西扶风	海贝 86		口中、体侧	《文物》1960(8)
16	西周	陕西扶风	海贝 5 以上		头部等	《文物》1984(7)
17	西周	陕西沣西	海贝 55		头、腹部	《考古》1981(1)
18	西周	陕西沣西	贝 4		口含、颈部	《考古》1984(9)
19	西周	陕西沣西	海贝一孔		口含	《考古》1986(3)
20	西周	陕西沣西	海贝 300		二层台	《考古》1986(11)
21	西周	陕西沣西	海贝很多		口含、手握	《考古》1987(1)
22	西周	陕西沣西	海贝一千余一孔		马饰、腰部	《沣西发掘报告》

续表

序号	时代	地点	海贝(枚)	仿贝(枚)	出土位置	资料来源
23	西周	陕西沣西	海贝数百二孔		马饰	《文物》1986(1)
24	西周	陕西长安	贝58			《文物》1955(2)
25	西周	陕西长安	海贝		马饰	《考古》1959(10)
26	西周	陕西长安	海贝1		头部	《文物资料丛刊》(5)
27	西周	陕西长安	海贝一孔			《考古学报》1980(4)
		27处出海贝:沣西7,扶风6,长安4,岐山4,宝鸡2,铜川2,旬邑1,武功1	除10处数量不明外,共计2221。最多沣西一次出土1000余枚。第二,扶风330;第三,沣西300;第四岐山201;其余为数十枚或几枚,最少1		出土位置:头或口中10处;腹部或腰部3,颈胸部2,手握2,棺椁内外2,二层台1,墓室外1,壁龛1,马饰3	
28	西周	陕西岐山		玉贝		《考古》1963(12)
29	西周	陕西岐山		玉贝1一孔	二层台	《文博》1985(5)
30	西周	陕西岐山		石贝6一孔		《考古》1976(1)
31	西周	陕西岐山		玉贝38枚一孔		《文物资料丛刊》(8)
32	西周	陕西扶风		玉贝、蚌贝53枚		《文物》1980(4)
33	西周	陕西宝鸡		玉贝1刻齿		《考古》1978(5)《宝鸡弓鱼国墓地》
34	西周	陕西长安		玉贝2	墓葬(M16)	《考古》1994(11)

续表

序号	时代	地点	海贝(枚)	仿贝(枚)	出土位置	资料来源
35	西周	陕西长安		贝,数量大		《考古》1994(11)
36	西周	陕西长安		石贝11		《考古》1965(7)
37	西周	陕西西安		石贝菱形		《考古学报》1980(4)
共37		10处出仿贝:岐山4,长安3,扶风1、宝鸡1、西安1		石贝:3处17；玉贝:6处95	仅知两处,均出墓葬	

表4 东周陕西出土货贝统计表

序号	时代	地点	海贝(枚)	仿贝(枚)	出土位置	资料来源
1	春秋早期	陕西宝鸡	海贝3磨背		棺外头侧	《考古》1965(7)
2	春秋早期	陕西凤翔	海贝38		椁内	《文物资料丛刊》(3)
3	春秋早期	陕西陇县		石贝290余一孔		《文物》1988(11)
4	春秋早期	陕西陇县		石贝126枚	椁室内	《考古与文物》1986(6)
5	春秋早期—战国晚期	陕西凤翔		石贝、玉贝		《文物资料丛刊》(3)
6	春秋中晚	陕西宝鸡		石贝 4枚	左椁外	《考古》1965(7)
7	春秋晚期—战国早期	陕西长武	贝饰30半枚二孔			《考古与文物》1984(3)
共计7处		宝鸡2,凤翔2,陇县2,长武1	3处出土海贝71枚	4处出土石贝420,一处出玉、石贝数量不明	4处可知者均处于棺椁内外	

表 5　汉代陕西出土货贝统计表

序号	时代	地点	海贝(枚)	仿贝(枚)	出土地点	资料来源
1	西汉中期	陕西西安		铜贝饰 5		《文物》2004(6)
2	西汉	陕西西安	贝币 1			《考古与文物》1983(2)
3	西汉	陕西咸阳	贝 2,二孔			《考古》1979(2)
4	西汉	陕西咸阳	贝壳串成两排列		丛葬坑彩绘陶俑袍带	《文物》1994(6)
共计4处		西安 2,咸阳 2	海贝共 3 处,约 3	仿贝 1 处,铜贝饰 5	3 处不明,一处墓葬陶俑带饰	

罗马帝国红海贸易的钱币与钱币流通

韩雪飞

红河学院国别研究院

长久以来,罗马帝国与印度的海上贸易史备受学界关注:无论是爱德华·吉本(Edward Gibbon)的《罗马帝国衰亡史》,还是沃明顿(Warmington)的《罗马帝国与印度的商业》,[①]都是基于文献材料出发,对于帝国东方贸易的性质进行了评论。而真正开创南亚罗马考古先河的是惠勒(Mortimer Wheeler)1945年4—6月在印度阿里加美都(Arikamedu)的发掘。惠勒的一系列著作[②]最先为罗马—印度贸易提供了实物资料,也掀起了20世纪70年代以来关于罗马东方贸易研究的热潮。[③]

印度次大陆、阿拉伯半岛、东非等地为罗马帝国提供了丝织品、乳香、没药、甘松、胡椒、玳瑁、象牙、珍珠等商品。但罗马人经常将东方贸易表述为一种奢侈品贸易,并给予道德批判。为了理解罗马帝国东方海上贸易的本质,我们从具体的贸易商品入手,并结合最新的考古资料,来全面还原当时东方贸易的真实状况。尽管很多商品是奢侈品,也有相当比例的舶来品为罗马人生活日常

---

① Warmington, E.H., *The Commerce between the Roman Empire and India*, 1st edn.1928, Cambridge.

② Wheeler, R.E.M., *My Archaeological Mission to India and Pakistan*, 1976, London.

③ 有关罗马—印度贸易的研究史,可以参看陈思伟:《埃及与印度次大陆的海上贸易及其在罗马帝国经济中的地位》,《历史研究》2018年第1期,第113页,特别是在文献研究史方面,做了细致的总结。

所需,在饮食、医药乃至宗教方面应用广泛。

一、赛斯特斯与第纳尔:价值符号与流通钱币

在存世文献中,对于罗马东方贸易的讨论,老普林尼(Pliny the Elder)的《自然史》,为很多史家的分析提供了经典的参照:

> 这是一件重要的事情,每年印度都会从我们的帝国攫取不少于 5000 万赛斯特斯的财富,并且把货物以高于原产地百倍的价格售卖给我们!
>
> 但正是阿拉伯海有更大的权利能够称之为"快乐",因为是它让我们用珍珠来装饰自己。以最低的规模来计算,印度、赛里斯,还有阿拉伯半岛,从我们的帝国每年要拿走 1 亿赛斯特斯的金钱,而我们为奢侈品和女人花费得太多了!①

普林尼的道德谴责与经济浪费的主张在当时应该是一种普遍看法。在普林尼的字里行间,无不表达着他对于东方"奢侈品"贸易的花费之巨,以及罗马社会奢靡之风的痛心疾首。而 5000 万与 1 亿的数字,毫无疑问是普林尼推算的东方贸易的货物价值。从修辞手法而言,普林尼的表述毫无疑问也是承袭了古代作家夸张表达的一贯做法。这些推测并不能作为准确数字来直接进行量化估计。按照他的计算,东方贸易的总和是对印贸易规模的二倍。

有关罗马与印度的贸易规模,陈思伟曾经做过较为精准的测算。结合西方古代作家的记载,从印度西南部马拉巴尔海岸古港出土的《穆泽里斯纸草》(Myziris Papyrus)中,商船携带货物的数量来估算,得出的结果是,经过红海的东方贸易规模有 10 亿赛斯特斯(sestertius),大约占到罗马帝国 GDP 的 5%或

---

① Pliny, *NH* 12.84.trans. Bostock, J.and Riley, H.T., *The Natural History: Pliny the Elder*, London, 1855.

10%。①货物价值的 25% 又作为税收（tetarte）上缴。至此，对于罗马东方贸易规模的讨论应该尘埃落定了。但是，这样获利颇丰的东方贸易又似乎与普林尼巨额财富损耗的表述相互矛盾。

自沃明顿以降，普林尼的表述总是被历史学家解释为，帝国对东方贸易有着严重的贸易赤字，使得帝国财富，特别是金银币大量外流，用以购买外国昂贵的奢侈品。造成这种误解的原因，除了与普林尼的道德训教有关，还有可能是因为 2 世纪才是帝国经济发展的顶峰，使其忽视了东方贸易对于帝国财政的巨大收益。②但除此之外，从钱币本身的流通与价值内涵的角度来观察，普林尼使用的赛斯特斯这里仅仅体现了货币价值尺度的属性。

货币，作为一种一般等价物，既可以作为价值尺度，也可以作为流通手段、贮藏手段和支付手段。个别的"硬通货"，诸如古代雅典的 4 德拉克马银币、罗马帝国的第纳尔银币，以及拜占庭的索里德金币都还可以作为在一定区域内使用的"世界货币"。很明显，这里赛斯特斯仅仅是作为货币价值尺度的职能。

赛斯特斯，是在前 3 世纪末在罗马共和国流行的一种银质小面额钱币，当时价值为第纳尔（denarius）银币的四分之一，奥里斯（aurei）金币的百分之一。共和末期，随着第纳尔银币兑换艾斯（aes）铜币的比值降到 4∶1，赛斯特斯的价值也就相应降到了兑换 4 枚艾斯铜币。从公元前 44 年开始，其发行逐渐被第纳尔银币的大规模发行所代替。公元前 23 年，帝国建立后，奥古斯都对于币制进行了一次改革，而这次改革赋予赛斯特斯的是一种黄铜铸币，一直到 3 世纪，始终都是罗马规模最大的黄铜铸币。③

与老普林尼同时或者稍晚的塔西佗曾经记载了 1 世纪罗马士兵的薪水：

> 诚然，服兵役本身就是一种累赘，而且无利可图。每天的灵魂奉献与

---

① 陈思伟：《埃及与印度次大陆的海上贸易及其在罗马帝国经济中的地位》，《历史研究》2018 年第 1 期，第 130 页。

② 陈思伟：《埃及与印度次大陆的海上贸易及其在罗马帝国经济中的地位》，《历史研究》2018 年第 1 期，第 129 页。

③ Sear, David R., *Roman Coins and their Values*, London：Seaby, 1981, pp.10–12.

肉体折磨,也就值十个铜板(艾斯),军服、武器、帐篷是一个方面,而且千夫长(cenrurions)的虐待及豁免徭役也都要花钱来解决。先不谈实实在在的鞭笞与伤口,寒风凛冽的冬天,令人厌烦的夏天,可怕的战争,以及满地疮痍的和平……根据法律明文规定,如果服兵役开始了,为了每位士兵都可以得到他们理应拿到的 1 第纳尔,以及在第 16 年的兵役结束后就不应该延长,如果是在同一座军营下延长兵役就必须发放货币化的补偿金。①

虽然当时士兵的薪饷不能足额发放,但是我们由此可以了解 1 世纪中后期,罗马士兵的平均月薪也就是 1 第纳尔银币(16 艾斯铜币)而已,塔西佗没有提到赛斯特斯,加上当时帝国第纳尔银币的大规模发行,赛斯特斯应该是更多作为价值符号来存在的。

由此,我们可以得出,在普林尼创作的时代,即 1 世纪中叶,大量流通的钱币是第纳尔银币与艾斯铜币,赛斯特斯更多是作为价值符号来使用的。按照第纳尔计算出的才是真正流出的货币量,而赛斯特斯并非流出罗马的货币计价。②

二、罗马—印度贸易中的金属与金银币——《红海周航记》的解读

在老普林尼的表述中,钱币经常被认为是罗马出口到印度的商品,也就意味着存在罗马使用贵金属,以及贵金属铸币来购买东方货物的可能。从文献的角度来说,这方面的记载也是存在的。

---

① Tacitus, *Annales* 1.17.4 and 1.17.5: Enimvero militiam ipsam gravem, infructuosam: denis in diemassibus animam et corpus aestimari: hinc vestem arma tentoria, hinc saevitiam centurionum et vacationes munerum redimi. At hercule verbera et vulnera, duram hiemem, exercitas aestates, bellu matrox: aut sterilem pacem sempiterna) Nec aliud levamentum quam si certis sub legibus militia iniretur, ut singulos denarios mererent, sextus decumus stipendii annus finem adferret, ne ultra-sub vexillis tenerentur, sed isdem in castris praemium pecunia solveretur.

② Cobb, M.A., *Balancing the Trade: Roman Cargo Shipments to India*, OJA 34/2, 2015, pp. 185–203.

《红海周航记》(the Periplus Maris Erythraei),或译作《厄立特里亚航海记》①,是一位不知名的埃及商人撰写的一部航海指南,全文以希腊文写成,讲述了自埃及红海港口,经过东非海岸、阿拉伯南部、波斯湾、阿拉伯海、巴基斯坦,最后航行到印度的海上贸易路线,以及沿途的港口和风土人情,是了解公元 1 世纪中期相关地区历史、地理、社会等内容的重要文献。

在《红海周航记》的开端,描写埃及红海沿岸的两大港口——米奥斯·霍尔莫斯(Myos Hormos)与贝莱尼斯(Berenice),以及阿克苏姆(Axum)王国的最大港口——阿杜里斯港(Adulis)港之后,作者提到,在阿杜里斯再往南 800 斯塔特(stades)的东非地区,有金属进出口交易和以金属作为货币的传统:

> 这里有进口到这里的货物……其他的是莫勒石制作的,产地在迪斯波利斯,以及黄铜,是用于装饰的,并且被切割成块,用来取代钱币……铁,被做成长矛,用来对抗大象及其他的野兽……有少量出现在市场上的钱币……金银盘是为了给国王……,穿过这片海,在阿拉西亚(Ariacia),还有进口的来自印度的铁、钢及印度的棉布②。

紧接着,第二次提到有金银币使用的地方,是在今天索马里西北部的柏柏拉(Berbera),即古代城市马劳(Malao),靠近索马里当时的重要贸易中心,奥博尼(Opone):

> 在阿瓦利特人(Avalites)是另外一个市场城镇,比这里要好,叫作马劳,需要继续随风航行 800 斯塔特……这里所进口的货物也都曾经提过了……少量的软铜、铁,以及金银币,但是数量不是很多……③

---

① 关于《红海周航记》的原文与注释,可参看 Wilfred H. Schoff, *The Periplus of the Erythraean Sea: Travel and Trade in the Indian Ocean by a Merchant of the First Century*, New York: Longmans, Green, and Co., 1912.

② *Periplus Maris Erythaei*, 6.

③ *Periplus Maris Erythaei*, 8.

在阿拉伯半岛南部,第三处提到的是在著名的卡尼港(Cana)与穆扎港(Muza)港,作者也提到了这里进口铜和锡,国王经常使用金银器皿。①

如果说以上来自于东非和阿拉伯的证据只是西印度洋罗马金银币,以及金属交换的话,那么来自东印度洋的印度次大陆海岸,即第四处使用金银币证据就更加丰富了:巴巴里孔(Babarikon),位于印度次大陆西北部,即今天巴基斯坦最大的港口——卡拉奇,作者说:

> 船舶在巴巴里孔下锚,但是所有其他的货物都向上游带到了河边的大城市,带到了国王那里……这个市场进口了大量的薄衣服……珊瑚、乳香、金银器皿及金盘子,以及少量的酒……②

需要注意的是,盘子这个词,在古希腊语中是 krema,这一点在前文中也有提到。这个词也可以翻译成钱,也可以翻译成金银盘子。

而在印度西北部的另一处重要港口——婆卢羯车港(Barygaza),今天的印度西北部古吉拉特邦的巴鲁克(Bharuch),是第五处提及使用金属与金银钱币的地方。《红海周航记》的作者在这里下了很多笔墨。在描述当时从巴里加扎向古吉拉特邦腹地的一些城镇市场时,他提到了这些城镇进口:

> 意大利、劳迪希亚与阿拉伯的葡萄酒;铜、锡与铅……金银币,与这里国家的钱币进行交换的时候是有利可图的……他们的国王进口价值不菲的银器皿……③

这次作者表述金银钱的时候,使用的表述是"denarion krysoun kai harguroun"。

---

① *Periplus Maris Erythraei*,28.
② *Periplus Maris Erythraei*,39.
③ *Periplus Maris Erythraei*,49.

继续往南,穆泽里斯(Muziris)及帕特南(Pattanam)地区因为出土了著名的穆泽里斯纸草和最近几年考古发现的"帕特南独木舟"而闻名遐迩。由此再往南,是《红海周航记》提到的第六处地点。作者提到了在印度南端的市场中进口"首先是大量的钱币……铜、锡、铅……"。①此处被很多研究罗马—印度的学者所引用,但是这里大量钱币用的希腊语是 kermata pleista,即上文中金银盘(金银钱)的复数形式。

最后一处提及金银币和金属的地方,是在次大陆东岸的恒河地区。作者提到这里"据说在靠近这些地方有金矿,并且出产一种叫作加提斯(Caltis)的金币"。②有关于这种加提斯金币,从地理形态、产金程度与词源对应来说,一般认为这里对应着印度的阿萨姆邦(Assam)。而对于加提斯这个词,在阿萨姆有一个词类似于这个词汇,Kalita 即卡利塔族,是阿萨姆邦的一个民族与种姓。在迦摩缕波(Kāmarūpa)于 4 世纪在笈多王朝与北方邦安拉哈巴德所立的碑铭之前,有关于 1 世纪的阿萨姆邦都处于传说时代,目前为止,没有任何与阿萨姆邦在 1 世纪有任何货币经济的记载。③即使《红海周航记》提到了来自中国,到达婆卢羯车的丝绸是可以通过巴克特里亚,抑或是通过恒河到达利姆瑞克(Lymrike)的,但是中国也不可能与阿萨姆邦等同。除此之外,托勒密说过,从中国到达印度的帕里姆波斯拉城(Palimbothra),即著名的华氏城(Pataliputra),这条路线也有可能经过云南、缅甸与阿萨姆邦。但是实际上更有可能是通过西藏与尼泊尔,"一些西藏的打孔铸币是沿着这条路线进入印度的"。而真正在这里出现了大规模的金币使用需要等到笈多王朝时期(4 世纪),而阿萨姆大部分的黄金加工业是在 9 世纪以后才逐渐达到鼎盛的。④

综上所述,从东非、阿拉伯南部,到印度次大陆西北部、南部与东北部都出

---

① *Periplus Maris Erythraei*,56.

② *Periplus Maris Erythraei*,63.

③ Nisar Ahmad,Economy of Ancient Assam:A Reviewin Historical Perspective, in M. S. Sangma,*Essays on Norst-East India*,Indus Publishing Company,1991,p. 99.

④ Nisar Ahmad,Economy of Ancient Assam:A Review in Historical Perspective,in M. S. Sangma,*Essays on Norst-East India*,Indus Publishing Company,1991,p. 99.

现了金属交易与金银币贸易的情况。虽然金属交易与金银币的贸易并不完全等同,金属在一些地区可能也充当着一般等价物,行使着与货币类似的职能。但是沿埃及—印度金属与金银币贸易分布得如此广泛,而且在婆卢羯车作者提到,罗马商人在与当地进行金银币贸易的时候是可以获利的,在次大陆南部当地进口数量巨大的金银币。这些现象不得不让我们思考,如果金银币是作为一种商品存在于罗马—印度海上贸易之中,金银币是如何包装的,罗马的金银币为什么在印度销售,为什么会让罗马商人获利颇丰。印度及沿着这条贸易路线的港口是否有大量的金银币出土?而解决这些问题的最好办法,莫过于回到这条贸易路线的起点与终点,以及沿途的重要港口来看看,是否有大量的钱币经过或者出土。

三、《尼卡诺档案》《贝莱尼斯海关陶片档案》与罗马金银币的包装

在帝国盛期,罗马与东方的贸易路线主要通过丝绸之路(陆上道路)与海上道路来完成。而与印度进行贸易的路线,从罗马所在的亚平宁半岛出发,斜穿地中海,到达埃及行省首府——亚历山大里亚后,沿着尼罗河逆流而上,到达中埃及尼罗河谷与红海之间最近的转口港——科普托斯。然后从科普托斯下船,转为骆驼商队横穿东部沙漠后,到达埃及的红海港口——米奥斯·霍尔莫斯与贝莱尼斯,再经过红海港口装船向南穿过红海走廊,驶向阿拉伯南部与印度。

对于帝国政府而言,所有的贸易都是为了丰厚的税收。对于税收的研究往往旨在重构贸易的实际情况,尽可能地了解与贸易相关的成本与利润。而埃及行省的东部沙漠是大部分帝国盛期东方贸易征税及其相关文献的所在地。

贝莱尼斯(Berenike),是罗马帝国盛期连接远东与罗马帝国路线的重要港口,位于埃及行省的最南部。在这里出土了大量的陶片(ostraca),目前已经整理出版的有260片,其中绝大部分出土于1世纪的罗马灰坑。这些陶片主要内容均为货物通关的文书,有着固定的格式,是通过贝莱尼斯海关的通行证。这些

通行证的收件方是在尼罗河—贝莱尼斯路线中的某个地方，位于贝莱尼斯的海关接收。具体来讲，陶片文书的格式如下：

由 AA 发给 BB，致海关管理员（quintanensis），您好！请允许 AA 的 x 数量的货物通关。

陶片通行证的这个惯用格式包括一位作者与一位官员沟通，来给那些携带一些货物（通常是酒和醋）的人员申请一枚通行证。这些被诉求者总是以他们的名字和"海关管理员"的名字，但是不遵循这种格式的陶片文书也是存在的。例如下面的例子：

（意大利卡＝"意大利双耳瓶"；罗德里亚＝"罗德岛双耳瓶"），（Italika，rhodia）

1.《贝莱尼斯陶片 51》来自《安多鲁斯卷宗》，（Ostraca Berenike 50–67）

给安多鲁斯（Andouros），海关管理员，请提比略·克劳迪·[阿基琉斯]多利昂（Tiberius Claudius[Archilleus]Dorion）通关，给帕沃斯之子——帕沃斯（Paouos），10 件意大利双耳瓶的葡萄酒，总计 10 件意大利双耳瓶。

Handouroi kounint(aesioi).Pares

Tiberion Klaud(ion)[Hakilleus]Dorionos

Paouoti Paoutos hitalika

Deka,(ginetai)hital(ika)i

2.《贝莱尼斯陶片 11》，来自《索斯比奥斯卷宗》，（Ostraca Berenike 1–35）：

索斯比奥斯（Sosibios）给安多鲁斯，祝好！请允许帕克（ ）之子——安多鲁斯的 6 件意大利双耳瓶葡萄酒过关。

Sosibios Handouro(i)ka(irein)pares Handouro(i)

Pak( )oinou hita(lika)s.

3.《贝莱尼克陶片 36》，来自《拉宝斯卷宗》(Ostraca Berenike 36–49)

拉宝斯(Robaos)给那些管理海关关门的人，祝好！请允许给哈利奥提斯的 8 件罗德岛葡萄酒(rhodia)通关。

[R]obaos tois hepi t[ei pulei ka(irein)]

Parete Haruothei[eis]

[He]ksartismon rod(ia)e.[①]

尽管上述三份陶片的文献格式有些许不同，但是陶片 51 中的"海关管理员"与陶片 36 中的"管理海关关门的人"并没有造成通行证使用和含义上的区别。一方面，商人使用陶片作为通行证来通过位于贝莱尼斯的海关。另一方面，管控这个过程的人被称作海关管理员。

贝莱尼斯陶片除了反映了海关通关过程以外，作为其最后一组的萨拉皮翁卷宗(Sarapion dossier)，即《贝莱尼斯陶片》153–183，在内容与段落上呈现出一些新的特点。贝莱尼斯陶片根据申请人的不同来分卷，萨拉皮翁的通行证包括两组不同的分组。而萨拉皮翁总是与海关管理员安多鲁斯来为带着酒的人申请通行证，如《贝莱尼斯陶片 153》：

塞拉皮翁之子，卡西奥斯(Kasios)，致安多鲁斯，祝好！发给帕科伊比斯(Pakoibis)之子帕西诺西里斯(Psenosiris)2 罐劳迪希亚的葡萄酒(Laodicean)。已经签收。

Sarapion Kasion

---

① 以上陶片材料，可参看 Bagnall, R. S., Helms, C., and Verhoogt, A.M.F.W., *Documents from Berenike, ii. Texts from the 1999—2001 Seasons*, Brussels, 2005.

Handouroi k（airein）.Di（aposteilon）Psenosiris Pakoibeo（s）oinou ladik（enou）

Ker（amia）B. sese（meiomai）.

这个通行证与第一组的三片陶片没有什么区别。而在另一个分组的陶片中，海关管理员换成了帕科伊比斯，而非安多鲁斯，而且这次他为带着 *marsip* 的人们申请通行证，如下（《贝莱尼斯陶片162》）：

塞拉皮翁之子，卡西奥斯致，致帕科伊比斯（Pakoibis），祝好！发给安托斯（Antos），特卡利奥斯（Tchalios）之孙，235 包，已经签收。

Sarapion Kasion

Pakoibi K（airein）.Di（aposteilon）Hantoi Tkalion marsip（pia）sle.Sese（meiomai）

通过观察陶片162与153的不同，说明在贝莱尼斯海关通关的过程要比我们想象的要更加复杂，即不同种类的通关货物要找不同的海关管理员与之接洽。所以当萨拉皮翁想要出口葡萄酒时，他找的是安多鲁斯。而在出口 marsip 时，他把货物运到了帕科伊比斯那里。而若想弄清 marsip 具体是指哪一类货物，marsip 这个词就显得尤为重要。陶片的编辑者巴格那（Bagnall）认为 marsip 是 marsippia 的缩写。[1]希腊语的 marsippos 在纸草中出现的很多，而 marsippion 在蒙斯·克劳迪亚努斯采石场（Mons Claudianus）的陶片中也有出现[2]，它意味着一个"负重包"，一个容器，用来运送货物的容器。所以我们可以把"marsippion"描述为一个"包"，但是贝莱尼斯陶片中并没有提及这些"包"具体表示的是什么。

---

[1] Bagnall, R.S., Helms, C., and Verhoogt, A.M.F.W., *Documents from Berenike*, *ii.Texts from the 1999—2001 Seasons*, Brussels, 2005, p.63.

[2] Ostraca Mons Claudianus227；231；238.

在对比其他陶片中"marsippia"出现的情况后,统计贝莱尼斯陶片中这个词出现的频率就显得尤为重要了。

表 1　贝莱尼斯陶片中"marsippia"出现次数的统计表

贝莱尼斯陶片顺次	"marsippia"出现的次数
159	56
160	160
162	235
163	112 双数
165	97 双数
166	160 双数
170	73
172	160
173	21
174	68
177	119 双数
185	5

贝莱尼斯陶片 163、165、166 和 177 的"marsippia"是以双数出现的,这说明这个词是一种计量单位。[1]考虑到"包"在陶片中出现的频率,这个词或可用来形容用标准包裹装的货物,并且每个包放的数量较大。

我们是否可以推断,若货币可以成为"包",抑或是"容器"完美的承载体。这种假设是由纸草材料所支持的。事实上纸草中的"包"的使用通常等同于"钱包"的概念。[2]在这种语境下,有时在短语中出现的"密封的包"(marsippion hesfragismenos),为我们探讨这个词提供了进一步的参考。

在著名的《穆泽里斯纸草》中,提到了罗马或埃及的商人,可以从想要资助

---

① 在文明使用货币之前,更多都是拿一般等价物来衡量价格,在古希腊迈锡尼等城邦的前货币时代都曾经出现过类似的现象,有关于一般等价物作为准货币的应用,可参看韩雪飞:《古希腊的市场与物价上涨》,中国人民大学硕士学位论文,2017 年,第 6 页。

② 参看以下纸草材料。例如 Papyrus Sarapion.55;Papyrus.Oxyrinchus1670;2728;Papyrus Cairo.Zen. 59010;59069;Papyrus Petra.107.

这种贸易的富人那里获得贷款，来支持他们的商业远航。①并且从这些商业贷款中获取可观的利润。继而，这些金融家很有可能会给商人提供货币。

但与此同时，在印度发现的大部分罗马货币是第纳尔银币和奥里斯金币，即在罗马、埃及禁止流通的货币。在贝莱尼斯发现的是次一等的罗马铜币和托勒密时代的 4 德拉克马银币。所以，当印度发现来自埃及的第纳尔，这就存在了某种矛盾。

而当我们研究"密封的包"这个短语的时候，这种矛盾或许会迎刃而解：与印度人进行贸易所必需的货币应该是放在了密封包中，有着固定的规模和一定的重量。这可以实现融资方和商人的双赢，融资方确定贸易者不会私自打开包裹偷取硬币，而贸易方（运输方）可以更快地计算货币，他们可以以包为单位，而不是一枚一枚地清点。

类似的货币标准化包装在地中海地区是有参照的。第一个例子被叫作"利米戈连诺的宝藏（Rimigliano terosetto）"，于 2002 年在意大利海岸发现。"特所列托"（terosetto）相当于宝藏，窖藏，来自第勒尼安海的沉船残骸，是由一组银币组成的（大约 3600 枚，主要是安东尼亚尼币，Antoniniani，还有少量的第纳尔）。这些货币还在当初船沉没时的位置。由于氧化，它们形成了一种近似球形的结构，使得钱币图册的编辑者最初认为这些货币是保存在篮子当中的。这些货币还被分装在小的球形包裹中，即放置于篮子中的小皮袋子里。小包当中包括标准数量的银币，以十枚为一组，为了方便来计算。②而"特所列托"被诠释为罗马船舶运送货币的标准范例。它的结构与贝莱尼斯陶片中的"marsippia"总被相提并论。

另外一个例子来源于印度，但有关这里罗马金银币出土过程的记录却很零散。1847 年，数以百计保存完好的奥里斯金币出土于泰米尔那都（Tamilnadu）

① 陈思伟对于这方面有着较为详细的分析，参看陈思伟：《埃及与印度次大陆的海上贸易及其在罗马帝国经济中的地位》，《历史研究》2018 年第 1 期，第 123 页。

② 这处遗址发掘于 2002 年，有关发掘的具体情况，可参看 DeLaurenzi, A., *Un Tesoro dal mare：ll Tesoretto di Rimigliano dal restauro al museo*, Pisa, 2004.

地区的科塔雅姆(Kottayam)海边的山坡上。这些金银币都属于当地窖藏的一部分。不幸的是,大部分钱币都遗失了,没有再次找到。这里钱币的特殊之处并不只是其规格,毕竟在印度数以百计的罗马货币并非罕见。重点强调的是这些货币的质量,以及在地下贮藏的方式。

对于这部分记录最早的是杜鲁瑞(Trury)船长,他的记录节选如下:

> 这些大量的古代罗马金币最为有趣的发现是在马拉巴尔海岸的加纳诺(Cannanore)发现的。它们并不仅仅是数量惊人,大概有数百枚,还有就是保存得非常完好。它们的状态就如同新铸造出来的那样:人物的轮廓是如此的棱角分明,铭文清晰可辨。除了极少的几枚外,它们都是金币,都是罗马帝国奥古斯都之后的,其中有几枚与基督教早期相吻合……黄金的纯度,吸引了当地的珠宝商和有钱的本地人购买了它们,并想要把这些黄金熔化来重铸首饰和装饰品,遗憾的是,有很多金币在路上丢掉了……现在来看,似乎这些金币是在寻找金粉的过程中,在加纳诺东部十英里的科塔雅姆村周边小山丘的山坡上偶然发现的。还找到了一件铜器皿,里面也储存了很多钱币。在相当长一段时间内,发掘出来的数量都很可观,据说从来没有低于五个载重单位的金币从同一个地点出土过。准确的出土数量无法估计,但是据说其中 80~90 枚属于特拉凡科尔的殿下(His Highness the Baja of Travanore),还有相当可观的数量由库伦将军(General Kullen)所有,他是特拉凡科尔的居民,即使是在首次发现一年后,还能够从当地周边特里切利(Tellicherry)和加力库特(Calicut)的当地人手中获得这些金币。[1]

杜鲁瑞的记录中,最有特点的是说这些奥里斯金币都被盛放在一处铜器

---

[1] Drury,H.,Remarkson Some Lately Discovered Roman Gold Coins,*Journal of the Asiatic Society of Bengal*,20,1852,pp. 371–87.

皿中,并且除了个别几枚,其他的都是金币,数量不少于"五个轻载重"(Five
"cooly-loads")。五个"轻载重单位"的钱币应该不少于 8000 枚金币。在英国殖
民时期的印度,一"轻载重单位"在不同的地区与时期有不同的数量,通常情况
下是 40~72 磅,5 个"轻载重单位"也就是最少是 200 磅,[1]即 181.5 斤。

印度的科特雅姆窖藏,尽管其发掘情况并不是很清楚,但与"利米戈连诺
的宝藏"有一些共性。科特雅姆发现的区域科特雅姆位于喀拉拉(Kerala)西海
岸,靠近科钦(Cochin),最近的考古发现把这个地方追溯到穆泽里斯港[2],在古
代大港的附近发现这样规模巨大的窖藏,意味着它们应该是在到达印度后埋
起来的。因此,这些都在表明这个窖藏可能是一位西方贸易商的,而非是本地
贸易商的货物。

四、印度出土的罗马金银币及其分析

目前印度已发掘的罗马金银币有 7000 多枚,涉及的年代从共和晚期到卡
拉卡拉统治时期,其中主要是帝国初期以银币为主。这表明罗马—印度贸易最
为兴盛的时期是在奥古斯都末期。甚至在尼禄之前,印度的贸易商就已经对于
第纳尔丧失了信心。皇帝推行了货币改革之后,奥里斯金币逐渐占据了优势。
在 2 世纪,从金币的发现来看,罗马与印度之间的贸易仍然在进行,只是貌似
这种规模变小了。

在印度发现的罗马货币数量是十分有限的,7000 枚硬币,跨越了250 年,
每年平均不足 30 枚,在奥古斯都—提比略时期发现的货币占到 5609 枚,占比
80%,而盖乌斯到卡拉卡拉时期只有 1142 枚,占比 16%,总计6751 枚。这些硬
币大部分都是第纳尔,是刚刚出厂铸造好的状态,主要分为两种货币形态,奥

---

① Turner,P.J.,*Roman Coins from India*,London,1989,p.8.

② Cherian,P.J.,*The Exchanges between Early Historic Ports on the Malabaar Coast and the Red Sea Port of Berenike*,Mumbai,2009.

古斯都(CLCAESAR)与提比略(PONTIFMAXIM)时代的银币。[①]

但是,硬币并不是罗马用来购买印度产品的全部形式,葡萄酒、橄榄油、玻璃等也是出口印度的主要产品。因此,后提比略时期货币数量的减少并不意味着印度贸易规模的下降。在此,我们重新引用相关学者的材料来重塑罗马对印度贸易的图景。首先,需要以皇帝纪年为分期的货币分金币和银币,图1清晰表明了奥古斯都—提比略时期的货币,与之后的继任者形成了鲜明的对比,这个结论与传统的观点似乎是一致的。

如果我们仅仅根据统计货币的数量来衡量贸易的规模,而没有考虑到货币的价值尺度,我们就会假设朱利亚—克劳狄王朝最初的两位皇帝贸易非常发达,而之后贸易逐渐萧条。这样的论点很容易引起误导,因为金银币的价值毕竟不同。

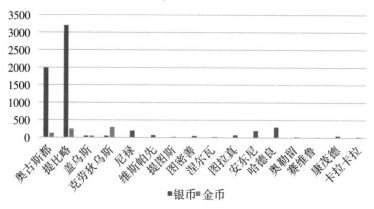

图1　在印度发现的罗马金银币数量的年代分布,以罗马皇帝统治年代排序

在罗马世界,奥里斯金币的价值是银币的25倍。除了货币的数量,我们还要考虑罗马在贸易中的投入,如果我们不仅计算货币的数量,还将金币的价值以第纳尔计价来测算,与图1一样,还是按照皇帝的统治时间来列出,就可以得到图2的结果。图2表明在克劳迪与尼禄时期的帝国出口量与奥古斯都时

---

① DeRomanis,F.,Julio–Claudian Denarii and Aureiin Campania and India,*Annali dell' Intituto Italianodi Numismatica*,58,2012,pp. 170–1.

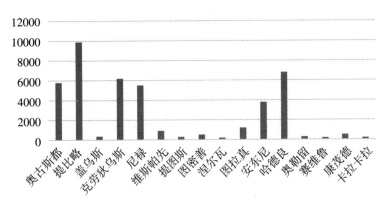

图 2 在印度发现的罗马钱币的总面值(以第纳尔计算)的年代分布,以皇帝统治年代排序

期类似。在弗拉维王朝有了一定的下降,在图拉真时代又有所复兴,直到安东尼时期达到了极致,且总出口价值要比在奥古斯都时代高。

综上所述,我们可以得出,后提比略时代的银币数量非常稀少,而以面值计算的罗马货币所反映的贸易规模在提比略到尼禄时期非常稳定,在弗拉维时期出现了下降,在图拉真—哈德良时代得到了复兴,最终在安东尼时期达到了极致。

奥古斯都与提比略时代,两种"凯撒"与"大祭司"银币上乘的质地表明,在印度出土的这些金银币并没有在罗马市场流通过,而是从铸币厂直接通过贸易商,经过漫长的运输到达了印度。①参考科普托斯《尼卡诺陶片档案》中出现的若干皇家奴隶的名字②,有学者进一步认为,这种货币的运输是皇家垄断的。③无论是在贝莱尼斯,抑或穆泽里斯纸草中都没有发现相关直接的证据,因此这种假设暂时无法得到证实。

除此之外,关于罗马货币到达印度的时间问题,有学者根据前文结果推

① Bolin,S.,*Stateand Currencyin the Roman Empireto 300 A. D*,Stockholm,1958,p.73.

②《尼卡诺陶片档案》,尼卡诺(Nikanor),是在公元 1 世纪中期活跃于埃及科普托斯地区的商队运输家族,经营从科普托斯到贝莱尼斯、米奥斯·霍尔莫斯等地的骆驼商队运输。其总部在科普托斯。在这里出土了涉及 1 世纪 60 年代的运输订单,都以拉丁文写在陶器碎片上。其中很多陶片出现了一些罗马皇室奴隶的名字,还有埃及行省总督、犹太人家族的名字。

③ Crawford,M.,Economia imperial e commercio estero,in Tecnologia,*economia e societa nel mondo romano*:*Atti del convegno di Como*,27—29 Settembre 1979.Como,1980,pp.207—18.

测,最早不会早于弗拉维王朝,即图拉真在公元 107 年货币改革贬值之前到达印度。实际上,在印度的阿基加德(Arigadh)、克里斯纳基里(Krishnagiri)与提鲁普尔(Tiruppur)已经出土过共和国时期的银币了。[1]最近,德·罗马尼斯提出,印度的罗马金银币可以同意大利的进行对比。他发现维苏威地区的银币在公元 64 年改革前很少,考虑到那里生活的贸易商,这种现象可能与对印度的贸易有关。[2]虽然,在庞培古城的废墟中发现了来自印度吉祥天女的雕像,证实了罗马与印度之间的商贸往来,[3]但是并没有直接证据表明亚平宁半岛的银币缺失与印度贸易有着直接的关系。

罗马尼斯提到,帝国的货币出口会影响帝国内部的货币流通。只是主观构建意大利与印度之间的联系过于生硬。《红海周航记》中的一句话会给予我们一定的启示。作者在提到了巴里加扎(Barygaza)及那里货物的时候,写道:罗马的贸易商给这里带来了:

denarion klysoun kai harguroun,hekon hallagen kai hepikerdeian tina pros to hentopion nomisma[4]

（罗马的金银币,而这些是比当地货币更有利润的东西。）

麦克当华曾经提到过一块印度西部的碑铭,上面提到此时印度罗马的金银比为 1∶10,[5]而同时期的罗马金银比为 1∶12,这意味着罗马商人用银子在印度交换金子以获得可观的利润。并且这也回答了为什么直到尼禄改革的时候,罗马的商人在大部分情况下对印贸易依然使用第纳尔银币,而不是奥利斯金币。

---

[1] Suresh,S.,*Symbols of Trade*,New Delhi,2003,p.29.

[2] De Romanis,F.,Julio-Claudian Denarii and Aurei in Campania and India,*Annali dell'IstitutoIta lianodi Numismatica*,58,2012,pp.161-92.

[3] 《庞贝:瞬间与永恒》,北京:文物出版社,2018 年,第 64 页。

[4] *Periplus Maris Erythraei* 39.卡松在 1989 年的翻译版本中把"罗马金银币"意译为"罗马货币"。

[5] Epigraphia Indica,8.82.MacDowell,D.W.,Indian Imports of Roman Silver Coins,inA. K. Jha(ed.),*Coinage,Trade and Economy*,Maharashtra,1991,pp.151-2.

尼禄改革及稍后的维斯帕先的改革改变了金银比，从 1∶11 到 1∶10，与印度的相同了。这就使得第纳尔更值钱。这使公元 64 年之前的第纳尔银币不再吸引人们来交易，最终处理它们最好的方法莫过于把它们熔化，或者把它们出口到仍然能够接受其本来价值的地方，例如印度。

如果这个假设成立的话，那么 1 世纪的罗马对印度的货币贸易，就并不仅仅是交换而已，而是一种获取利润的金融工具。这种工具在奥古斯都与尼禄时期很稳定，在这之后，甚至是在维斯帕先时期，第纳尔对印度的大量出口，与这两位皇帝的币制改革相互呼应。而在接下来的时间内，货币似乎失去了作为一种重要的出口货物的角色。只是偶尔在新的货币系统改革的时候，再一次得以出口，也诠释了图拉真时期的繁荣。

余论：货币流通与罗马帝国经济与市场的功能

货币的发掘与分析不仅帮助我们理解了古代文明的贸易规模，更重要的是通过分析货币的价值来进一步分析其反映的文明经济与市场的功能。印度出土的货币反映的是尼禄之后衰退的东部贸易，但是 2 世纪却实际上是一个罗马远东贸易的扩张加速阶段。虽然货币只是罗马东方贸易众多门类中的一种，但是它帮助我们重新认识了罗马帝国经济运作的基本情况。

4 世纪以后，在斯里兰卡等地区，铜合金货币得到了更加广泛的应用，大量的仿制货币出现了，主要是罗马努米币（nummi）和福利斯币（folles），这表明古代晚期印度与罗马之间的贸易依然繁荣。一项最新的研究表明，目前在斯里兰卡发现的一共有 35000 多枚铜合金硬币，平均价值有 5~9 索里德（solidi），总重量为 40~90 公斤。[1]随着 3 世纪危机的结束，古代晚期的罗马东方贸易走向了新纪元。

---

① Walburg, R., *Coins and Tokens from Ancient Ceylon*, Wiesbaden, 2008.

靴扣:贵霜王朝建立者源自大月氏新证

杨富学　米小强

敦煌研究院人文研究部　敦煌研究院丝绸之路与敦煌研究中心

贵霜帝国由贵霜翎侯发展而来,至于翎侯的渊源,学界见仁见智,目前主要存在两种观点:一曰来自大夏,持此说者以桑原骘藏[①]、余太山[②]为代表;二曰来自大月氏,以美国学者孟赫奋(Otto Maenchen-Helfen)[③]、日本学者小谷仲男[④]为代表。过去,大月氏说为主流观点,近期,大夏说则成为主流观点。两种观点最基本的依据都来自《汉书·西域传》《后汉书·西域传》之大月氏条,分歧主要源于学者们认为二书对五翎侯归属的记载不一致。凡坚持贵霜王朝系大月氏所见的学者,都依据《后汉书·西域传》大月氏记,而主张贵霜王朝系大夏人所

基金项目:国家社科基金重大项目"敦煌中外关系史料的整理与研究"(批准号 19ZDA198)阶段性成果之一。

① 桑原骘藏:《張骞の遠征》,《東西交通史論叢》,東京:弘文堂,1933 年,第 44 页(收入氏著《桑原骘藏全集》第三卷,東京:岩波书店,1968 年,第 288 页);[日]桑原骘藏著,杨錬译:《张骞西征考》,北京:商务印书馆,1934 年,第 38 页。

② 余太山:《塞种史研究》,北京:中国社会科学出版社,1992 年,第 32—37 页。余太山:《贵霜史研究》,北京:商务印书馆,2015 年,第 5—7 页。

③ Otto Maenchen-Helfen, The Yüeh-Chih Problem Re-Examied, *Journal o fthe American Oriental Society* 65, 1945, p.72.

④ [日]小谷仲男:《大月氏——中央アジアに謎の民族を尋ねて》,東京:東方书店,1999 年,第 102—103 页。[日]小谷仲男著,王仲涛译:《大月氏:寻找中亚谜一样的民族》,北京:商务印书馆,2017 年,第 91—110 页。

见的学者,多依据《汉书·西域传》大月氏记。①两种说法虽各有所秉,但又缺乏更坚实的证据,故而争论长期不能解决。有幸的是,近期相继公布的悬泉汉简资料,为这一问题的解决提供了资料。例如简 V92DXT1210③:132 有"大月氏双靡翖侯使者万若"、简 II90DXT0216②:702 有"大月氏休密翖侯"②等语,有助于支持大月氏说的成立,笔者已撰文予以考证。③嗣后,我们在研究中发现,阿富汗黄金之丘(Tillya Tepe)大月氏墓、蒙古国诺颜乌拉(Noyon Uul)匈奴墓中出土的大月氏靬扣与贵霜帝国王室成员所佩戴的靬扣并无二致,不管在造型还是佩戴方法上都存在着一脉相承的关系,为贵霜王朝建立者起源于大月氏之说提供了新证据。兹试论之,以求教于识者。

一、黄金之丘与诺颜乌拉所见大月氏靬扣

月氏,原活动于河西走廊之"敦煌、祁连间"。学界近期有一种新观点认为,《史记》所言月氏原居"敦煌、祁连间"指的不是河西走廊而是东天山。④惜未提供可资取信的有力证据,而且与《史记·匈奴列传》所谓匈奴"右方王将居西方,直上郡以西,接月氏、氐、羌"的记载相去甚远,故不取。笔者认为,乌孙原居河西走廊西端,与骟马文化分布区重合。月氏原居河西走廊东侧,与沙井文化分布区重合。⑤上郡位处今陕北地区,如果月氏居于东天山,言二者地域相接,恐无论如何也是不足信的。

公元前 176 年,因遭匈奴打击,月氏大部西徙至伊犁河流域,公元前 130 年,又遭到匈奴支持下的乌孙袭击,不得不再次西迁至妫水(今阿姆河)北,击败并臣服大夏后建立王庭,史称大月氏。大月氏有五翖侯,1 世纪上半叶,贵霜

---

① 余太山:《塞种史研究》,北京:商务印书馆,2012 年,第 57 页。
② 郝树声、张德芳:《悬泉汉简研究》,兰州:甘肃文化出版社,2009 年,第 202、203 页。
③ 杨富学、米小强:《贵霜王朝建立者为大月氏而非大夏说》,提交"2018 敦煌论坛:敦煌与东西方文化的交融国际学术研讨会"(敦煌,2018 年 8 月 18—22 日)论文。
④ 王建新、席琳:《东天山地区早期游牧文化聚落考古研究》,《考古》2009 年第 1 期,第 33 页。
⑤ 杨富学:《河西考古学文化与月氏乌孙之关系》,《丝绸之路研究集刊》第 1 辑,北京:商务印书馆,2017 年,第 35—36 页。

翕侯丘就却（Kujula Kadphises）强大，灭其他四部翕侯，自立为王，建立了贵霜帝国。这里所述的黄金之丘与诺颜乌拉出土物就在大月氏立王庭与贵霜王朝建立之初这段时间。

黄金之丘位于今阿富汗国北部的朱兹詹（Jowzjan）地区，是1978年由苏联考古学家萨瑞阿尼迪（V. I. Sarianidi）带领的苏联—阿富汗考古队发掘的一处大月氏墓葬。东西方学者纷纷著文，就其所蕴含的多文化元素进行了探讨，涌现出众多研究成果。笔者近期对黄金之丘出土物多有关注，发现其中的靴扣很有特色，蕴含着丰富的民族文化内容，惜尚未引起学界应有的关注，唯发掘者萨氏曾对该靴扣有所关注，并做了初步探讨，将其来源归于波斯帕提亚王朝，[①]难令人信服。

大月氏—贵霜人服饰中用金属制作的靴扣均为圆形，背有通钮，将绑带穿钮系于脚踝内侧。众所周知，靴扣在从事牧业的民族中多见，除大月氏外，也可见于古代欧亚大陆的萨尔马提亚、帕提亚、萨珊及花剌子模等。[②]尤以大月氏—贵霜最为典型，不仅遗留的艺术形象多，而且流行时间长，贯穿整个大月氏与贵霜帝国时代。

大月氏时期之靴扣，主要见于阿富汗黄金之丘墓葬和蒙古国诺颜乌拉匈奴墓出土的月氏人壁毯。

黄金之丘于1978年由苏联考古学家开始发掘，起初断定其为贵霜翕侯的家族墓[③]，后又改定为贵霜帝国兴起前大月氏王统治时期的一处墓葬。[④]虽然对于墓葬的族属专家也有不同的看法，但将其归于贵霜王朝兴起前的大月氏，是

---

① V. I. Sarianidi, *The Golden Hoard of Bactria: From the Tillya-tepe Excavations in Northern Afghanistan*, New York: Harry N. Abrams, Inc, 1985, pp.41–42.

② С. А. Яценко, Костюм древней Евразии（ираноязычные народы）, *Восточная литература* 125, 2006, фак.64, 84, 121, 135, 157.

③ V. I. Sarianidi, *The golden hoard of Bactria: From the Tillya-Tepe excavations in northern Afghanistan*, New York: Harry N. Abrams, Inc, 1985, p.18.

④ V. I. Sarianidi, Traces of Parthian Culture in the Cemetery of Tiliya Tepe（Afghanistan）, V. S. Curtis et al.（eds.）, *The Art and Archaeology of Ancient Persia–New light on the Parthian and Sasanian Empires*, New York: Tauris Academic Studies, 1998, p.21.

目前学术界大体一致的观点。

黄金之丘四号墓墓主是被挖掘墓葬中唯一的男性,根据挖掘者的复原图来看,该墓主上着左衽短衫,下着裤,腰系金腰带,右佩金鞘、金柄铁身短剑,左佩金鞘(图1),显示其身份极为尊贵。墓主佩有一串挂宝珠的项链,宝珠上有一头戴希腊式头盔的人头像,与大月氏钱币中的沙帕德比茨非常相似,林梅村先生推测该墓主很有可能就是大月氏王沙帕德比茨。①在该墓主的脚踝位置,发现了一对金制靴扣(图2),其直径约5.5厘米,厚约1.1厘米。靴扣的金制外环两侧等部位都镶嵌有绿松石,环内塑造着一神祇驾二神兽拉车呈前进状的情景。

图1 黄金之丘四号墓墓主复原图

有意思的是,在诺颜乌拉匈奴墓出土大月氏壁毯上也发现有同类物品。匈

图2 黄金之丘出土靴扣

---

① 林梅村:《贵霜帝国的万神殿》,上海博物馆编:《丝绸之路古国钱币暨丝路文化国际学术研讨会论文集》,上海:上海书画出版社,2011年,第16页。

奴墓当在前 1 世纪至 1 世纪左右,现已探明的墓葬达 200 余座。在该墓葬的第 31 号墓,出土有表现祭祀和战争场景的大月氏人物壁毯,根据人物所着服饰判断,应属大月氏国时期之物。①壁毯图案表现的是祭祀场景,现存 7 人,以火坛为界,6 人位于火坛左,呈行进状,1 人位于火坛右,与行进状 6 人相对而立(图 3-1)。前者应是参加祭祀的世俗人物,后者应是祭司。值得注意的是,仅在距离火坛最近的人物左脚踝处有一凸起的圆形,显然为靴扣(图 3-3)。因颜色对比

图 3-1 诺颜乌拉匈奴墓出土大月氏壁毯

图 3-3 佩靴扣者左脚踝处

图 3-2 佩靴扣者头部

① S. A. Yatsenko, The Costume of the Yuech-Chihs/Kushans and its Analogies to the East and to the West, *Silk Road Art and Archaeology* 7, 2001, p.74; S. A. Yatsenko, Yuezhi on Bactrian Embroidery from Textiles found at Noyon Uul, Mongolia, *The Silk Road* 10, 2012, p.40.

不明显，靴扣不易被察觉，所以未引起学界
关注。

　　就服装观之，这位佩靴扣者身份特殊，
不仅是唯一的佩权带者，且其服饰具有帕
提亚—萨尔马提亚时期伊朗贵族的特点
（图3-2）。[1]再观其相貌，短发、粗脖、髭须、
颧骨突出，在前贵霜帝国之大月氏人物形
象中，与之最为接近的当属贵霜翖侯时期
的赫拉攸斯（Heraus）。赫拉攸斯作为最早发

图4　赫拉攸斯钱币

行钱币的贵霜统治者（图4），其身份或被认作贵霜开国君主丘就却之父，[2]或认
为他就是丘就却。[3]无论是谁，肯定为大月氏贵霜翖侯家族之一员，为贵霜帝国
的奠基者或开创者。

二、贵霜王朝时代对大月氏靴扣的继承

　　贵霜靴扣常见自丘就却始，直到帝国晚期相沿不绝。目前虽未找到丘就却
佩靴扣的直接证据，但卡尔查延（Khaltchayan）的贵霜遗物不无参考价值。

　　卡尔查延地处乌兹别克斯坦南部的苏尔汗河地区（Surxondaryo），是月氏西
徙中亚后最早盘踞地之一。1959—1963年，在该地发掘出一处贵霜神庙遗址，
时当公元前50年—公元50年，[4]内有大月氏—贵霜人塑像，其中就有大月氏

　　① S. A. Yatsenko, Yuezhi on Bactrian Embroidery from Textiles found at Noyon Uul, Mongolia, *The Silk Road*
10, 2012, p.42.

　　② John M. Rosenfield, *The Dynastic Arts of the Kushans*, Berkeley and Los Angeles: University of California
Press, 1967, p.17；李铁生：《古中亚币（前伊斯兰王朝）》，北京：北京出版社，2008年，第162页。

　　③ Joe Cribb, The Heraus Coins: their Attribution to the Kushan King Kujula Kadphises, c. C. E. 30–80, M.
Price et al. (eds.), *Essays in honour of Robert Carson and Kenneth Jenkins*, London: Spink, 1993, p.133.

　　④ A. Kuhrt et al, *Hellenism in the East: The interaction of Greek and non–Greek civilizations from Syria to
Central Asia after Alexander*, Duck backs, 1987, p. 161.

图 5-1　卡尔查延贵霜王形象饰章

图 5-2　饰章中贵霜王脚部

王和贵霜王丘就却。①造像残毁严重,脚部不存,但存有一枚陶土饰章(图 5-1),圆形,直径约 10 厘米。②饰章内头戴贵霜早期形态王冠的人物,背后有飞翔的胜利女神尼姬(Nike)正授予其花环。由授花环与王冠等情节判断,此人应即丘就却。③丘就却右侧另有头戴尖冠,手持花束的人物,地位稍低,应为贵霜王子或副王。国王脚踝处有圆形凸起物(图 5-2),即为靴扣。

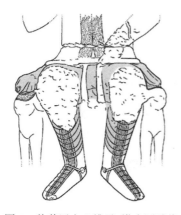

图 6　秣菟罗出土维马·塔克图雕像

丘就却亡故,子维马·塔克图(Vima Taktu)继承王位,佩戴靴扣的形象可见于秣菟罗的一尊雕像(图 6)。头部、左手和膝盖等部位已残,依脚部残存婆罗米文"Vima Ta……"可推知其应为贵霜第二代君主维马·塔克图。④由图观之,靴扣是由系带穿过靴扣背后的通钮,附着于靴部。

① Hans Loeschner, Notes on the Yuezhi-Kushan Relationship and Kushan Chronology, *Circle of Inner Asian Arts Newsletter*, 16, 2008, pp. 8-9.

② K. A. Abdullaev et al, *Culture and Art of ancient Uzbekistan*, Moscow, 1991, p. 143.

③ Hans Loeschner, Notes on the Yuezhi-Kushan Relationship and Kushan Chronology, *Circle of Inner Asian Arts Newsletter* 16, 2008, pp. 8-9.

④ Elfriede R Knauer, A Kushan King in Parthian Dress? A Note on a Statue in the Mathura Museum, *Ancient West & East* 7, 2008, p. 271.

贵霜的第三代王阎膏珍(维玛·卡德菲赛斯,Wema Kadphises[①])是贵霜钱币史上非常重要的改革者,他不再追随巴克特里亚、罗马或印度—帕提亚的钱币类型,而是创造了将国王全身像置于币面的新样式,国王脚部遂得以展露,靴扣一目了然,尤其呈坐姿者,靴扣更清晰(图7)。[②]

迦腻色伽(KanishkaI)是贵霜第四代王,他继承阎膏珍钱币的特点,发行金币和铜币,币面上国王多呈全身立姿像,靴扣清晰(图8)。

图 7   阎膏珍钱币

图 8   迦腻色伽一世钱币

---

① Wema Kadphises,应为《后汉书》中的"阎膏珍"。不同意见认为"阎膏珍"应为贵霜帝国第二代君主维马·塔克图(Vima Taktu)。留此存疑。

② Sinisi Fabrizio, Royal Imageryon Kushan Cions: Local Traditionand Assacid Influences, *Journal of the Economic and Social History of the Orient*, 60, 2017, p.835.

迦腻色伽之靴扣在秣菟罗和苏尔赫科塔尔遗址(Surkh Kotal)出土的两尊雕像中清晰可见。前者肩部以上及大臂已残,身着长袍,脚穿佩靴扣的毡靴,左手握剑柄,右手扶一长剑,呈立姿状(图9)。后者位于巴克特里亚南部地区,迦腻色迦王裤子肥大,用靴扣和双系带收紧于脚踝处(图10)。[1]

图 9　秣菟罗出土迦腻色伽雕像[2]

图 10　苏尔赫科塔尔迦腻色伽雕像

图 11　贵霜王胡维色迦等礼佛像

迦腻色伽继任者胡维色迦(Huvshka)所佩靴扣则可见于犍陀罗的一幅礼佛雕刻品中(图11)。究其画面内容,或曰表现的是贵霜王侯布施佛陀场面,[3]或曰表现的为弥勒菩萨和贵霜贵人。[4]其中前排左起第四人为胡维色迦,身着长袍,披斗篷,戴王冠,系腰带,佩有靴扣。

① D.Schlumberger,Surkh Kotal,*Antiquity* 33,1959,p.83.
② 图引自 Boris Stawiski,*Mittelasien-Kunst der Kuschan*,V. E. B. E. A. Seemann Verlag,Leipzig,Germany,1979,p. 63.
③ 孙英刚、何平:《犍陀罗文明史》,北京:生活·读书·新知三联书店,2018年,第119页。
④ [日]栗田功:《ガンダーラ美術 II·佛陀の世界》,东京:二玄社,2003年,第277页。

胡维色迦殁后，波调一世（VāsudevaI）继位，所铸钱币如同阎膏珍一样呈现出国王全身像，靴扣清晰（图12）。另外，在一佛教圣物盒上也有波调王佩戴靴扣的形象，在其外缘刻画的二佛和四供养人中，头戴尖冠，身着长袍，左手握剑，右手持一香炉，脚佩靴扣者即为波调，其身后有一太阳造型，与波调相对的贵霜边地城主身后则有一月亮造型，形成日月相对的画面（图13）。①

图12　波调钱币

图13　圣物盒所见贵霜统治者形象

波调时期贵霜国祚转衰，不断遭到萨珊王朝势力的侵袭。其后，帝国分裂为东西两部，西部为萨珊所并，东部则依然处于贵霜人统治下，所发行的钱币

① Harry Falk，Nicholas Sims-Williams，A Decorated Silver Pyxis from the Time of Vāsudeva，*Zur lichten Heimat Studien zu Manichäsmus*，*Iranistik und Zentralasienkunde im Gedenken an Werner Sundermann*，Wiesbaden：Harrassowitz Verlag，2017，pp. 127-134.

大多质量不高,但在一些钱币上,仍然能看到靴扣的存在(图 14)。而萨珊占领巴克特里亚地区后,建立贵霜——萨珊政权,仿制行用了大量的波调一世钱币,贵霜靴扣亦有清晰的反映(图 15)。①

图 14　迦腻色伽三世钱币　　图 15　波调一世钱币(贵霜—萨珊发行)

三、大月氏靴扣源于帕提亚说驳议

萨瑞阿尼迪曾就黄金之丘靴扣的来源问题进行探讨,起初认为黄金之丘出土靴扣与叙利亚帕尔米拉(Palmyra)帕提亚王浮雕所见类似,②后来,因在今伊朗马斯杰德苏莱曼(Masjid–iSulaiman)帕提亚遗址中找到了更为近似的物品,遂推定黄金之丘靴扣当源自帕提亚王朝。③

对于萨氏的这一论断,笔者不敢苟同。首先,从出土物来看,萨氏所举帕尔米拉帕提亚服饰中的靴扣(图 16)与黄金之丘所见相似度不高。帕提亚靴扣与黄金之丘出土物类似者,可见于帕尔米拉之巴尔夏明神庙(Baal Shamin Tem-

---

① David Jongeward et al,*Kushan,Kushano–Sasanian,and Kidarite Coins:a Catalogue of Coins from the American Numismatic Society*,The American Numismatic Society,2015,pl.48.

② V. I. Sarianidi,*The goldenhoard of Bactria:From the Tillya–Tepe excavations in northern Afghanistan*,New York:Harry N. Abrams,1985,p.42.

③ V. I. Sarianidi,Traces of Parthian Cultureinthe Cemetery of Tiliya Tepe(Afghanistan),V. S. Curtisetal(eds.),*The Artand Archaeology of Ancient Persia–Newlightonthe Parthianand Sasanian Empires*,New York:Tauris Academic Studies,1998,p.23.

ple)雕像(图17)。[1]其身份为帕提亚贵族，着典型帕提亚服饰，脚踝处有凸出的圆形靴扣。此外，叙利亚阿勒颇博物馆(Aleppo Museum)藏有一尊身着帕提亚服饰的雕像，脚踝处亦有类似靴扣(图18)。[2]

图16　帕尔米拉帕提亚服饰所见靴扣

图17　巴尔夏明神庙　　　　　图18　阿勒颇博物馆藏
　　帕提亚服饰人物雕刻　　　　　　帕提亚服饰人物雕刻

① Fukai Shinji, The artifacts of Hatra and Parthian art, *East and West* Vol.11, No.2/3, 1960, p. 144, pl.4.

② V. S. Curtis, The Parthian Haute-couture at Palmyra, T. Long-H. Sørensen（eds.）, *Positions and Professions in Palmyra*, Copenhagen: Det Kongelige Danske Videnskabernes Selskab, 2017, p.65, fig. 16.

其次,从时间段上说,萨氏所举帕提亚靴扣之例晚于黄金之丘大月氏墓。帕尔米拉位于幼发拉底河以西,在米特拉达特斯一世(Mithradates I)时,帕提亚势力进入美索不达米亚,以幼发拉底河为西界,再无西扩。但幼发拉底河并不能阻挡帕提亚文化的传播,帕尔米拉地区丰富的帕提亚服饰遗存即明证。需提到的是,从帕尔米拉墓葬出土织物显示,该地区大部分人对帕提亚服饰的采纳,是在1—3世纪,①而帕尔米拉所见帕提亚服饰之浮雕,大部分都为2世纪中叶以后之物。②这些因素显示,无论萨氏的举证,还是上引帕尔米拉巴尔夏明神庙帕提亚贵族雕像,其时皆当1世纪以后。③马斯杰德苏莱曼位于今伊朗西南胡齐斯坦省(Khuzestan),西距底格里斯河不远,其地的帕提亚遗址历史可追溯至1世纪末,④这里发现的雕刻差不多都是帕提亚晚期(约公元150—220年)之物。⑤显然,以上两地的帕提亚靴扣,其时间皆不早于黄金之丘,甚至有可能比黄金之丘还要晚。

最后,从靴扣带的系法来看,帕提亚和大月氏—贵霜靴扣也存在明显差异,传承关系不明朗。帕提亚靴扣,或被绑系于靴筒上部(如图16左),或被绑系于脚踝(图17、图18)。其绑系法以系带绕脚踝或靴筒一周为主。而大月氏—贵霜靴扣,从黄金之丘五号墓主,以及贵霜钱币中贵霜王的服饰都可以看出,标准系法是系带绕脚腕一周,穿足弓绑系,其被绑系的位置皆为内踝。

因此可以认为,萨氏所言大月氏靴扣来源于帕提亚的说法尚缺乏证据,是站不住脚的。尤有进者,在笔者所见到的早于帕提亚王朝的艺术品中,国王之靴子上皆不见靴扣,更遑论与大月氏—贵霜王近似的靴扣了。

---

① V. S. Curtis, The Parthian Haute-coutureat Palmyra, T. LongandH. Sørensen(eds.), *Positions and Professions in Palmyra*, Copenhagen: Det Kongelige Danske Videnskabernes Selskab, 2017, p.55.

② Hans Erik Mathiesen, *Sculpturein the Parthian Empire: a study in chronology*, Aarhus Universitetsforlag, 1992, p. 34.

③ S. Fukai, The artifacts of Hatra and Parthian art, *East and West Vol.* 11, No.2/3, 1960, p.144.

④ V. S. Curtis, More Parthian Finds from Ancient Elymaisin South-western Iran, *Iranica Antiqua* Vol. XXIX, 1994, p.203.

⑤ Hans Eri Mathiesen, *Sculpture in the Parthian Empire: a study in chronology*, Aarhus Universitetsforlag, 1992, p. 34.

四、由贵霜靴扣观见靴扣的享佩者身份

俄罗斯中亚考古专家亚岑科(S. A. Yatsenko)言：贵霜普通人裤管与鞋口相连，并用带绑系，而统治者裤子则套进靴里，脚踝处有靴扣。[①]意即只有统治者方可享佩靴扣。其实，并不尽然。

关于靴扣的享佩者问题，先从大月氏时期谈起。彼时靴扣的享佩者既有大月氏王，也有贵霜翎侯(如赫拉攸斯)。其他人是否也可享佩靴扣，从诺颜乌拉匈奴墓的月氏人刺绣来看，答案是否定的。刺绣所见六位奉祀人员(图3-1)中，除赫拉攸斯外，其余皆不见靴扣。六人中，除牵马者外皆佩剑，观其态，均应属贵族阶层。这一现象表明，靴扣的佩戴，大月氏与贵霜王朝可谓一脉相承，其应为王权象征物，除大月氏——贵霜王室成员外，一般人是不可以佩戴的，神祇造像除外，在贵霜的个别神祇形象中赫然可见这种靴扣。

贵霜时期，国王以外其他王族成员佩靴扣的情形可见于前引图11及下图19。图11为贵霜人礼佛石雕，该图前排左起第四人是贵霜王胡维色迦，佩靴扣。而左起第三身头戴弗里吉亚式无边便帽，身着长袍，双手捧有胡维色迦献于佛祖的盛器，恭立于胡维色迦身边，呈卑态者，应是国王侍从，无佩靴扣；第二身人物面部残，其着长袍，系腰带，佩靴扣，右手持供奉物，应该是地位次于贵霜王的副王或王子，又或者为边地领主；其右边恭立者为其侍从，无佩靴扣。因左起第四、第二身皆属贵霜王族，故可佩靴扣，而侍从非王族，故不能享佩。

图19是一幅描绘贵霜王胡维色迦传位于太子的棉布画，其中头戴皇冠，坐于王座，手持权杖者即胡维色迦。跪于国王面前的太子像已残。胡维色迦头部的飞翔者是授予国王花环的有翼裸体天使尼姬，画面左边残破甚多，仅能见头部的两位人物是琐罗亚斯德教祭司。胡维色迦身后，手持盘者是负责经济的

---

① S. A. Yatsenko, The Costume of the Yuech-Chihs/Kushans and its Analogies to the East and to the West, *Silk Road Art and Archaeology* 7, 2001, p.92.

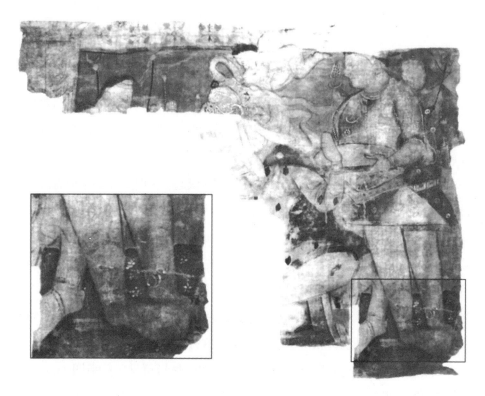

图 19　贵霜棉布画

高官,而手持弓箭者或是负责军事的最高统帅,又或是负责宫廷守卫的统帅。他们身着牧人服饰,其上缝缀的金饰彰显出其地位的显赫,而手持弓箭者服饰更具有一些大月氏的典型特征,可知其皆为贵霜王族。而就在他们的腿脚处可见用带绑系的圆形金制靴扣。①

　　疑似非贵霜王族成员享佩靴扣的情形,有前示波调时期的圣物盒(图13)或可为证。圣物盒外缘刻画有两组一佛二供养人雕像。与波调相对礼佛者为边地领主,左手握长剑,右手举花蕾,头戴有类似于贵霜徽章的圆顶皇冠,着贵霜式及膝长袍,佩靴扣,应为贵霜王族成员。另外一组位于佛左侧的供养人头戴

----

　　① F. Grenet, The Nomadic Elementin the Kushan Empire(1st-3rd Century AD), *Journal of Central Eurasian Studies* 3, 2012, pp.16–17.

短褶边向上折起的小帽,着长袍,左手握剑,右手持圆形花蕾;另一位短发无冠,着长袍,举起的双手似捧一杯,无佩剑。

就后两位供养人来说,这种短褶边上折小帽以及短发无冠的形象皆鲜见于贵霜遗物。据学者研究,圣物盒上所刻其名号,短褶边上折小帽者的名号可转写为"Rāmhōstīg",其中 Rām 为名,由萨珊时期的巴克特里亚文文献可知,其源于琐罗亚斯德教神祇 Rāman,hōstīg 为头衔,经萨珊和嚈哒时期的一些巴克特里亚文证实,其源于 Hōstīgān 家族。短发无冠者并无头衔,其名为"Humyug-āgad",其中 āgad 是"到来"的过去分词,在其他名字中则有"荣耀加身"之意,而"Humyug"被广泛证实为一个伊朗语人名。综合其形象及名号来判断,他们可能并非贵霜王族,但与贵霜王波调一起出现于圣物盒,说明他们也是贵霜统治阶层,和波调及边地领主一样,他们的脚踝位置也有靴扣的刻画。

圣物盒上这类短发无冠、无佩剑、双手举拢于胸前礼拜神祇的形象,可见于美国大都会博物馆所藏贵霜陶画,来自巴克特里亚地区,时当 3 世纪左右,描绘的皆是贵霜人参拜神祇的情景(图 20)。从画面看,参拜者和神祇的着色以白和红为主,符合大夏—月氏传统。[1]但参拜者和神祇并肩,体现的是后希腊化时代西方和伊朗的特点,结合圣物盒上短发无冠的形象判断,似为贵霜统治者。

图 20 贵霜陶画(贵霜参拜者和宙斯)

在其中一幅陶画的法罗神(Pharro)脚踝处同样赫然可见靴扣的存在。法罗神是贵霜的财神,系

---

[1] 三国时期万震《南州异物志》言,月氏"人民赤白色",《史记》卷一百二十三[唐]张守节正义引[三国吴]万震《南州异物志》,北京:中华书局,1963 年,第 3162 页;S. A. Yatsenko, Yuezhion Bactrian Embroidery from Textiles found at Noyon Uul, Mongolia, *The Silk Road* 10, 2012, p.41.

伊朗源神祇。陶瓷画中法罗神腿部截图,可以看出,圆形靴扣的描画非常清晰(图21);在另一幅陶画,源于印度的湿婆神(Shiva/Oesho)脚踝似亦有鞋扣,因保存状况不佳,在此不予展示。不止于此,贵霜神祇着靴扣者尚有战神奥拉格诺(Orlagno)。该神亦为伊朗系神祇,从迦腻色伽钱币来看,该神着王族服饰,头戴鸟冠,脚部靴扣及系法与钱币中的贵霜王并无二致(图22)。

图21 贵霜陶画法罗神腿部

图22 贵霜战神奥拉格诺

靴扣本为贵霜王族成员身份之标志物,而上述非王族成员也有佩戴的特殊情况,很可能与波调一世(VāsudevaI)时期的政局有关。波调是一位具有浓厚印度色彩的贵霜王,Vāsudeva本身就是婆罗门教克里希那神(Krishna)的名字,且其发行钱币的背面大部分都是湿婆神的标记,这与丘就却、迦腻色伽等前辈贵霜王大力推行佛教的情况大相径庭。①波调与胡维色迦之血缘关系不明朗,是否为贵霜王族的直系后裔与胡维色迦之子,值得疑问。②据其名字及钱币可知,他从小接受的是婆罗门教文化,其母有很大可能为婆罗门教徒。如果波调非出自贵霜王族,那么,他继任王位自然会受到各种挑战。由佛教圣物盒上的供养人着靴扣的现象推测,波调的统治应得到了贵霜边地领主及其他贵族的支持,作为虔诚的婆罗门教徒,其形象出现于佛教圣物盒上,抑或表明其意在得到佛教徒的支持。投桃报李,那些支持波调的地方贵族遂从波调那里获得了佩戴靴扣的特权。当然,这只是一种推测,是耶非耶,尚有待于考古资料的印证。

至于在神祇形象中增加靴扣,似乎意在表明这些神祇是贵霜王室的保护神,其既是王室的神圣伴侣,又是王室支持者,进而彰显王权和神权的结合。这种对于神祇进行改造以利于统治的做法,大夏地区早已有之。早于月氏而来到大夏的希腊人,就对伊朗神祇进行了所谓的"希腊化阐释",这在很大程度上决定了这些神祇的肖像;而当地神祇亦被希腊化,如出现在欧克拉提德钱币上的迦毗沙(Kapisa)城女神就与宙斯坐像非常相似。③贵霜统治者根据自身的需求,也对神祇进行了一定程度的改造,如阿胡拉·马兹达出现于贵霜钱币中,往往骑着印度文化特征的大象;④阎膏珍钱币中的印度神祇湿婆,头上多出了传统肖像所不见的火舌。⑤更有意思的是,从贵霜王与神祇肖像看,他们之间也存在相互融合的现象,比如代表神性和荣耀的头光,赫然可见于贵霜王形象当中。

① 古正美:《贵霜佛教政治传统与大乘佛教》,台北:晨允文化出版,1993 年, 第 253—376 页;Om Prakash,Kanishka I:His Contribution to Buddhism,Art and Culture,Y. Krishan(ed.),*Essays in Indian History and Culture*,New Delhi:York Pinters,1986,pp.24—32.

② David Jongeward et al,*Kushan,Kushano-Sasanian,and Kidarite Coins:a Catalogue of Coins from the American Numismatic Society*,The American Numismatic Society,2015,p.135.

③ [匈牙利]哈尔马塔主编,徐文堪译:《中亚文明史:定居与游牧文明的发展(前 700 年至 250 年)》,北京:中国对外翻译出版公司,2001 年,第 244—245 页。

④ 林梅村:《贵霜帝国的万神殿》,上海博物馆编:《丝绸之路古国钱币暨丝路文化国际学术研讨会论文集》,上海:上海书画出版社,2011 年,第 22 页。

⑤ [匈牙利]哈尔马塔主编,徐文堪译:《中亚文明史(第 2 卷:定居与游牧文明的发展:前 700 年至公元 250 年)》,北京:中国对外翻译出版公司,2001 年,第 250 页。

又如"焰肩",除了见于阎膏珍、迦腻色伽和胡维色迦等贵霜王的形象外,贵霜火神(Athsho)、法罗神,以及佛陀形象中亦有之。①这些现象体现了王权和神权之间的融合,更深层的目的在于神化王权,加强统治。神祇形象中靴扣的出现,其根本目的也在于此。

五、靴扣对于大月氏—贵霜人的意义

月氏居河西时本为以转场畜牧为主的半定居牧民,并非通常所谓的"游牧民族"。②西徙妫水并建立王庭后,大月氏统治者仍然着传统的牧人服饰,取得王权后的贵霜统治者亦复如是。随着统治地域的扩大,贵霜统治者为了稳固自身的统治地位,也会选择去适应新的或占主流地位的文化,而这种适应在服饰方面亦有所体现。如以钱币来看,胡维色迦之前,贵霜王皆以适应草原气候的卡弗丹(caftan)长袍、裤和毡靴为主。胡维色迦开始,这种服饰被大夏和印度的军装鳞甲所取代。③值得注意的是,自大月氏时期已有的富有牧民特点的靴扣,进入贵霜时期,不仅没有随着牧人服饰的本地化而消失,反而被贵霜统治者忠实的秉持直到贵霜晚期。那么,对于大月氏—贵霜人来说,靴扣到底意味着什么?

大月氏时代的靴扣佩者分别为大月氏王和贵霜翕侯赫拉攸斯。史载贵霜为大月氏五翕侯之一,而姚大力先生从音韵学的角度分析,认为贵霜是五翕侯中名号唯一派生于月氏者,这可能说明贵霜属于月氏王室世系的主支,由这一支继掌月氏国最高权力,其实算不上是改朝换代。④又从《后汉书》记载来看,贵霜翕侯丘就却攻灭其他四部翕侯后,系"自立为王"。综合来看,从大月氏到贵

① David Jongeward et al, *Kushan, Kushano-Sasanian, and Kidarite Coins: a Catalogue of Coins from the American Numismatic Society*, The American Numismatic Society, 2015, pp.259—301.

② 杨富学:《河西考古学文化与月氏乌孙之关系》,《丝绸之路研究集刊》第 1 辑, 北京: 商务印书馆, 2017 年, 第 29—45 页。

③ F. Grenet, The Nomadic Element in the Kushan Empire (1st-3rdCenturyAD), *Journal of Central Eurasian Studies* 3, 2012, p.12.

④ 姚大力:《大月氏与吐火罗的关系:一个新假设》,《复旦学报(社会科学版)》2019 年第 2 期,第 73 页。

霜,王权依然在王族之掌,并不算是旁落他族。而大月氏时期靴扣的享佩者既有大月氏王,也有月氏王室主支贵霜翖侯,加之贵霜时期的贵霜王,这说明靴扣是大月氏—贵霜王族服饰的一种佩饰。众所周知,在古代等级社会,服饰是体现尊卑关系非常重要的标志,这种对于尊卑关系的体现,往往也会通过制度的形式被固化。而大月氏—贵霜王族对于靴扣的享佩权,也会通过制度的形式被确立,从而使得靴扣成为大月氏—贵霜王族身份的一种象征,同时也成为王族认同最为重要的标识之一。靴扣在贵霜统治者形象中的固化,主因即在于此。

贵霜作为月氏王室支系,虽然也可享佩靴扣,但帝国建立后靴扣对于统治者来说,被赋予了更为重要的意义。

从史料记载来看,从大月氏到贵霜,王权的传递并非正常的世袭,贵霜王权的合法性难免遭疑。彼时中亚地区虽无视世袭为正统的记载,但经历过希腊人的统治,希腊人之僭主观念势必会对中亚地区产生影响。僭主,希腊文作 TYPANNOYNTOΣ,强调的是统治者的"不合法性",是通过政变等体制外、不为大多数民众认同的渠道获取权力。贵霜王朝铸造的钱币,君权神授思想很明显,实际上就是为了强调其政权的正统性与合法性。[1]与之同理,代表月氏王族身份的靴扣在贵霜王身上继续佩戴,从法理上有利于支持二者间统治秩序的延续。

在贵霜翖侯丘就却取代大月氏王权之前,大月氏政权已在阿姆河两岸存续已久。对于被统治者来说,月氏统治者的服饰已然成为其统治身份的象征,代表王族身份的靴扣自不在话下。丘就却自立为王以后,对于包括靴扣在内的大月氏遗产的继承,有利于争取更多被统治者对于新政权的认可与支持。事实也证明,丘就却的策略是成功的,政权交替顺利,为其领土快速扩张创造了条件。

贵霜作为大月氏五翖侯之一,要取代大月氏王权,势必会遭到王权支持者

---

① John M. Rosenfield, *The Dynastic Arts of the Kushans*, Berkeley and Los Angeles: University of California Press, 1967, p.70.

的反对。然从《后汉书》记载来看,在这一过程中,除了其他四翎侯,别无其他阻碍。丘就却自立为王之后,对外持续攻掠,侵安息,取高附,灭濮达、罽宾,终成大国。对外用武的前提是后方稳固,从新王丘就却接连获取重大胜利看,其王权及军事行动当获得了国内的广泛支持,而这些与他对大月氏遗产的继承当是分不开的。

靴扣,是大月氏统治者服饰中最为重要的佩饰之一,在贵霜时代得到继承与发展。在黄金之丘、诺颜乌拉匈奴墓出土月氏人壁毯、卡尔查延、苏尔科塔尔、秣菟罗和犍陀罗等大月氏—贵霜的文化遗产中,皆可见其遗物。同时,在钱币所见贵霜王形象中,靴扣频繁出现。贵霜王所着牧人服饰被大夏、印度等地的军装鳞甲取代的情况下,靴扣仍一直保持到贵霜晚期。

萨瑞阿尼迪认为大月氏靴扣来源于帕提亚,但其所举之证,叙利亚帕尔米拉的帕提亚服饰,以及伊朗马斯杰德苏莱曼的帕提亚遗址,其时间皆不早于黄金之丘;又从帕提亚和贵霜两个政权靴扣的系法、类型来看,二者之间差别明显。是故,萨氏之论并不成立。

就靴扣的享佩者而言,大月氏时期,除了月氏王外,尚有贵霜翎侯。在波调时期甚至出现了疑似非贵霜王族享佩靴扣的局面,究其原因,可能与波调时期的政局有关。至于个别神祇佩戴靴扣的情况,很可能暗示了贵霜王权和神权的结合。靴扣对于大月氏—贵霜人来说,是其王族身份的一种象征,贵霜王频繁以佩靴扣的形象出现,且在当时畜牧特点服饰为主流的情况下,依然秉持至末期,其主要原因即在于此。同时,对于篡位的贵霜统治者来说,靴扣之佩戴,有利于证明其统治的合法性。

总而言之,贵霜帝国诸王造像中的靴扣,不管其形制还是佩戴方法,都由大月氏直接继承过来的,意在表示贵霜翎侯取代大月氏王而建立贵霜帝国的合法性。这一继承关系,进一步证明贵霜王朝的建立者——贵霜翎侯来自大月氏而非大夏。

莫高窟北朝石窟交脚坐图像组合及其贵霜起源

祁晓庆

敦煌研究院

敦煌莫高窟第 275 窟作为敦煌石窟当中最早的洞窟之一，历来受到研究者们的关注。尤其是对主尊交脚坐姿像及南北两壁上方阙形龛内交脚像的尊格问题讨论颇多，相关国内外研究论著不下 20 篇。综合起来主要有以下几种观点：一是高田修、肥塚隆等主张的观音菩萨说；[①]二是以罗森菲尔德（John M. Rosenfield）为代表的大多数学者主张的弥勒菩萨说；[②]还有学者认为此交脚菩萨应该是转轮圣王或一生补处菩萨。[③]

在佛教诸神中，弥勒仅次于释迦牟尼佛，弥勒造像有多种特定的形式，比如弥勒上生图像主要有交脚菩萨像和思惟菩萨像；弥勒下生图像主要是倚坐佛像，而立像、结跏趺坐像较少，多数双手作说法印，少数作禅定印或持水瓶或

---

① ［日］高田修：《ガンクーラ美术にぉける大乗の征证——弥勒像と观音像》，《佛教艺术》(125)，日本每日新闻社，1979 年；［日］肥塚隆：《莫高窟第 275 窟交脚菩萨像与犍陀罗的先例》，《敦煌研究》1990 年第 1 期，第 16—24 页。

② John M. Rosenfield.The Dynastic Arts of the Kushans, University of Cali for miapress, 1967；［日］东山健吾：《敦煌莫高窟北朝期尊像の的图像の研究》，《东洋学术研究第 4 卷》第一期，日本东洋哲学研究所；［日］石松日奈子：《中国交脚菩萨考》，《佛教艺术》(178)，日本每日新闻社，1988 年。

③ 张学荣、何静珍：《莫高窟第 275 窟内容初探》，《1990 年敦煌学国际研讨会文集·石窟考古编》，沈阳：辽宁美术出版社，1995 年，第 211—235 页，认为莫高窟第 275 窟交脚坐像为一生补处菩萨；古正美：《贵霜佛教政治传统与大乘文化》第八章《转轮圣王和弥勒佛的造像》，台北：允晨文化出版社，1993 年，认为此交脚坐像为转轮圣王。

头冠中有宝塔。所有这些形象都不见于佛教经典,却有着可供辨识其身份的图像特征。肥塚隆将交脚菩萨像根据造像特点和所处位置分为六种类型,即过去七佛与交脚菩萨、一铺三尊胁侍菩萨、经变中的交脚菩萨、并坐菩萨中的交脚菩萨、单独像和主尊像。刘永增在上述分类的基础上分析认为:"目前还无法将交脚坐式判定为特定菩萨的特有坐式。但是,根据与过去七佛并列的交脚坐像来看,交脚坐弥勒的存在却是无法否定的。"①

从以上对交脚坐弥勒像的探讨来看,在3—6世纪的犍陀罗、中亚和中国,这类造像是比较流行的一种菩萨造像形式。在这里我并不想进一步对此交脚像的尊格问题做更多的探讨,而是对此图像构成进行重新审视。其实莫高窟第275窟西壁交脚坐像与两侧的动物及坐像后面的倒三角背屏是一个完整的造像组合,我们不应该将其割裂开来做单个图像的研究。交脚坐像身后有三角形背屏的例子,还见于这个洞窟南北两壁上方阙形龛内。此类造像组合不仅在莫高窟北朝时期的洞窟中出现,在河西北凉石塔、云冈石窟、新疆石窟、犍陀罗造像、巴米扬石窟中都有几乎一致的造像,这让我们不得不去探讨此类造像组合在北朝时期流行的原因及图像来源。

一、莫高窟第275窟交脚坐像与背屏的组合

莫高窟第275窟西壁塑一主尊交脚菩萨坐在一方形台座上(图1),右脚在上、左脚在下踩在两朵莲花上,交脚像两侧各有一狮子形象的动物侍立,交脚坐像背后紧贴墙壁有一块大的倒三角形背屏。这三部分造像共同构成了此窟完整的主尊雕像。

菩萨头戴三面宝冠,面部方圆,额头正中有一陷入的圆点,表示眉间白毫,最初应有镶嵌物。头发梳于头顶用冠饰固定,并垂于耳后散于两肩。上身袒露,

---

① 刘永增:《莫高窟北朝期的石窟造像与外来影响——以第275窟为中心》,《敦煌研究》2004年第3期,第85页。

图 1　莫高窟第 275 窟西壁交脚弥勒菩萨像(北凉)

胸前佩戴项饰和胸饰,仔细观察还可以发现,菩萨双肩到上臂部位有蓝色和黑色曲线,表示背后所披披肩的外缘正好搭在肩膀部位的样式。下着束腰长裙,裙子紧贴双腿,给人以薄衣透体的感觉,衣纹排列整齐,以贴泥条的方式塑造。裙角位置还浮塑出了花边紧贴方形台座,腿部两侧裙角下方蓝色部分表现的应该是披肩从身后垂于座下的形式。菩萨右臂弯曲上举,右手已被损坏,左手放在左膝上。

　　此菩萨像的三面宝冠极具特色,中央的圆形内浮塑一尊禅定佛像,左右两侧有中心原点和边缘线。刘永增在研究中提出:"笔者在考察石窟时发现,两圆形饰物冠台下方靠近圆光处各有一个圆孔,孔内存有手指粗细的木棍,可知原来应该有插入的发簪或花结。"他还为此菩萨像的冠饰绘制了复原图。①

　　主尊像背后立有一块三角形背屏,此处最需提及的是,三角形两端向下的折角应表示的是织物搭在背屏上从背后垂下所形成的折角。对主尊像两侧狮子造型的判断也是基于与云冈石窟、印度、犍陀罗等地同类造像的对比后做出

---

　　① 刘永增:《莫高窟北朝期的石窟造像与外来影响(上)——以第 275 窟为中心》,《敦煌研究》2004 年第 3 期,第 84 页。

的,因为此窟的这两身动物从其本身的造型来,看很难看出是哪类动物。狮子
与主尊像之间的组合问题将在后文专门讨论,这里先讨论交脚坐像与折角背
屏的图像组合。因为在莫高窟第 275 窟南北两壁上层阙形龛内(图 2)、第 260
窟中心柱南、北向面上层阙形龛内、第 259 窟北壁上层阙形龛内都有与第 275
窟西壁相似的交脚坐像和有折角的靠背。另外在莫高窟第 254 窟南北壁上层
圆券形龛内也有交脚坐像,只不过背后无三角形靠背,而代之以身光和头光。
莫高窟北魏之后的石窟造像中再不见交脚坐像,仅在西魏第 285 窟西壁主尊
像两侧的小龛内坐像身后又出现了折角靠背,但并不是与交脚像组合在一起。

图 2　莫高窟第 275 窟南壁上部阙形龛内的交脚弥勒菩萨像(北凉)

二、其他地区所见交脚坐像与折角靠背的图像组合

敦煌石窟艺术受新疆石窟艺术的影响颇多,已有很多学者对两地石窟造
像进行了细致的比较研究。新疆石窟雕塑艺术中似未见交脚坐雕塑的例子,但
在壁画中却比较多见。菩萨两脚相交坐在有折角靠背的座椅上的例子很多。克
孜尔石窟第 110 窟前壁上方的弥勒菩萨说法图(图 3),弥勒菩萨居中坐在有靠

背的座椅上,座椅上有织物盖在上面,可以清楚地看到织物在座椅靠背后方折下形成的折角。双手置于胸前,交脚坐于方形台座上,上身袒露、下着裙,腿部的裙子为透明状,只在膝盖至脚腕处画出了裙摆的边缘线和褶皱,菩萨头戴花冠,花冠正前方有一圆形饰物,头后有圆光,两根白底黑点的飘带沿着肩膀垂下,再从腋下穿过垂至腿部,从大腿两侧垂落。菩萨佩戴项饰、胸饰、腕钏,肩膀处的衣纹线条可以看出披着披肩。

图 3　克孜尔石窟第 110 窟前壁上方的弥勒菩萨说法图

　　克孜尔石窟第 171 窟主室入口上方绘弥勒菩萨说法图(图 4),弥勒菩萨上身袒露,下着裙,头戴珠冠,身披帛,飘带飘扬,菩萨头后飘带从肩上垂至手肘部,绕一圈后又从大腿垂下,末端也为尖三角形。菩萨背后的倒三角形背屏与莫高窟第 275 窟主尊像的背屏几乎是一样的。

　　克孜尔石窟第 38 窟主室前壁绘弥勒菩萨说法图(图 5),弥勒菩萨为交脚正面坐姿,上身半裸、下着束腰长裙。头戴花冠,花冠上装饰一大二小圆形饰物,花冠后有四条绶带从头后两侧呈上下左右翻飞状,深蓝色披肩的系带系于胸前,胸前还挂两条红色璎珞,两臂弯曲置于胸前,右手掌心向外,拇指与食指相捻,其他手指自然展开,左手掌心向外,五指自然向右下侧伸展。菩萨左侧画

图 4　克孜尔石窟第 171 窟主室入口上方绘弥勒菩萨说法图

图 5　克孜尔石窟第 38 窟主室前壁绘弥勒菩萨说法图

面残损严重,但从右侧画面观察,可以看到菩萨圆形身光后有一部分白色三角露出来,应该也是三角形背屏,只是看不清是否有折角。

克孜尔石窟第 83 窟主室正壁的优陀羡王故事画(图 6),现藏德国柏林亚洲艺术博物馆。故事内容为优陀羡王在观看王后有相夫人跳舞时,看出夫人七日后即将命终,十分悲伤,手中箜篌滑落在地。有相夫人自知寿命即将终结,要求剃度出家。此图就构图而言,所有内容以共时的形式主次有别地组织于一个画面之中,内容充实而井然有序。画面中央的优陀羡王并不是完整规范的交脚坐姿,而是左腿平放在座椅上,右腿完全放在座位前的地上,身体向左侧倾斜,左手支撑下颌,右手掌心向上置于腰间,上身半裸,下身着裙,头戴花冠,花冠的两根飘带向头后方飘扬,最重要的是身后座椅靠背上有织物垂下形成的折角。

图6 克孜尔石窟第83窟主室正壁绘优陀羡王故事画

克孜尔石窟第205窟右甬道内侧壁画,现藏德国柏林亚洲艺术博物馆。壁画描绘了印度摩揭陀国行雨大臣向阿阇世国王通报佛已涅槃消息的场景(图7)。行雨为了防止阿阇世王知道佛已涅槃的消息后过于悲痛,就画了佛的四相图来暗示佛已涅槃,并准备了几罐苏香水以备昏厥急救。图中右上方是阿阇世王坐在苏香水罐中,举臂高呼,悲痛欲绝。中间是行雨大臣手持布帛,帛上绘制的是佛祖诞生、成道、初转法轮和涅槃的场景,暗示佛已涅槃。图左上部为行雨大臣向阿阇世讲述佛已涅槃,中间坐着的为阿阇世王,其后为王后。我们可以看到阿阇世王交脚坐于中间,坐姿虽非比较规整的正面像,但其服饰、头冠、饰物、披帛及飘带等都与克孜尔石窟第171等窟极为相似,也可以看到阿阇世王身后的座椅靠背,这幅壁画残缺甚多,但隐约可见背后的靠背为倒三角结构。

图7　克孜尔石窟第205窟右甬道内侧壁阿阇世王灵梦入浴

克孜尔嘎哈石窟当中也保存有几幅类似的图像组合。其中第14窟后甬道正壁壁画绘八王分舍利(图8),壁画有一部分被揭取,有一部分被刮毁。中间一身王像交脚坐于方形座椅上,座椅靠背上有织物垂下形成的折角。克孜尔嘎哈第16窟主室前壁上部画弥勒菩萨兜率天宫说法图(图9),其中弥勒菩萨交脚

图 8　克孜尔嘎哈石窟第 14 窟后甬道正壁壁画绘八王分舍利

图 9　克孜尔嘎哈第 16 窟主室前壁上部画弥勒菩萨兜率天宫说法图

坐于方形台座上,身后有圆光,由于壁画残损严重,但也隐约可见方形靠背。

克孜尔嘎哈石窟第 13 窟左甬道外侧壁画上画尸毗王本生故事画(图 10),尸毗王坐姿虽非标准的交脚坐,但是与莫高窟第 275 窟北壁故事画当中尸毗王的坐姿相似,座椅靠背上也有织物垂下的折角。

图 10　克孜尔嘎哈石窟第 13 窟左甬道外侧壁画上画尸毗王本生故事

另外,在库木吐喇石窟第 34 窟主室正壁大光明王本生、森姆塞姆第 40 窟主室侧壁大光明王本生故事画中的大光明王也坐在这种有靠背的座椅上,靠背上有织物搭在上面形成的折角。

除石窟壁画外,在河西等地发现的北凉石塔造像中也可见这种交脚坐在有靠背的座椅上的菩萨像,学者研究认为这类交脚坐像也是弥勒菩萨像。[1]如高善穆塔(428 年)、白双沮塔、段程儿塔、酒泉残塔等,其中的高善穆塔和段程儿塔上交脚坐像后的靠背也雕凿成折角样式(图 11)。

---

① 殷光明:《北凉石塔研究》,台北:台湾觉风佛教艺术文化基金会,2000 年,第 245—247 页。

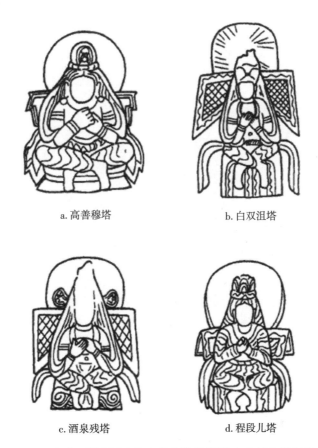

a.高善穆塔　　　　　　　　b.白双沮塔

c.酒泉残塔　　　　　　　　d.程段儿塔

图 11　北凉石塔所见交脚坐像及靠背（图片来自刘永增文①）

　　云冈石窟中的交脚坐像数量较多,有 200 余尊,②菩萨身后多为背光,但仅有第 6 窟南壁明窗两侧(图 12)、第 6 窟主室东壁宫中娱乐图(图 13)、请求出游图(图 14)、山中思维(图 15)等场景中有折角靠背的例子,均为交脚菩萨或思维菩萨像与折角靠背图像的组合。另外,在云冈石窟第 12 窟前室东壁第二层、第 10 窟前室西壁第三层屋形龛内、第 1 窟南壁东龛也可见交脚像与折角靠背组合的例子,这些图像组合与莫高窟第 275 窟主尊像和南北壁上方阙形龛内的交

---

　　① 刘永增:《莫高窟北朝期的石窟造像与外来影响(上)——以第 275 窟为中心》,《敦煌研究》2004 年第 3 期,第 88 页。

　　② 邓星亮、华海燕:《云冈石窟中的交脚造像》,《山西大同大学学报》2015 年第 4 期,第 36—42 页。

图 12　云冈石窟第 6 窟南壁明窗西壁、东壁佛龛

图 13　云冈石窟第 6 窟主室东壁宫中娱乐

图 14　云冈石窟第 6 窟主室东壁请求出游

脚像与思惟像拥有几乎完全相同的图像元素。将敦煌北朝石窟当中单个的折角靠背交脚坐像与云冈石窟交脚坐像比较,似乎无法得出谁影响谁的结论。但是可以做一个整体布局的比较分析。如,云冈石窟第 9 窟北壁第 2 层西侧佛龛内塑交脚坐像,菩萨的袈裟衣纹、交脚坐姿、手势、化佛冠、冠的形状、冠上的忍冬纹装饰、冠后的飘带、菩萨像两侧的狮子、上部的天宫伎乐、龛两侧的柯林斯柱头都可以与莫高窟第 275 窟两侧壁上方的阙形龛内塑像对比,肩膀上的彩色线条似乎表示披着披肩。云冈石窟第 9 窟前室西壁上层龛内交脚坐像与 275 窟南北两侧阙形龛,以及龛内造像的图像布局几乎是一样的。云冈石窟第 11、16 窟东壁佛龛、第 15 窟西壁第 2 层佛龛内的交脚坐像的裙摆下缘

图 15　云冈石窟第 6 窟明窗东壁山中思维

在腿部的表现方式也几乎与莫高窟 275 窟交脚坐像的裙摆下缘一致。前已提及，敦煌石窟北朝石窟中的交脚坐菩萨像在北凉石窟（275 窟）中以三角形折角靠背为特征，而之后北魏时期的第 254、257、259、260 等窟中的交脚坐像既有三角形背屏，也有身后圆光。北魏之后的佛像背后再无三角背屏，全部代之以圆光。由此来看，交脚坐像与折角座椅靠背图像组合要早于圆光造型。云冈石窟也遵循了相同的图像发展规律。

以上所举敦煌、新疆、北凉石塔和云冈石窟交脚坐像的例子全部为 5 世纪左右的造像实例。可以看出，在北凉至北魏时期，这种交脚菩萨坐在有折角的靠背椅上的样式其实非常流行。按照年代和壁画风格来看，敦煌北朝石窟当中的倒三角折角靠背与交脚坐像的组合应是受新疆石窟壁画的影响，这样的一条佛教艺术传播路线也与一般意义上的佛教在中国境内的传播路线相符。同时我们还发现，新疆石窟壁画中的交脚坐像及折角背屏都用于表现弥勒菩萨和王像。而新疆石窟艺术又受到中亚、犍陀罗、印度佛教艺术的影响，以往研究者在讨论交脚坐像的图像来源时已经将其追溯到了犍陀罗造像当中，因而有必要再从中亚印度等地寻找折角靠背与交脚坐像组合的例子。

三、交脚坐像与折角靠背组合的图像来源

以往的研究对交脚造像来源问题的探讨较多。罗森菲尔德（John M. Rosenfield）、高田修、[①]肥塚隆[②]和亚历山大·索伯（Alexander C. Soper）都认为，交脚坐像是弥勒造像的特征之一。他们所讨论的交脚弥勒菩萨像的最早实例是藏在巴基斯坦拉合尔博物馆（Lahore Museum）的编号为 572 的一座石雕像。在这座石雕像的上部，呈交脚坐，左手提水瓶，佩戴帝王饰物的形象即弥勒菩萨

---

① ［日］高田修：《ガンダーラにおける大乘的征证——弥勒像と观音像》，《佛教艺术》125 号，1979 年 7 月。

② ［日］肥塚隆：《莫高窟第 275 窟交脚菩萨像与犍陀罗的先例》，《敦煌研究》1990 年第 1 期，第 16—20 页。

坐兜率天宫的形象①。之所以将这种持水瓶的交脚造像确定为弥勒菩萨,是因为弥勒有婆罗门的出生背景及个性。②

后来日本学者陆续发表的一些关于交脚坐像的研究,基本上都是沿袭了罗森菲尔德等学者的观点,只不过是在具体材料上进行了扩充与分析,或者是对不同材质的交脚像的单个研究等。对交脚坐像起源问题进行研究的还有顾森的"西域说",③邓星亮、华海燕的"印度说"④两种观点。

我们发现一个问题,就是罗森菲尔德在论证拉合尔博物馆这座石雕像上的交脚坐像的身份时,对于为什么将弥勒菩萨制作成交脚坐的问题论述得非常含糊,弥勒菩萨有婆罗门的身份背景与交脚坐姿并无直接关系,除此之外,也没有相关的佛教经典规定弥勒菩萨为交脚坐形式。这么问并不是要否认这身交脚坐像的弥勒菩萨身份,而是说婆罗门出生的背景并不是交脚坐姿产生的根本原因,我认为这种交脚坐姿主要是受到当时贵族或者王者交脚坐姿的影响。邓星亮、华海燕引用《摩诃僧祇律》中规定的关于佛教中适宜交脚坐的人群和场合,以表明在大乘佛教造像中,交脚坐式越来越集中地被用来表现某些特殊人物。⑤

说到大乘佛教造像中出现了较多的交脚坐式,这就不得不提到大乘佛教在贵霜的兴起,以及贵霜第一代国王丘就却在大乘佛教造经铸像方面所做的贡献。古正美在研究交脚坐佛像的时候,将交脚坐像的源头追溯至贵霜丘就却钱币上的交脚坐像。而实际上贵霜丘就却钱币承袭了希腊、印度—赛西亚、印度—帕提亚钱币的很多元素,其中的交脚坐就模仿了印度—赛西亚钱币上的交脚造型。目前发现的丘就却之后的历代贵霜王钱币上几乎都有交脚坐像,戴维·江格沃尔德(David Jongeward)和克力勃(Cribb)等撰《贵霜、贵霜—萨珊和寄

---

① John M. Rosenfield, *The Dynastic Arts of the Kushans*, Berkeley and Los Angeles: University of Califormia press, 1967, p.236.

② John M. Rosenfield, *The Dynastic Arts of the Kushans*, Berkeley and Los Angeles: University of Califormia press, 1967, p.232.

③ 顾森:《交脚佛及有关问题》,《敦煌研究》1985年第3期,第115—117页。

④ 邓星亮、华海燕:《云冈石窟中的交脚造像》,《山西大同大学学报》2015年第4期,第36页。

⑤ 邓星亮、华海燕:《云冈石窟中的交脚造像》,《山西大同大学学报》2015年第4期,第37页。

多罗钱币——美国钱币学会所藏钱币目录》①一书中,收集了美国钱币学会收藏的所有贵霜时代的钱币,其中有交脚坐像的钱币超过 200 枚之多。贵霜第三代统治者威玛·伽德非塞斯(Vima Kadphises,105—127 年)在其钱币上也铸有交脚坐像。其后的贵霜国王瓦苏戴瓦二世(Vasudeva II,220—260 年)钱币(图16)、贵霜篡权者玛格拉(Magra)钱币(260 年)(图 17)、笈多国王钱德拉笈多二世(Chandragupta II,375—414 年)钱币(图 18)上都有交脚坐姿的国王或女神像。国王一般坐在长凳上,女神正面交脚坐在高靠背椅上,有圆形头光,图像似乎非常强调女神的座椅,座椅靠背一般都高出女神头部很多。

图 16　贵霜王瓦苏戴瓦二世钱币

图 17　玛格拉钱币

---

① Dacid Jongeward and Joe Cribb with Peter Donovan. *Kushan, Kushano-Sassnian, and Kidarite Coins—A Catalogue of Coins from the American Numismatic Society*, The American Numismatic Society, 2015.

图 18　笈多国王钱德拉笈多二世钱币

　　佛陀形象仅出现在迦腻色伽钱币上，这些钱币发行于他统治的末期。一枚刻有释迦牟尼立像的金币，旁边用大夏字母写着"Boddo"。铜质钱币上的佛陀形象与其他神祇一同出现，如 Mao, Miiro, Athsho, Nana, Oesho 和 Oado 等。铜质钱币上有一身站立的佛陀像（释迦牟尼）或一身坐像（弥勒佛）。其中弥勒佛是未来佛，戴着贵族王子的珠宝饰品等，左手中拿着水瓶。

　　在位于今乌兹别克斯坦苏尔汗河流域的哈尔恰杨（Khalchayan）遗址发现的大月氏—贵霜人雕像（图 19），呈交脚坐姿，最值得注意的是这身人像肩膀处的造型，明显可以看出他身披披肩或类似斗篷一样的服饰，并在胸前系带。新疆石窟壁画和莫高窟第 275 窟交脚坐像身上都有这种形式的披肩，只是壁画上的披肩造型已经不那么写实，变得形式化，仅有肩膀处的线条和色彩表现。哈尔恰杨窖藏中还发现大量贵霜钱币，其中一枚胡维色迦钱币上就有交脚坐姿的王像。在这个遗址还发现一件圆形浮雕瓦片（图 20），上面的浮雕图案展示的是一位戴尖帽交脚坐在王座上的国王，一位同样戴尖帽的王子站在国王右侧，国王左侧上方一名飞翔的尼克女神正在持花冠为国王举行授权仪式。

　　由这些贵霜时期钱币上的交脚坐国王像可知，早在贵霜丘就却时期，就已经出现正面交脚坐于王座上的造像。而且之后的历任贵霜国王都倾向于在钱币上刻上交脚坐姿的王像或女神像。拉合尔博物馆发现的交脚弥勒菩萨像正是贵霜统治犍陀罗时期的造像，应该是受到贵霜交脚坐王像的影响而产生的。

图 19　乌兹别克斯坦哈尔恰杨遗
址，交脚坐大月氏—贵霜人雕像①

图 20　哈尔恰杨的圆形浮雕瓦片②

　　除了拉合尔博物馆的这两件弥勒菩萨石雕像外，从 19 世纪末期犍陀罗的佛教造像遗址开始被有计划地发掘以来，出土了相当多的犍陀罗佛教造像，有很多交脚坐菩萨像座椅背后都有高靠背，说明这一时期这类造像非常流行。近百年来的佛教造像研究中，东西方学者感到最有趣也是争论最大的，就是"交脚菩萨"或"弥勒菩萨"的造像。而这种将弥勒菩萨塑造成王者坐姿的形象正体现了贵霜丘就却采取的大乘佛教治世策略，即用弥勒这一未来将要成佛的菩萨形象来代表自身统治的合法性，其为政治服务的意味显而易见。只不过钱币上的王座很少有靠背，而佛教造像中的王座大多有靠背，而且在王座上覆盖以织物，从而使得座椅更加舒适。座椅靠背上有织物垂下形成折角的例子也是出现在这一时期的犍陀罗地区。

　　F. Tissot 在 1990 年发表的文章中详细探讨了狮子王座问题。③涉及的图像包括一些来自中亚的例子，比如加泰土丘(CatalH uyuk，位于土耳其中部安纳托

①　Guitty Azarpay, *The Kushan Conference in Dushanbe*, Archaeology, Vol.23, No.3(JUNE1970), pp.255.

②　Boris Stawiski, *Mittelasien-Kunst der Kuschan*, V. E. B. E. A. Seemann Verlag, Leipzig, Germany, 1979, p.83, fig.55.

③　F. Tissot, *Gandhara*, Paris, 1985.

利亚的一处城镇遗址），苏萨（Susa，是位于伊朗的胡齐斯坦省的城市），亚酰车
多罗（Ahicchatra，位于印度恒河上游，这里曾经是北印大月氏的王都），4 世纪
中国的青铜佛像，敦煌石窟 5 世纪的壁画，以及日本奈良发现的 8 世纪的刺绣
品等。①狮子通常是成对出现，位于王座两侧，用以强调座位上的帝王特征，与
其背景是统治者还是神祇无关。云冈石窟第 5、7、9、10、11、12 窟中的交脚坐像
两侧都有狮子造型，这几个洞窟都被宿白先生归为第二期洞窟。刘永增在探讨
莫高窟北朝石窟造像中的外来因素时，认为狮子座也是来自西方，甚至可以追
溯至公元前 6500 年以前的新石器时代土耳其中南部的查塔尔·霍尤库
（Catal-Hoyuk）、伊朗阿契美尼德帝王图等。而敦煌莫高窟第 275 窟狮子座造像
应是受犍陀罗雕刻影响。②

　　王座两侧有狮子，王座靠背中间搭着一块布料的造像组合还可见于南印
度龙树山（Nagar junikonda）遗址。但是布料并没有盖住靠背的两端，而且主尊为
释迦牟尼倚坐像，表现的是佛陀顿悟后的第一次饮宴（图 21）。③巴基斯坦犍陀
罗摩耶夫人释梦石雕造像组合中的三尊像都坐在座椅上（图 22），但只有中间
的王像背后有一个大的水平靠背，虽然没有布料覆盖其上，但是石雕造型精
美，与在贝格拉姆发现的最初用木头甚至象牙支撑的座椅相似。④

　　在犍陀罗发现的这种使用大的靠背坐垫的习俗，其实模仿了帝王座位靠
背上折角的模式，并且持续了几个世纪。维多利亚与阿尔伯特博物馆藏有一件
贵霜时期的马图拉砂石雕造像（1—3 世纪），空王座上的座椅靠背上有圆形佛
光，我们可以看到王座上就铺着一块布料，布料在座椅前方垂下来形成很多褶

　　① F. Bertihier, *Le voyage des motifs*. I Le trône aux lions et la porte aux lions, Arts Asiatiques XLV：114–123.
1990.BUSSAGLI, M.

　　② 刘永增：《莫高窟北朝期的石窟造像与外来影响（下）——以第 275 窟为中心》，《敦煌研究》2004 年第
4 期，第 3—4 页。

　　③ D. Snellgrove, *The image of the Buddha*, London, 1978, fig.52.

　　④ J. Hackin, J. R. Hackin, J. Carl et P.Hamelin, *Nouvelles recherche archéologiques à Begram（ancienne Kâpicî）*
（1939—1940），Etude comparatives par J. Auboyer, Y. Elisséeff, O.Kurz, Ph. Stern. 2cols. Mémoires de la Délégation
Archéologique Francaise en Afghanistan XI, Paris, 1954.

图 21　佛陀顿悟后的第一次饮宴（3—4 世纪）图像采自 Snellgrove1978：fig.52

图 22　阿私陀仙占梦犍陀罗（2—3 世纪）

皱(图23)。在南亚,2世纪的阿玛拉瓦蒂装饰[①],以及稍晚一些的南印度的龙树山(Nagarjunikonda)遗址造像都遵循了王座造型的传统。王座上放置舒服柔软的坐垫在欧亚地区比较常见,从最早的罗马叶枕到后来在王座背后加上软垫靠背。有一个象牙雕刻的卡洛琳洛尔施(Caroligian Lorsch)箱子,展示了一种在座椅靠背上盖上毯子但是没有折角的形式。[②]但是都没有像敦煌那样的帝王折角造型,因为布料只是搭在靠背的中间位置,无法形成这样的折角。真正的折角背屏似乎产生于新疆地区,上文已有非常详细的论述。

巴米扬石窟西大佛窟顶壁画中的一身交脚坐菩萨像,身后也有明显的织物折角靠背,巴米扬壁画的年代要晚一些,在7世纪左右。时代晚于敦煌北朝石窟中的同类造像,应是巴米扬地区一直在流行的一种造像样式。

交脚坐菩萨坐在这种有织物折角的座椅上的图像,就这样从贵霜犍陀罗造像中产生后逐渐向东传播,在中国的新疆、敦煌及河西石窟佛教造像中被广泛采用。由于这种图像从一开始就兼具王者与弥勒菩萨的双重属性,因而在中国

图23　礼拜空王座

---

① D. Barrett, *Sculpture from Amaravati in the British Museum*, London, 1954, p.47.

② L. Matt, *Arttreasures of the VaticanLibrary*, New York, 1974, pl.109.

经典佛教石窟造像中也兼具这两种属性。从新疆克孜尔石窟和克孜尔嘎哈石窟壁画中的例子可以看出，交脚弥勒菩萨像与几幅故事画中的王者形象几乎一模一样。敦煌莫高窟北朝时期中的这类造像应该也兼具王者意蕴。而云冈石窟自一开始建造，便大量地制作交脚坐的人物造像，成为云冈造像之特色。北魏文成帝在继位之初，就马上颁布了恢复佛教的诏书，强调"助王政之禁律，益仁智之善性，排斥群邪，开演正觉……诏有司为石像，令如帝身。既成，颜上足下各有黑石，冥同帝体上下黑子。"①明确表达了恢复佛教的治世策略。兴光元年（454年）秋，又敕令在京师"五级大寺内，为太祖已下五帝铸释迦立像五，各长一丈六尺"。宿白先生指出，"文成帝以其帝王形象为蓝本雕造佛像，一方面是为了祈求他们自身的安全和冥福；更重要的另一方面，显然是在继承利用太武帝灭佛（446年）以前，佛教徒宣扬皇帝'即当今如来'的欺骗手段"。②因此我认为云冈石窟大量雕造交脚弥勒菩萨造像也与其未来佛身份和王者坐姿有很大关系。

就中国云冈与敦煌莫高窟所见的交脚坐人物造像而言，我们在云冈所见到的北魏时期（460—493年）所造的交脚坐人物像，和在敦煌所见到的北凉时期（401—460年）所造的交脚坐人物像便有很大的区别：前者与后者所造的交脚坐像，不但所戴的冠、所着的衣服不同，而且两者之相貌都说明是两种不同民族的人物造像。敦煌和云冈所造的交脚坐人物像的共同点，除了这些像都制作成交脚坐及常造在如宫殿的建筑物之内以外，两处所造的交脚坐人物所佩戴的饰物，有两处极为相似：1. 两处交脚坐人物所佩戴的锁状的项饰。2. 在胸前佩戴的二龙头胸饰。所谓的二龙头胸饰，即一种造有二龙头在胸前挺起，龙头作为半圆形竖起相对，不接触，而作相对状的胸饰。目前云冈石窟之交脚坐人物雕像多数都佩戴有这种饰物。敦煌莫高窟在早期的造像窟中，也见于第254窟前室南壁上层的交脚坐像配有此胸饰。

---

① 《魏书》卷一一四《释老志》，北京：中华书局，1974年，第3035—3036页。
② 宿白：《云冈石窟分期试论》，《考古学报》1978年第1期，第25页。

　　古正美根据贵霜时期撰成的大乘经典《悲华经》记载的转轮王所佩戴的饰物,将云冈和敦煌石窟弥勒菩萨所佩戴的这两类饰物名之为"阎浮金锁"和"阎浮檀金作龙头璎",而且贵霜时代所造交脚人物与非交脚人物的造像都常见佩戴这种"阎浮金锁",并进而认为云冈石窟交脚造像其实是转轮王。[①]这也是她的主要论点。此部经典的出经与3世纪初期在犍陀罗用佛教政治建国的迦腻色伽王有关。《悲华经》是在425年左右被印度僧人昙无谶(384—433年)在凉州译成中文,也极有可能影响了中国北朝佛教造像。在此立论基础上,古正美进一步讨论认为北凉灭后(439年),北凉僧人昙耀主持北魏云冈的开凿事业,曾大量引用《悲华经》中所记载的故事情节,作为云冈造像壁饰雕像,并且云冈石窟雕像直接来源于犍陀罗艺术。[②]由于交脚坐像的身份或所依据的经典并非本文讨论的重点,此处引用古正美的观点,旨在说明起源于贵霜王朝时期的交脚坐像,在一开始便模仿了贵族王者坐姿,此后图像传播和使用的过程中,这一含义也并未随着时间和地域的变化而丢失。从目前的证据来看,交脚与王座图像其实一直是以组合方式在流传,其在图像创制初期所附加的政治意蕴并未随着时间的推移而消失,至少在6世纪之前都是叠加在一起的。

---

① 古正美:《贵霜佛教政治传统与大乘佛教》,台北:允晨文化,1993年,第586页。
② 同上。

从钱币等看贵霜伊朗系宗教信仰的多神偶像崇拜

袁　炜

贵州省博物馆

关于贵霜伊朗系宗教信仰的研究,发端于 19 世纪后期探讨印度塞克系钱币上的各种神祇,至今已有 100 余年的历史。近二十多年来,随着罗巴塔克碑的释读和贵霜年表的基本确立，众多学者对贵霜伊朗系宗教信仰的研究进一步深入。因贵霜钱币上的伊朗系宗教多神偶像主要出现在迦腻色迦和胡维色迦钱币上,所以研究的重点也集中于此。[①]在此,笔者尝试从钱币等角度对自公元前 1 世纪的大月氏至 5 世纪寄多罗贵霜为止的贵霜伊朗系宗教信仰的多神偶像崇拜进行整体分析。

据宗教学研究, 兴起于伊朗的琐罗亚斯德教可分为波斯本土型的琐罗亚斯德教和粟特中亚型的祆教。在宗教仪轨上,两者在以下两个方面有着显著的区别:一是在神谱方面,琐罗亚斯德教基本上属于二元神教,至高神为阿胡拉·马兹达,而祆教则属于多神教,既崇拜琐罗亚斯德教的神,又吸收了娜娜神等其他神祇;二是在形象方面,琐罗亚斯德教不搞偶像崇拜,但祆教中具有很浓厚的偶像崇拜因素。[②]其中粟特、中亚流行的祆教与贵霜所具有的伊朗宗教文

---

① 孙武军:《贵霜琐罗亚斯德教神祇研究史》,陕西师范大学历史文化学院、陕西历史博物馆编:《丝绸之路研究集刊(第三辑)》,北京:商务印书馆,2019 年,第 206—223 页。

② 蔡鸿生:《读史求实录》,广州:广东人民出版社,2010 年,第 32 页。

化信仰密切相关，甚至一些贵霜钱币上的伊朗宗教文化图案还影响到东汉以来的中国造像。[①]故笔者尝试就钱币等资料来解读贵霜伊朗宗教文化信仰中的多神偶像崇拜。

一、大月氏时期的伊朗系宗教信仰的多神偶像崇拜

公元前 135 年左右，大月氏人来到了中亚巴克特里亚北部，并间接统治了巴克特里亚（大夏），据公元前 138 年张骞第一次出使西域时的观察，此时的大月氏"与匈奴同俗"。[②]而到了《汉书》所述的年代，大月氏则变为"土地风气，物类所有，民俗钱货，与安息同"。[③]此时的安息，属于帕提亚王朝统治时期，在宗教方面，主要信奉琐罗亚斯德教。作为与其同俗的大月氏，其与琐罗亚斯德教相关的宗教信仰可以通过蒙古北部诺因乌拉（Noyonuul）出土的公元前 1 世纪左右，大月氏向匈奴敬献的巴克特里亚刺绣纺织品其中的一块纺织品上，有 13 个男性人物造型，其中最右侧有一位祭司，其左为拜火祭坛，祭坛的左侧为一位手持贡物，头系游牧式权带的人物，此人当为大月氏君主，在其身后有当为随从的武士、骑士 11 人，此刺绣纺织品表现的所有人物服饰均为红、白二色。[④]而这也正符合三国吴万震《南州异物志》言，"大月氏'在天竺北可七千里，地高燥而远……人民赤白色'"[⑤]所表现出位于巴克特里亚的大月氏（贵霜）服饰习俗。此刺绣纺织品的人物构图与后世萨珊波斯钱币背面所表现的琐罗亚斯德教拜火祭坛左右两侧分立可能是萨珊波斯国王和祭司的构图极为相像。可以将此刺绣纺织品视作非偶像崇拜、一神教的琐罗亚斯德教在大月氏流行的证据。此外，需要特别指出的是，当时的伊朗本土被塞琉古等希腊王朝统治时，伊

---

① 朱浒：《论贵霜钱币与汉画像的宗教艺术关联》，《民族艺术》2017 年第 4 期，第 137—145 页。

② 《史记》卷一百二十三《大宛列传》，北京：中华书局，1959 年，第 3161 页。

③ 《汉书》卷九十六上《西域传上》，北京：中华书局，1962 年，第 3890 页。

④ Sergey A. Yatsenko, Yuezhi on Bactrian Embroidery from Textiles Found at Noyon Uul, Mongolia, *The Silk Road*, Volume 10, 2012, pp. 39–48.

⑤ 《史记》卷一百二十三《大宛列传》张守节正义引万震《南州异物志》，第 3162 页。

朗的琐罗亚斯德教也受到希腊影响出现偶像崇拜的萌芽，如在一件塞琉古时期的琐罗亚斯德教战神乌鲁斯拉格纳(Verethragna)青铜裸体塑像上，有希腊文铭文和帕提亚文铭文，塑像上的希腊铭文提到了希腊大力神赫拉克勒斯和太阳神阿波罗的庙宇，帕提亚铭文将其等同于琐罗亚斯德教战神乌鲁斯拉格纳和雨神得悉(Tir)。[①]

在两种大月氏钱币上，出现了伊朗系娜娜神的象征物。其一是 Sapadbizes 钱币，其正面为头戴希腊式头盔的君主肖像，边有希腊文铭文 CAΠAΔBIZHC，背面为一立狮，立狮上方有新月标识，有希腊文铭文 NANAIA；其二是 Agesiles 钱币，其正面为头戴希腊式头盔的君主肖像，边有希腊文铭文 AΓECIΛHC，背面为一立狮，立狮上方有新月标识，有希腊文铭文 NANAIA(图1)。[②]这种以动物造型来指代神祇的做法，不同于同时代中亚希腊宗教艺术中的神人同形的风尚，而更接近于早期佛教艺术(前2世纪至前1世纪桑奇和巴尔胡特的雕刻)中由菩提树、法轮、宝座、宝冠和足印等象征物表现佛陀的宗教艺术风尚。[③]需要指出的是，在此时代的大月氏文物上，还有其他的狮子造型，如黄金之

图1　大月氏钱币上的娜娜女神

---

① Vesta Sarkhosh Curtis, Religious Iconography on Ancient Iranian Coins, Joe Cribb & Georgina Herrmann (eds.), *After Alexander Central Asia before Islam*, Oxford: Oxford University Press, 2007, P. 423.

② Osmund Bopearachchi & Wilfried Pieper, *Ancient Indian Coins*, Turnhout: Brepols, 1998, P. 271.

③ [意]菲利真齐：《犍陀罗的叙事艺术》，[意]卡列宁、菲利真齐、奥里威利编著，魏正中、王倩编译：《犍陀罗艺术探源》，上海：上海古籍出版社，2015年，第162页。

丘四号墓出土的金腰带,其上九个饰环均表现女性骑狮造型,同墓出土的一枚印
度金币,一面也是一个走狮,有佉卢文铭文 Sih(o)vigatabhay(o)(如狮子般果敢)
(图 2)。黄金之丘五号墓出土狮形琥珀器(图 3),但这些文物没有明确的铭文确
指其指代的神祇,故现阶段还不能将这些武断的归于娜娜神。[①]甚至有学者认为
黄金之丘五号墓出土狮形琥珀器源自汉朝,[②]故更不能将其归于娜娜神。

 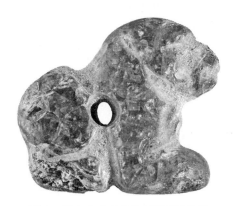

图 2　黄金之丘 M3 出土印度金币　　　图 3　黄金之丘 M5 出土狮形琥珀器

二、贵霜帝国的伊朗系宗教信仰的多神偶像崇拜

当前的考古学等证据还未发现在贵霜帝国丘就却、威玛·塔克图和威玛·
伽德菲赛斯统治的前数十年间有伊朗系神祇文物、文献存在的证据。[③]对此原
因,有学者解释为此阶段贵霜帝国的统治中心在印度西北,他们主要吸收此地

①　V. I. Sarianidi, *Baktrisches Gold*, Leningrad: Autota-Kunstveerlag, 1985, pp. 250-251, 254, 257. 袁炜:《黄金之丘(Tillay Tepe)出土钱币研究——兼论大月氏钱币史》,《中国钱币》2018 年第 6 期,第 63、67 页。

②　赵德云:《西周至汉晋时期中国外来珠饰研究》,四川大学博士论文,2008 年,第 134 页。

③　有学者曾言威玛·塔克图在 Dasht-I Nawur1 号碑铭文有"贵霜王,受到月亮(神)的保护"之文,但笔者核对转写和释读,并未发现此铭文有关于伊朗系月神 Mao 的相关内容。参见林梅村:《贵霜帝国的万神殿》,上海博物馆编:《丝绸之路古国钱币暨丝路文化国际学术研讨会论文集》,上海:上海书画出版社,2011 年,第 23 页;Harry Falk, *Kushan Histories Literary Soutces and Selected Papers from a Symposium at Berlin, December 5 to 7, 2013*, Bremen: Hempen Verlag, 2015, P. 108.

的文化因素和钱币遗产,[①]是故没有伊朗系神祇文物、文献存在的证据。

公元 127 或 128 年,迦腻色迦继贵霜君主位,从钱币学、碑铭学、文献学等角度来看,迦腻色迦进行了广泛而深入的宗教改革,钱币上出现了为数众多的伊朗系、印度系神祇。罗巴塔克碑言,σινδαδο οτηια ι ιωναγγο οασο οξοαστο ταδια αριαο(而且他停止了使用希腊语,然后推行雅利安语)。[②]由此可将迦腻色迦钱币按币面铭文不同分为两类, 第一类是在罗巴塔克碑所立的公元 132年(迦腻色迦 6 年)之前的希腊文铭文钱币。第二类是迟于第一类的巴克特里亚文(即罗巴塔克碑上所谓的雅利安语 αριαο)钱币。

在迦腻色迦希腊文钱币上,出现了一位伊朗系神祇娜娜,以及一位和伊朗系神祇密切相关的希腊太阳神赫利俄斯(Helios)。

迦腻色迦希腊文钱币上的娜娜女神四分之三侧身向右站立,头有光晕,顶部有新月,头发朝左由两根缎带束起,缎带后部有发髻,身穿有袖及踝的宽松长袍,右手持驯狮棒,左手持碗。娜娜女神右侧有迦腻色迦徽记,左侧有希腊文 NANAIA。[③]由图像可见,相较于大月氏时期用,狮子表现娜娜女神,在迦腻色迦时期,改为使用人的形象来表现娜娜女神,其手中的驯狮棒,暗示了娜娜女神与狮子的密切联系(图 4)。

而迦腻色迦希腊文钱币上的希腊太阳神赫利俄斯正面站立, 头朝左有放射状光晕,时常摆出两指手势,手握于短剑的剑柄上,头戴王冠,身着长款束腰外衣,短靴,斗篷被圆形钩子钩住。太阳神赫利俄斯右侧有迦腻色迦徽记,左侧有希腊文 HΛΙΟC。(图 5)[④]

---

① 杨巨平:《娜娜女神的传播与演变》,《世界历史》2010 年第 5 期,第 109 页。

② Harry Falk, *Kushan Histories Literary Soutces and Selected Papers from a Symposium at Berlin*, *December 5 to 7, 2013*, Bremen: Hempen Verlag, 2015, P. 112. 罗帅:《罗巴塔克碑铭译注与研究》,朱玉麒主编:《西域文史(第六辑)》,北京:科学出版社,2011 年,第 120 页。

③ David Jongeward and Joe Cribb with Peter Donovan, *Kushan, Kushano-Sasanian, and Kidarite Coins, A Catalogue of Coins from the American Numismatic Society*, New York: The American Numismatic Society, 2015, P. 275.

④ David Jongeward and Joe Cribb with Peter Donovan, *Kushan, Kushano-Sasanian, and Kidarite Coins, A Catalogue of Coins from the American Numismatic Society*, New York: The American Numismatic Society, 2015, P. 269.

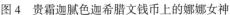

图 4　贵霜迦腻色迦希腊文钱币上的娜娜女神　　图 5　贵霜迦腻色迦希腊文
钱币上的赫利俄斯

在迦腻色迦巴克特里亚文钱币上，出现了娜娜、日神 Mirro、月神 Mao、战神 Orlagno、火神 Athsho、丰收女神 Ardoxsho、善神 Manaobago、财神 Pharro、动物健康守护神 Lrooaspo、智慧神 Mozdooano 和风神 Oado 共 11 位伊朗系神祇，[①]且均为拟人化的表现方式，现择其中几个重要的神祇进行分述。

迦腻色迦巴克特里亚文钱币上的娜娜女神造型与迦腻色迦希腊文钱币上的娜娜女神相近，有些类型钱币上巴克特里亚文铭文为 NANA（图 6），但还有一些类型钱币上巴克特里亚文铭文采用更高一级的 NANAþAO（娜娜王）（图7）。考虑到罗巴塔克碑言，ασο νανα οδο ασο οισποανο μι βαγανο ι þαοδανι αβορδο κιδι ιωγο χþονο(他已从娜娜及诸神那里获得了王权，他已开创了元年）。[②]再如一个迦腻色迦十年（136 年）银盘上的巴克特里亚文铭文，[ναναπ] ιδο[ι ιωγα]χþονα αβο þαονανο þαο κανηþκι κοþανο(在元年，[娜娜神]授王

————————

① Robert Bracey, Policy, Patronage, and the Shrinking Pantheon of the Kushans, Vidula Jayaswal(ed.), *Glory of the Kushans : Recent Discoveries and Interpretations*, New Delhi: Aryan Books International, 2012, P. 203.

② Harry Falk, *Kushan Histories Literary Soutces and Selected Papers from a Symposium at Berlin, December 5 to 7, 2013*, Bremen: Hempen Verlag, 2015, P. 112. 罗帅：《罗巴塔克碑铭译注与研究》，朱玉麒主编：《西域文史(第六辑)》，北京：科学出版社，2011 年，第 120 页。

图 6　贵霜迦腻色迦巴
克特里亚文钱币上的娜娜

图 7　贵霜迦腻色迦巴克特里亚文钱币上的娜娜王

中之王,迦腻色迦,贵霜)。①可见,在迦腻色迦的观点中,其王权是由娜娜女神授予的,是故娜娜女神的称号也变为高于其他伊朗系神祇的 NANAþAO(娜娜王)。与之相对的,在迦腻色迦钱币和其他文物中,还未发现有琐罗亚斯德教至高神阿胡拉·马兹达的钱币,而在继迦腻色迦贵霜王位胡维色迦的钱币神祇中,阿胡拉·马兹达所占比例也小于1%,重要程度远不及娜娜、日神 Mirro(18%)、月神 Mao(15%)、战神 Orlagno(8%)、火神 Athsho(4%)和丰收女神 Ardoxsho(3%)等。②可见,在贵霜迦腻色迦的万神殿中,娜娜女神的地位要高于正统琐罗亚斯德教至高神阿胡拉·马兹达。

迦腻色迦巴克特里亚文钱币上的日神 Mirro,其造型完全等同于迦腻色迦希腊文钱币上的希腊太阳神赫利俄斯,只不过铭文由希腊文 HΛIOC 替换为巴克特里亚文 MIIPO。由此可见在迦腻色迦时期,伊朗系神祇偶像化的过程中,

① Nicholas Sims-Williams, A new Bactrian inscription from the time of Kanishka, Harry Falk (ed.), *Kushan Histories Literary Soutces and Selected Papers from a Symposium at Berlin, December 5 to 7, 2013*, Bremen: Hempen Verlag, 2015, pp. 255–264.

② Robert Bracey, Policy, Patronage, and the Shrinking Pantheon of the Kushans, Vidula Jayaswal(ed.), *Glory of the Kushans: Recent Discoveries and Interpretations*, New Delhi: Aryan Books International, 2012, P.203.

其中一些伊朗系神祇的造型直接采用了与之神格对应的希腊神祇造型（图8）。

1908年，在今巴基斯坦白沙瓦附近迦腻色迦大塔遗址发掘出土了迦腻色迦青铜圣物盒，此圣物盒盒盖上有梵天劝请的场景，在盒身上，人物造型分为三组，一组是梵天劝请的场景，一组是佛与胁侍菩萨的场景，另一组是贵霜君主左右分别有伊朗系神祇日神 Mirro 和月神 Mao 护持，有学者根据此圣物盒上贵霜君主、日神 Mirro 和月神 Mao 更接近于胡维色迦钱币上的造型，而非迦腻色迦钱币上的相关造型。以此推断此圣物

图8 贵霜迦腻色迦巴克特里亚文钱币上的米罗

盒的年代当为胡维色迦时期（153—191年），并将佉卢文铭文中的（mahara）jasa kaniṣkasa 理解为此寺庙由迦腻色迦大王修建，①而非此圣物盒的年代属于迦腻色迦大王统治时期。今按，此说有一个关键性的假设，即迦腻色迦青铜圣物盒上的日神 Mirro 和月神 Mao 造型仿照胡维色迦钱币上的造型，而非相反。但以现有材料，对此假设完全无法证实或证伪，故由此假设推导出相关结论也不具备可靠性。但有一点可以说明，在迦腻色迦至胡维色迦时期，贵霜伊朗系神祇偶像出现在佛教圣物盒上，佛像造像与贵霜伊朗系神祇偶像化有密切的关系（图9）。

除钱币和圣物盒外，罗巴塔克碑铭文中也描述了迦腻色迦时期贵霜伊朗系宗教信仰的多神偶像，相关铭文如下：

9. αγανο κιδι μαρο κιρδι ανδιμανι(ο)φαρρο ομμα οοηλδι ια αμγα νανα οδο ια αμ-

10. γα ομμα αορομοζδο μοζδοανο σροφαρδο(κ)ιδι υνδοαο μαασ-

---

① Elizabeth Errington, Numismatic Evidence for Dating the "Kaniṣka" Reliquary, *Silk Road Art and Archaeology*, Volume 8, Kamakura, 2002, pp. 101–120.

图 9　迦腻色迦青铜圣物盒盒身的贵霜君主及琐罗亚斯德教光明神和月神

ηνο ριζδι οδο βιζαγο ριζδι ναρασαο μιιρο οτηια ουδοα-

11. νο πιδγιρβο φρομαδο κιρδ [ι]ειμοανο βαγανο κιδι μασκα νιβιχτιγενδι①

9. 他们已由光荣的乌摩引领到这里，这些神(是)上述的娜娜和

10. 上述的乌摩、阿胡拉·马兹达、马兹达万、斯罗沙德——印度人称他为摩诃舍那或毗舍佉——纳拉萨(和)Mihir。而且他

11. 下令制作铭刻于此的诸神的肖像②

在这段铭文中，娜娜、阿胡拉·马兹达、马兹达万、斯罗沙德、纳拉萨和 Mihir 属于伊朗系神祇，其中娜娜、马兹达万和 Mihir(即 Mirro)已出现在迦腻色迦钱币中，阿胡拉·马兹达出现在胡维色迦钱币上。由此铭文可见，这些伊朗系神祇偶像是受贵霜君主的直接命令而创作的，且部分神祇偶像不见于当前出土的

_____

① Harry Falk, *Kushan Histories Literary Soutces and Selected Papers from a Symposium at Berlin*, *December 5 to 7, 2013*, Bremen: Hempen Verlag, 2015, P. 113.

② 罗帅：《罗巴塔克碑铭译注与研究》，朱玉麒主编：《西域文史(第六辑)》，第 120、130 页。

贵霜钱币。

胡维色迦继承了迦腻色迦在钱币上展现各宗教信仰神祇的做法，出现在胡维色迦钱币上的伊朗系神祇偶像的种类进一步扩大，出现了丰收女神 Ardoxsho（25%）、日神 Mirro（20%）、月神 Mao（12%）、娜娜（11%）、财神 Pharro（11%）、军神 Shaoreo（5%）、火神 Athsho（2%）、胜利女神 Oanindo（1%）、阿姆河神 Oaxsho（1%）、智慧神 Mozdooano（1%）、皇家保护神 Sarapis（1%）、正义女神 Rishti（小于1%）、狩猎女神 Teiro（小于1%）、阿胡拉·马兹达（小于1%）、真理神 Ashaixsho（小于1%）、动物神 Lrooaspo（小于1%）、死神 Yamsho（小于1%）和风神（Oado）共 18 位神祇。①

其中胡维色迦钱币上的阿胡拉·马兹达为面朝左的站像，身后有光环，左手持棒，伸出的右手持王冠，巴克特里亚文铭文 ωOPOMOZΔO。②可见胡维色迦钱币上的阿胡拉·马兹达也采用拟人化的手段表现。但在与贵霜时代相同的帕提亚，其印章和下属波利斯总督钱币上，阿胡拉·马兹达继承了波斯阿契美尼德王朝的传统，用人首双翼像、双翼日盘像、人首翼日盘像来表现。③由此可见，胡维色迦钱币上阿胡拉·马兹达的形象与波斯本土阿胡拉·马兹达的形象完全不同，胡维色迦钱币上的阿胡拉·马兹达形象是基于贵霜钱币独立产生的。

除上文提到的日神 Mirro、月神 Mao 和阿胡拉·马兹达外，还有一点需要注意，即相对于迦腻色迦钱币，在胡维色迦钱币中娜娜女神的占比有了大幅下降。在胡维色迦钱币中，丰收女神 Ardoxsho 以 25% 的占比成为出现频率最高的伊朗系神祇偶像（图 10）。财神 Pharro 的占比也上升至 11%（图 11），与娜娜女神的占比相当。而日神 Mirro、月神 Mao 的占比则变化不大。由此可见，在胡维色迦时期，单从钱币占比的角度来看，代表君权神授的娜娜女神地位有所下

① Robert Bracey, Policy, Patronage, and the Shrinking Pantheon of the Kushans, Vidula Jayaswal（ed.）, *Glory of the Kushans: Recent Discoveries and Interpretations*, New Delhi: Aryan Books International, 2012, P. 203.

② David Jongeward and Joe Cribb with Peter Donovan, *Kushan, Kushano-Sasanian, and Kidarite Coins, A Catalogue of Coins from the American Numismatic Society*, New York: The American Numismatic Society, 2015, P. 291.

③ 孙武军：《阿胡拉·马兹达象征图像源流辨析》，《西域研究》2015 年第 2 期，第 99—108 页。

图 10　贵霜胡维色迦钱币
　　上的丰收女神

图 11　贵霜胡维色迦钱币
　　上的财神

降，取而代之的是代表丰收与财富的丰收女神 Ardoxsho 和财神 Pharro 地位的上升。佛教典籍《付法藏因缘传》对迦腻色迦统治的终结有所描述，其文如下：

> 尔时大臣广集勇将严四种兵。所向皆伏如雹摧草。三海人民咸来臣属。罽昵吒王所乘之马。于路遊行足自摧屈。王语之言："我征三海悉已归化。唯有北海未来降伏。若得之者不复相乘。吾事未办如何便尔？"尔时群臣闻王此语。咸共议曰："罽昵吒王贪虐无道。数出征伐劳役人民。不知厌足欲王四海。戍备边远亲戚分离。若斯之苦何时宁息？宜可同心共屏除之。然后我等乃当快乐。"因王病疟以被镇之。人坐其上须臾气绝。①

如按《付法藏因缘传》所载，那么胡维色迦时期造成代表君权神授的娜娜女神地位下降，代表丰收与财富的丰收女神 Ardoxsho 和财神 Pharro 地位

----

① ［北魏］吉迦夜共昙曜译：《付法藏因缘传》，大正新修大正藏经，卷五十，No. 2058。

的上升的原因可理解为迦腻色迦穷兵黩武，被其属下杀死，贵霜王权下降，新任贵霜君主胡维色迦重视农业和财富，故导致其钱币上不同神祇比例的变化。

除钱币和圣物盒外，还有一幅描绘胡维色迦登基图像的纺织品，可能和贵霜伊朗系宗教信仰有关，此画作残损严重，在残留的左半部分，正在加冕的胡维色迦身后有两个人物，有学者推测其可能是正要去隆重供奉圣火的琐罗亚斯德教祭祀，[①]但还缺少直接证据。

美国大都会博物馆在 2000 年征集了四幅出自巴克特里亚的贵霜陶板壁画，其中三幅完整的陶板壁画分别反映了双手合十且身着贵霜服饰的信奉者与拟人化神祇的画面，另一幅残破的陶板壁画仅余拟人化神祇部分画面。这四幅画面中两幅表现的是湿婆，一幅表现的是伊朗系财神法罗（图 12），还有一幅上的神祇不能确定是希腊系神祇宙斯、塞拉匹斯（Serapis），或是伊朗系神祇阿胡

图 12　大都会博物馆藏财神法罗和　　　图 13　大都会博物馆藏宙斯（塞拉匹斯、
　　　　信奉者陶板壁画　　　　　　　　　　　　阿胡拉·马兹达）和信奉者陶板壁画

① Frantz Grenet, Zoroastrianism among the Kushans, Harry Falk（ed.）,*Kushan Histories Literary Soutces and Selected Papers from a Symposium at Berlin*,*December 5 to 7, 2013*,Bremen：Hempen Verlag,2015,pp. 225–227.

拉·马兹达(图13),大都会博物馆将此四幅陶板壁画的时代定于3世纪。[1]笔者考虑到其反映的内容,完全不见萨珊贵霜时期的萨珊波斯文化因素,而更接近于迦腻色迦、胡维色迦时期的贵霜万神殿,故推断其时代当在迦腻色迦和胡维色迦时期(127—187年)。

在继胡维色迦统治贵霜的波调时期,贵霜政局和贵霜钱币上的神祇均出现重大变化。一方面,新兴的萨珊王朝攻占了原本属于贵霜统治的巴克特里亚、犍陀罗和塔克西拉等重要地区;另一方面,波调钱币也一改迦腻色迦钱币和胡维色迦钱币上伊朗系和印度系万神殿的特点,而仅出现印度系湿婆神。

此后到贵霜晚期,贵霜重新夺回了犍陀罗和塔克西拉。在迦腻色迦二世、瓦西色迦、迦腻色迦三世、波调二世、玛西(Mahi)、莎迦(Shaka)、凯普纳达(Kipunadha)、伽达哈拉(Gadahara)钱币上相继出现了伊朗系丰收女神 Ar-

doxsho。[2]其中迦腻色迦二世和瓦西色迦钱币上还有巴克特里亚文铭文 APΔOXþO,此后铭文消失或无法释读,[3]且图像也逐渐线条画、程式化,仅能从神祇造型辨识出其为丰收女神 Ardoxsho(图14、图15)。由此可见,在晚期贵霜时代,贵霜钱币上的伊朗系多神偶像崇拜处在一个持续衰落的过程中。

三、萨珊贵霜的伊朗系宗教信仰的多神偶像崇拜

图14　贵霜迦腻色迦
二世钱币上的丰收女神

与晚期贵霜同时代,萨珊波斯王朝在征服了巴克特里亚等地后,建立了萨珊贵霜,萨珊贵霜的历史年表

---

　① 参见美国大都会博物馆网站,https://www.metmuseum.org/art/collection/search/327830;https://www.met-museum.org/art/collection/search/327832;https://www.metmuseum.org/art/collection/search/327829;https://www.metmuseum.org/art/collection/search/327831。

　② 杜维善:《贵霜帝国之钱币》,上海:上海古籍出版社,2012年,第149—171页。

　③ David Jongeward and Joe Cribb with Peter Donovan, *Kushan, Kushano-Sasanian, and Kidarite Coins, A Catalogue of Coins from the American Numismatic Society*, New York: The American Numismatic Society, 2015, pp. 264-297.

图 15　贵霜瓦西色迦二世钱币上的丰收女神

十分模糊,有学者根据钱币、文献等证据,提出了一个临时性的年表,将萨珊贵霜诸王的年代置于 230—350 年间并排列其统治的先后顺序。①其中在 270—303 年统治萨珊贵霜的 Hormizd 一世与 Hormizd 二世,其名字 Hormizd 即"阿胡拉·马兹达"的一种拼写形式。②由此可见萨珊贵霜的 Hormizd 一世与 Hormizd 二世崇拜阿胡拉·马兹达,贵霜君主曾经使用过相似的君主起名方式,波调的印度名字 Vasudeva 就是印度系神祇黑天的名字。③除 Hormizd 一世与 Hormizd 二世外,在阿富汗北部出土的萨珊贵霜至阿拉伯时期的巴克特里亚文献中,多次出现名为 ωρομοζδο 或 ωυρομοζδο(均为"阿胡拉·马兹达"的拼写形式)的人名,其中有一组书信可以明确为萨珊贵霜 Waeahran 统治时期(359 或 360 年)的文书,其中出现了名为 ωρομοζδο 的一位领主,以及一位缎织工。④是知在萨珊贵霜时期,以"阿胡拉·马兹达"为名者的身份包含萨珊贵霜君主、领主

　①　Joe Cribb, Numismatic Evidence for Kushano-Sasanian Chronology, *Studia Iranica*, vol19, 1990, P. 171.

　②　龚方震、晏可佳:《祆教史》,上海:上海社会科学院出版社,1998 年,第 155 页。

　③　David Jongeward and Joe Cribb with Peter Donovan, *Kushan, Kushano-Sasanian, and Kidarite Coins, A Catalogue of Coins from the American Numismatic Society*, New York:The American Numismatic Society, 2015, P. 135.

　④　[英]尼古拉斯·辛姆斯－威廉姆斯著,李鸣飞、李艳玲译:《阿富汗北部的巴克特里亚文献》,兰州:兰州大学出版社,2014 年,第 45、162、166、291、294、295、656 页。

和一般的平民。由此可见,对阿胡拉·马兹达的崇拜成为萨珊贵霜各个阶层的主流。

在钱币方面,萨珊贵霜的金币、铜币继承了贵霜王朝,特别是波调钱币的样式风格。在公元 230 年左右,一位仅统治巴克特里亚地区的佚名王的铜币正面为君主头像,有巴列维文铭文 kwsan mlka mlwy mlka(贵霜王木鹿王),铜币背面则为伊朗系水神阿纳希塔(Anahita)站立,头左转面向站立的国王,右手将一个贵霜式王冠授予国王。国王身着萨珊式束腰大衣,右手为接受女王授予王冠的手势。可读的部分巴列维文铭文 anhyt(y) mrwta/kwsan mlka mlwy mlka(阿纳希塔女神贵霜王木鹿王)(图 16)。在萨珊波斯时期,阿纳希塔与娜娜融合,[①]可见此钱币表现的是继迦腻色迦时期,娜娜神授贵霜君权的萨珊波斯时期,阿纳希塔神授萨珊贵霜君权。此后的萨珊贵霜君主 Ardashir 铜币上出现了伊朗系日神 Mirro、水神 Anahita,特别是水神 Anahita 钱币正面的巴列维文铭文 mzdysn bgy arthshtr rba kwshan mlka(崇拜马兹达 Ardashir 伟大的贵霜王),Hormizd 二世钱币上出现了在萨珊式圣火坛上水神 Anahita 或娜娜女神的半身像。[②]而在伊朗

图 16　萨珊贵霜君权阿纳希塔神授钱币

① 杨巨平:《娜娜女神的传播与演变》,《世界历史》2010 年第 5 期,第 105 页。还有一种观点认为贵霜神祇巴克特里亚文 Nana 就是萨珊神祇波斯语 Anahita, 参见 Joe Cribb,The end of Greek coinage in Bactria and India and its evidence for the Kushan coinage system,R. Ashton and S. Hunter (eds.),*Studies in Greek Numismatics in Memory of Martin Jessop Price*,London:Spink & Son Ltd,1998,pp.91–92.

② David Jongeward and Joe Cribb with Peter Donovan,*Kushan,Kushano-Sasanian,and Kidarite Coins,A Catalogue of Coins from the American Numismatic Society*,New York:The American Numismatic Society,2015,pp. 202,203,204,217. Fabrizio Sinisi,The Deities on the Kushano-Sasanian Coins,*Electrum*,Vol. 22,2015,P.208.

本土，一些萨珊波斯银币中萨珊式圣火坛上则是主神阿胡拉·马兹达乃至君主本人。①在巴里黑打制的 Ardashir 一世铜币上有一个坐姿男性神祇密特拉，其左手持剑，右手似持一王冠，身着萨珊式裤子，有巴克特里亚文铭文 BOΓO-MIYPO（神密特拉）。②由此可见萨珊本土的琐罗亚斯德教阿胡拉·马兹达崇拜、祭祀礼仪与贵霜地区伊朗系神祇偶像的结合。

萨珊贵霜的银币及部分金币、铜币则采用了萨珊波斯钱币的风格，正面图像采用萨珊贵霜君主头像，背面图像为两祭司与拜火祭坛，③这是正统波斯琐罗亚斯德教非偶像崇拜的体现，可见在萨珊贵霜时期，随着萨珊波斯对巴克特里亚等地的征服，正统波斯琐罗亚斯德教在巴克特里亚等地再次传布。需要特别指出的是，对于萨珊波斯银币背面拜火祭坛两侧两位祭司的身份，学界一直有争论，但瓦赫兰二世起的萨珊波斯银币上，其中一个祭祀者头带王冠，当为君主。④

四、寄多罗贵霜的伊朗系宗教信仰的多神偶像崇拜

继萨珊贵霜统治巴克特里亚和犍陀罗的政权是寄多罗，在中文史籍中，《魏书·西域传》将寄多罗描述为月氏（贵霜）人，⑤但在拜占庭史籍中，普里斯库斯（Priscus）的《历史》一书则将寄多罗描述为匈人。⑥如果考虑到粟特地区出土的一个巴克特里亚文铭文言，(ρ?　)ζ]…]o βαγο ολαργο υοναν(ο)þαο ο(α)ζ(αρκ)ο(κ)οþανοþαο σαμ(α)ρκ(α)[ν]δο(αφþ)μ(α)νο（Ularg 主匈王大贵霜沙撒马尔罕的 afshiyan），可见统治了粟特的寄多罗人同时自称为匈人和贵霜

---

① 龚方震、晏可佳：《祆教史》，上海：上海社会科学院出版社，1998 年，第 212 页。
② Fabrizio Sinisi, The Deities on the Kushano-Sasanian Coins, *Electrum*, Vol. 22, 2015, P.204.
③ 李铁生编著：《古中亚币（前伊斯兰王朝）》，北京：北京出版社，2008 年，第 216—224 页。
④ 龚方震、晏可佳：《祆教史》，上海：上海社会科学院出版社，1998 年，第 211 页。
⑤《魏书》卷一百二《西域传》，北京：中华书局，1974 年，第 2275、2277 页。
⑥ Yu Taishan, *Soures on the History of the Hephthalites*, Beijing: The Commercial Press, 2018, pp. 1–6.

人。①而中文史籍和拜占庭史籍都仅记载了其中之一。

寄多罗贵霜的银币样式继承了萨珊波斯和萨珊贵霜银币的样式，背面图案为两祭司与拜火祭坛，其中有一种银币在空白处有婆罗迷文铭文 duddhami（人名，意为"以佛为友者"）。②贵霜王朝之后的巴克特里亚地区佛教、祆教和婆罗门教混杂，唐初玄奘在《大唐西域记》中也记载了此地各宗教相互竞争的一些故事，其文如下，

> （达摩悉铁帝国）之先，未被佛教，但事邪神，数百年前，肇弘法化。初，此国王爱子婴疾，徒究医术，有加无瘳。王乃躬往天祠，礼请求救。时彼祠主为神下语，必当痊复，良无他虑。王闻喜慰，回驾而归。路逢沙门，容只可观，骇其形服，问所从至。此沙门者，已证圣果，欲弘佛法，故此仪行，而报王曰："我如来弟子，所谓苾刍也。"王既忧心，即先问曰："我子婴疾，生死未分。"沙门曰："王先灵可起，爱子难济。"王曰："天神谓其不死，沙门言其当终，诡俗之人，言何可信？"迟至宫中，爱子已死。匿不发丧，更问神主，犹曰："不死，疹疾当瘳。"王便发怒，缚神主而数曰："汝曹群居长恶，妄行威福。我子已死，尚云当瘳。此而谬惑，孰不可忍？宜戮神主，殄灭灵庙。"于是杀神主，除神像，投缚刍河。回驾而还，又遇沙门，见而敬悦，稽首谢曰："曩无明导，伫足邪途，浇弊难久，沿革在兹。愿能垂顾，降临居室！"沙门受请，随至中宫。葬子既已，谓沙门曰："人世纠纷，生死流转。我子婴疾，问其去留，神而妄言，当必痊差。先承指告，果无虚说。斯则其法可奉，唯垂哀愍，导此迷徒！"遂请沙门揆度伽蓝，依其规矩，而便建立。自尔之后，佛教方隆。③

---

① Klaus Vondrovec, *Coinage of the Iranian Huns and their Successors from Bactria to Gandhara*, Wien：Österreichische Akademie der Wissenschaften, 2014, P. 48.

② Klaus Vondrovec, *Coinage of the Iranian Huns and their Successors from Bactria to Gandhara*, Wien：Österreichische Akademie der Wissenschaften, 2014, P. 68.

③ ［唐］玄奘、辩机原著，季羡林等校注：《大唐西域记校注》，北京：中华书局，1985 年，第 976、977 页。

今天，对于玄奘所描述的吐火罗故地的外道天神，除了有很明确证据的外，其他的还无法分辨出，其到底属于祆教还是对婆罗门教中大自在天（湿婆）的崇拜。但此故事可说明，在唐初以前的数百年前，佛教与其他宗教在巴克特里亚一带有着激烈的竞争，此既有波斯正统琐罗亚斯德教祭司与拜火祭坛图案，又有佛教相关铭文的寄多罗贵霜银币可谓琐罗亚斯德教与佛教竞争的象征。

寄多罗贵霜的铜币有一些则继承了晚期贵霜钱币样式，其上有伊朗系丰收女神 Ardoxsho，但神像线条画、程式化更为严重，无相关神祇的铭文，仅能从其手持的丰饶角进行辨识（图17、图18）。①还有一种寄多罗贵霜铜币上，有单独的拜火祭坛图案，相似的拜火祭坛图案也出现在印章上。②由此可见，在寄多罗贵霜时期，钱币上的伊朗系多神偶像崇拜进一步衰落。

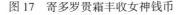

图17　寄多罗贵霜丰收女神钱币　　图18　Peroz 丰收女神钱币

① Klaus Vondrovec, *Coinage of the Iranian Huns and their Successors from Bactria to Gandhara*, Wien: Öster-reichische Akademie der Wissenschaften, 2014, pp. 79, 81, 93.

② Pierfrancesco Callieri, English translation by Eileen Zwalf, *Seals and Sealings from the North-West of the Indian Subcontinent and Afghanistan*（4th Century BC-11th Century AD）*Local, Indian, Sasanian, Graeco-Persian, Sogdian, Roman*, Naples: Istituto Universitario Orientale di Napoli, 1998, P. 70, Pl.7.

综上所述,在大月氏时期,大月氏受到正统琐罗亚斯德教和伊朗土著信仰双重影响,出现了伊朗系宗教偶像崇拜的萌芽。在贵霜帝国迦腻色迦和胡维色迦时期,受希腊宗教艺术的影响,并与佛教造像艺术有一定的交流,伊朗系宗教多神偶像崇拜全面建立并进入繁盛期。在晚期贵霜和萨珊贵霜时期,随着萨珊波斯入侵等因素,伊朗正统琐罗亚斯德教信仰开始出现在萨珊贵霜钱币上,伊朗系宗教多神偶像崇拜逐步衰落。最后到寄多罗贵霜时期的钱币,伊朗系宗教多神偶像崇拜进一步衰落。

汉佉二体钱里的贝格拉姆斯基泰人仿制印度—希腊硬币

戴建兵

河北师范大学

近来新疆泉友发现在汉佉二体钱里的一枚贝格拉姆斯基泰人仿制印度—希腊硬币(图 1),就此我特意请教了英国大英博物馆物克里卜先生,他认为:

这是一枚非官方版的印度—斯基泰人仿造的印度—希腊硬币,其原形是印度标准赫尔默乌斯钱币 9.5g 四德拉克马银币。印度—斯基泰人的仿制品是在大约公元前 70 年塞西亚人从印度—希腊人手中夺取该地区后,在阿富汗的贝格拉姆发行的。占领这一地区的塞西亚人从公元前 70 年开始模仿印度—希腊货币,在公元前 30 年发行了 9.5 克四德拉克马钱

图 1　贝格拉姆斯基泰人仿制印度—希腊硬币

币,开始是银币,但逐渐减少银含量,直到以铜的钱币制成。公元 30 年给了冈多法勒斯。

这枚钱币是在公元 10 年至公元 30 年刚发行的最新版本的斯基泰人仿制品。后来的仿制品在印度帕提亚时期的贝格拉姆继续流传,并一直流传到贵霜王朝,直到第一位贵霜王丘就却在公元 50 年,从印度帕提亚人手中夺取了这座城市。不久之后,一种不同类型的仿制品也在城里流传。它有独特的佉卢文字母形式和新的铭文,似乎是在巴基斯坦班努的阿克拉制作的。这些仿制品的重量为 4~5 克,在贝格拉姆最常见。一定是贵霜人把这些带到于阗地区的,因为他们经常被和田汉佉二体钱币所代替,这在克里卜 1984 年 5 月出版的文章中介绍过,上海博物馆里的骆驼雕像币上也有其文字(图 2)。

图 2　汉佉二体钱

我们认为这件制品可能是在贵霜时期一起流通到于阗去的。大英博物馆收藏的三件赫尔默乌斯的仿制品与我们的这件非常相似。大英博物馆的三枚钱币分别重达 6 克、5 克和 4 克,因此在流通过程中很容易与贵霜时期的仿制品一起留存下来,并流传到于阗。

这枚钱币进一步证明了在早期的贵霜时期,贵霜中心贝格拉姆和于阗之间的交流。这一系列钱币(图 3—图 6,由克里卜先生提供)在于阗被汉佉二体钱币代替。

图 3　公元前 70 年印度—希腊赫尔默乌斯发行的四德拉克马银币

图 4　公元 10—30 年间印度—斯基泰人赫尔默乌斯仿制品四德拉克马铜币

图 6　贵霜时期仿制的印度—斯基泰人四德拉克马钱币，公元 40—70 年，在未知的造币厂（可能是班努的阿克拉）铸造的标准四德拉克马铜币，在贝格拉姆流通

图 5　公元 30—50 年间印度—斯基泰人仿赫尔默乌斯钱币非官方仿制品四德拉克马铜币

丝绸之路与古代东西方货币交流
——以汉佉二体钱为中心

王 睿

兰州大学历史文化学院

希腊式钱币和中国古代的圆形方孔钱是世界钱币文化中两种典型性的货币,两者都曾在世界范围内产生过广泛而深刻的影响,也曾在丝绸之路上完美的交融,产生了兼具希腊式钱币特点与中国钱币特点的"和田马钱"。"和田马钱"的首次发现是在 19 世纪 70 年代,据王冀青《拉普生与斯坦因所获佉卢文文书》研究:"1873 年 9 月至 1974 年 3 月,英属印度政府两次派遣托马斯·道格拉斯·佛塞斯率'使团'拉拢阿古柏政权,在新疆和田意外地收集到两枚正面印有马匹图案和佉卢文,背面印有汉字的钱币。"[①]在之后的几十年中,新疆地区又陆续发现了上百枚同类钱币。钱币分大小两种形制,大者铸有汉字铭文"铜钱重廿四铢",小者铸有"六铢钱"三字,因两者均印有马匹图案而被称为"和田马钱"。1962 年,夏鼐先生指出此类钱币大部分为马纹,仍有一部分印有骆驼纹,"马钱"不能概括其全部特征,因为该类钱币主要特征是一面为汉文,一面为佉卢文,于是这种钱币被命名为"汉佉二体钱"。[②]

---

① 王冀青:《拉普生与斯坦因所获佉卢文文书》,《敦煌学辑刊》2000 年第 1 期,第 18 页。
② 夏鼐:《"和田马钱"考》,《文物》1962 年第 7—8 合刊,第 60—63 页。

自汉佉二体钱发现以来,研究者络绎不绝,研究成果不一而足。早期的研究者以外国人为主,既有钱币的发现者和收藏者,如佛塞斯、斯坦因等,又有西方汉学家,如赫雷恩、拉考皮尔等。其中比较有影响力的是英国学者克力勃、日本学者榎一雄。国内研究起步较晚,直至 20 世纪 60 年代,对汉佉二体钱的研究才成为学界焦点,至今已有夏鼐、林梅村、马雍、戴建兵等众多学者提出了自己独特的观点。对汉佉二体钱的研究成果目前集中在钱币形制分类、流通时间、于阗王考证等方面。由于文献缺乏和打制钱币本身铸造粗劣、文字漫漶,给研究带来了不小的困难。一个世纪以来,所有研究者都在提出自己的见解,在钱币类型、铸造年代、铭文分析等方面都有相关讨论,但仍有所欠缺,学界未能达成统一认识,对具体问题的认识尚有不少分歧。

汉佉二体钱在样式上与古希腊钱币具有明显的相似性,但又与古希腊本土钱币不完全相同,反而更类似于印度地区产生的"希腊式钱币"。"希腊式钱币"是亚历山大东征后在希腊化世界流行并对西亚、中亚和印度西北部等东方地区产生了深远影响的一种钱币。它创始于亚历山大东征之初,消失于萨珊王朝与阿拉伯帝国之交,主要创制、流通于古代丝绸之路沿线国家和地区。[1]它与古希腊钱币在形制上的最主要区别是出现在钱币上的国王头像、名字、称号等内容。公元前334—324 年,马其顿国王亚历山大对亚洲进行东征时,留下一些将领建立了希腊化的城邦,东征途中为支付士兵薪饷而铸造的希腊钱币通过随后建立的帕提亚和巴克特里亚(中国史书称"大夏")这两个国家,留在了亚洲并开始本土化。印度的希腊式钱币既保留了古希腊钱币的特征,又有本土化新特点的产生,如钱币外形除原本的圆形打制币外,又增加了方形币。计重仍然保留希腊阿提卡标准,主要是一德拉克马(Drachm,重约 4 克)和四德拉克马(重约 16 克)两种,但开始逐步向印度的计重标准转变。币面图案由传统希腊国王或神像改为当地君王或神像。币文由单一希腊文变为希腊文和佉卢文双

---

① 杨巨平:《希腊式钱币的变迁与古代东西方文化交融》,《北京师范大学学报(社会科学版)》2007 年第 6 期,第 40—46 页。

文字。①

印度的希腊式钱币流传甚广,影响深远,总体上有两个传播中心或两条传播路线:一是以帕提亚为中心。二是以巴克特里亚为中心。前者影响了帕提亚(安息)、萨珊波斯和阿拉伯帝国初期的货币,后者影响了贵霜帝国及先后进入这一地区的斯基泰人部落(中国史书称"塞人")、嚈哒人、柔然人等游牧民族的钱币,其中贵霜帝国实力最为雄厚,货币影响范围最为广泛。

1 世纪,原本在祁连山一带活动的月氏人辗转迁徙到大夏,建立了囊括中亚和印度北部的贵霜帝国,与汉朝、帕提亚、罗马并称为四大帝国。《后汉书》载:"初,月氏为匈奴所灭,遂迁于大夏,分其国为休密、双靡、贵霜、肸顿、都密,凡五部翕侯。后百余岁,贵霜翕侯丘就却攻灭四翕侯,自立为王,国号贵霜。"②月氏—贵霜人始终以希腊式钱币作为主要铸币类型。五翕侯时期,发行钱币的币图多模仿巴克特里亚王朝铸币,以国王头像、希腊神像为主要元素。至丘就却及其继任者威玛·塔克图、威玛·伽德非塞斯时,钱币开始逐渐本土化,如:币文改变为贵霜文及佉卢文,币图由国王头像变为国王半身像或站像,周围用佉卢文标出国王姓名,以印度本土的湿婆神牛像取代希腊神像。由于贵霜所处地理环境、文化传统,以及公元前后的东西方政治格局,贵霜帝国的钱币显然是多种文化的混合体,这在伽腻色迦一世的铸币上面体现得尤为明显,希腊、波斯、印度,甚至罗马的因素都反映在了钱币的币面元素上。③从公元前 2 世纪中期,大月氏灭掉巴克特里亚王国到 4 世纪被笈多王朝取代,月氏—贵霜人的统治在以印度西北部为中心的中亚和南亚地区延续了六个世纪,贵霜王朝这种融汇众多文化的货币随着贸易沿着丝绸之路传播开来。

和田,古称于阗,于阗之名始见于《史记·大宛列传》:"于阗之西,水皆西流,注西海,其东水东流,注盐泽。"④于阗是西域诸国中的大国,也是中国新疆

---

① 李铁生:《古中亚币(前伊斯兰王朝)》,北京:北京出版社,第 21—43 页。
② 《后汉书》卷八十八《西域传》,北京:中华书局,1965 年,第 2921 页。
③ 李铁生:《古中亚币(前伊斯兰王朝)》,北京:北京出版社,第 157—161 页。
④ 《史记》卷一百二十三《大宛列传》,北京:中华书局,1959 年,第 3160 页。

距离印度最近的地方,因其地理位置及战略地位的重要性,也让于阗成为陆上丝绸之路一个重要的贸易转运点。来自中亚的商人在于阗与汉朝和塔里木盆地的国家进行商业贸易活动,正是这些中亚的商人沿丝绸之路把从塔里木盆地买卖得到的汉朝产品周转贩运到南亚、中亚和西亚各地,并带来了印度的希腊式钱币。印度希腊式钱币的众多特点都被于阗的汉佉二体钱所采用,不同的是以汉文取代了希腊文。于阗很早就以出产玉石而被世人熟知,先秦时代的月氏人就从此地运玉石到中原王朝进行贸易。于阗自古以来都是中亚一带与中原王朝相连接的中转地。汉代传世文献中的《与弟超书》可证明,贵霜人曾经与东汉王朝在西域开展了包括香料、毛织品、马匹等多项贸易交换活动。由于班超曾长期驻守西域,其中多次贸易可能就发生在于阗域内。贸易的兴盛带来了货币的流通、文化的交往,但是传世文献对于阗国与外域各国及中原汉王朝的贸易活动记载稀缺,钱币考古资料便可以作为于阗国与外域各国及中原汉王朝密切往来的重要证据。在古代和田地区出土的钱币除了汉佉二体钱,还出土了许多汉五铢钱和贵霜钱币等。和田地区所发现的五铢钱数量最大的记载有两次,分别是1900年斯坦因购得的87枚及在和田县买力克阿瓦提遗址发现的45公斤五铢钱。学者李遇春通过对这45公斤五铢钱容器进行年代测定与分析后,将这批五铢钱的时间归于西汉时期。[①]汉武帝元狩五年(前118年),汉朝开始铸造上林三官五铢钱,制定了五铢钱的尺寸和重量、金属构成的标准,自此五铢钱成为中国古代历史上流通时间最久的钱币。从汉武帝元狩五年(前118年)到唐高祖武德四年(621年),五铢钱共使用流通了739年。两汉时期政治稳定且西汉设置的西域都护府所辖范围包括于阗,丝绸之路的开辟又推动了五铢钱的广泛流通,中原王朝的强大影响力波及于阗,势必对汉佉二体钱的制造及其铭文、计重产生重要影响。[②]另外,于阗国之人种十分特殊,《魏书·西域传》记载说:“自高昌以西,诸国人等深目高鼻,唯此一国,貌不甚胡,颇类华

---

① 李遇春:《新疆和田县买力克阿瓦提遗址的调查与试掘》,《文物》1981年第1期,第33—37页。

② 关于五铢钱和汉佉二体钱的换算关系,夏鼐曾指出是按照面值,六枚五铢换五枚“六铢”汉佉二体钱,李文娟认为应该按照重量兑换,以一比一的比例兑换。参见李文娟:《汉佉二体钱补议》,《甘肃金融》2015年第3期,第46—51页。

夏。"①换言之,西域诸国多为突厥人种,但于阗国属蒙古人种。玄奘在《大唐西域记》曾记载于阗立国的传说:印度一个靠地乳抚养的孤儿,成长以后来到于阗,在于阗地区遇到一位"东土帝子",依靠这位"东土帝子"建立了于阗国,②这暗示或许最早在于阗开辟疆土的是中国人,与中原的血缘相通,或许是于阗能产生这种特殊钱币的另一原因。

关于汉佉二体钱的铸造、流行年代现在仍无准确、统一的结论,赫恩雷、夏鼐认为其流行于公元73年班超征服于阗之后,一直到8世纪晚期佉卢文不再流行于于阗国之前。③榎一雄认为汉佉二体钱流通于前2世纪至前1世纪之间,但其结论无文献可考。马雍认为该币流通于152—180年之间。④克力勃认为汉佉二体钱的流通时间是在公元元年至180年之间,此外他还将这一段时间细分为三段。⑤林梅村认为汉佉二体钱流通于公元175年后至公元220年于阗王山习继位后。⑥刘文锁认为汉佉二体钱流通于公元元年至公元5世纪。⑦通过前人的阐述可知,有3枚的汉佉二体钱是在印度—希腊人国王赫尔墨乌斯的德拉克马钱的仿制品上直接覆铸而成,⑧这种仿制品一般被认为是贵霜王丘就却早年在印度河上游发行的钱币,这些钱币在流通到于阗后,被于阗王拿来作为打制汉佉二体钱的钱模使用。公元30年左右时,丘就却就建立了贵霜王国,以这个时间为基础,我们可以判断公元50年前后,贵霜范围内的西北印度就已经和于阗国产生了贸易往来,发行于西北印度地区的仿赫尔墨乌斯钱币流通到于阗地区就是实物证据,汉佉二体钱的铸造最早年代应不早于这个时间。想研究汉佉二体钱的流通时间,就要对佉卢文何时传入于阗的进行分析,

① 《魏书》卷九十《西域传》,北京:中华书局,1974年,第2263页。

② [唐]玄奘、辩机撰,季羡林等校注:《大唐西域记校注》,北京:中华书局,2000年,第1006—1008页。

③ 夏鼐:《"和田马钱"考》,《文物》1962年第7—8合刊,第60—63页。

④ 马雍:《古代鄯善、于阗地区佉卢文字资料综考》,《西域史地文物丛考》,北京:文物出版社,1990年,第72页。

⑤ [英]克力勃著,姚朔民编译:《和田汉佉二体钱》,《中国钱币》1987年第2期,第41页。

⑥ 林梅村:《再论汉佉二体钱》,《中国钱币》1987年第4期,第3—11页。

⑦ 刘文锁:《安迪尔新出汉佉二体钱考》,《中国钱币》1991年第3期,第3—7页。

⑧ Helen Wang, "Money on the Eastern Silk Road in the Pre-Islamic Period", *Akten-Proceeding-Actes* II, XII. *Internationaler Numismatischer Kongress Berlin*, 1997, pp.1350–1364.

可以肯定的是汉佉二体钱的出现一定是在佉卢文正式传入于阗之后。从已知的于阗国佉卢文资料来看,目前搜集的资料有 661 号佉卢文简牍、佉卢文《法句经》和汉佉二体钱三类。从专家们的考证来看对于《法句经》的时间可以判断为 3 世纪中晚期,而且据《出三藏记集》的记载曹魏甘露五年(260 年),朱士行等人曾前往于阗取经,"既至于阗,果写得真品梵书"。①,可见佉卢文已经流行于此地。661 号简牍的时间考证为 4 世纪初,从佉卢文简牍上可以看到关于于阗王的即位时间是在 229 年左右。而且汉佉二体钱上普遍看到的铭文字母"ga、ja"等字在贵霜并不曾见,更多出现在楼兰、尼雅和和田本地的佉卢文资料中。由此可以看出在汉佉二体钱上的佉卢文已经有本地化的特点,也进一步说明汉佉二体钱的打制时间是在佉卢文传入于阗一段时间之后。佉卢文传入于阗应该是 175 年,东汉退出西域之后,此时贵霜对于阗影响增加,"汉佉二体钱"顺势登上了历史舞台。

　　汉佉二体钱讨论的另一个热点问题是佉卢文铭文,汉佉二体钱一面是汉文的计量单位,一面是佉卢文的国王名字,佉卢文铭文主要包括两种:其一曰 maharajasa rajatirajasa mahatasa gugramayasa,意为"伟大的国王、众王之王、太上秋仁之(钱货)";其二曰 maharayu thubiraja gugramadasa,意为"伟大的国王、都尉之王秋仁之(钱货)"。②克利勃将汉佉二体钱分为 13 种类型,其中佉卢文铭文有 11 种不同的书写方式,拉丁文转写分别如下:

　　　　maharaja yidiraJagur gadamasa;

　　　　maharaja yitiraja gurgasa

　　　　maharajas yidirajasagurgamoasa

　　　　maharaja yitirajagurgamoasa

　　　　maharaja yidiraya gurgamoya

　　① [梁]僧祐撰:《出三藏记集》卷十三《朱士行传》,北京:中华书局,1995 年,第 515 页。
　　② 林梅村:《古道西风——考古新发现所见中西文化交流》,北京:生活·读书·新知三联书店,2000 年,第 356 页。

maharaja yitirajagurgamayasa

maharajasa rajatirajasa yidirajasa gurgamoyasa

maharajasa raja tirajasa yidirajasa inabass

maharajasa rajati……dogasa

maharaja……sapanadosana

maha……dosana

　　maharaja/maharajasa 可释为"大王"，rajatirajasa 可释为"众王之王"，这种佉卢文的文字形制是典型的贵霜王朝的钱币铭文，这些称号几乎是从贵霜碑铭上逐字抄下来的。袁炜在分析佉卢文前两段铭文时曾指出，于阗国君主在其铸行的汉佉二体钱上使用了与贵霜君主相同的称号"众王之王"，说明在汉佉二体钱铸行时，于阗国并不隶属于贵霜帝国，其与贵霜是一种平等的关系。于阗国在模仿贵霜仿印塞王朝币型钱币，铸行汉佉二体钱时没有使用原型钱币上"天子"一词，则说明于阗国作为汉朝的属国，不能使用与汉朝皇帝相同的称号。①

　　佉卢文铭文中的国王姓名至今仍是学术界争议的问题，史籍记载的于阗王主要出自《后汉书》，主要有：俞林、位侍（《梁书·诸夷》作"君得"②）、休莫霸、广德、放前、建、安国，一共七人。克力勃认为在汉佉二体钱的佉卢文铭文中一共可以释读出七种王名，即 gurgadema、gurga、gugramoa、gugramoya、inaba、doga、panadosana，其中"gugramoa"和"gugramoya"属于同名异品，实际只有六位国王。目前学界对克力勃的观点争议较大，林梅村和马雍认为这七种铭文是同一名国王的名字，出现诸多不同只是打制过程中造成的错误。马雍进一步提出这名国王是"安国"，其名字的正确拼写应该是"gugramaya"。赫恩雷认为这些名字中有一些是同名的不同拼写法，实际上的王名有三种，夏鼐也赞同此说法。无论是六王说、三王说还是一王说，均与 661 号佉卢文简牍所载于阗王姓名尉迟·

――――――――――

　　① 袁炜：《从汉佉二体钱上佉卢文铭文看于阗国与东汉、贵霜的关系》，《中国钱币》2016 年第 4 期，第3—6 页。

　　② 《梁书》卷五十四《诸夷》，北京：中华书局，1973 年，第 813 页。

信诃不同,故从目前已知的文献入手,还无法完全考察铭文所载国王名字的具体内容,何况从东汉末年至西晋于阗国的王统尚无法真正确认。

钱币的历史是社会发展和时代变迁的真实反映与高度浓缩。以往学者曾试图找出汉佉二体钱形成的直接影响来源,英国学者赫恩雷早年提出了汉佉二体钱上的马和骆驼形象可能与公元前 50 年至公元元年期间活跃在旁遮普地区一带的塞种人所铸货币类似。夏鼐指出相比较来自贵霜王朝的希腊化钱币中大量的国王头像及佛教成分,这些塞种人所建立王朝的货币更像是汉佉二体钱形制的直接来源,因为这些塞种人钱币中出现大量的有马而无骑手的货币。英国学者克力勃对此问题有不同的观点,因为同一时期在印度西北地区只有骆驼而没有骑手的钱币非常的罕见,目前发现的只有巴克特里亚的米南德一世所发行的方形钱币上,有这种只有骆驼没有骑手的形象。另外贵霜王丘就却的钱币中也有类似的钱币,其骆驼的形象和汉佉二体钱上的骆驼极其相似,从佉卢文在货币上的排列方式来看也和汉佉二体钱一致,甚至包括佉卢文文字的字形也一样,基于对贵霜王朝钱币的分析,克力勃认为汉佉二体钱是直接模仿这种贵霜钱币产生的。汉佉二体钱小钱标明"六铢钱",大钱铸刻"铜钱重廿四铢",从面值看两者的比率是 4∶1,实际测重结果也大概如此,小钱重约4 克,大钱重约 17 克,这样既可以和重约 3 克的五铢钱进行兑换,也能和德拉克马铜币进行兑换,这种铭文和重量明显是受到印度希腊式钱币和中原地区五铢钱的双重影响。总结来说,汉佉二体钱是在丝绸之路贸易交流中受到印度希腊式钱币和中原钱币的影响产生的,其铸造来源十分复杂,是多种文化共同作用的产物,不能一概而论。

彭信威将古代货币体系分为希腊货币体系和中国货币体系两种。以中国为代表东方货币体系,钱币质地多为铜,混有铁、铅等材质,金银为补充。钱币圆形方孔,象征中国人天圆地方的宇宙观。制造方式多为铸造,打制石质或陶制钱范,浇注铜汁成型。钱币铭文多标明币重和发行帝王的年号,钱文也留下了我国书法的演变痕迹。希腊货币体系的钱币多采用金银为原料,圆形无孔,制作方法多为打制,钱币表面多采用人物和动植物图案,铭文多为发行钱币统治者的姓名。①正是由于和田地区在丝绸之路上的特殊位置,才造就了这种兼有希腊货币体系和东方货币体系特征的特殊货币。在多种文化影响下所产生的汉佉二体钱,佉卢文的使用,以及马、骆驼图案、币值重量比率乃至铸币方式均受到印度希腊式钱币的影响,而计重铭文与换算则受到了中原货币文化的影响,这枚钱币的产生本就是古希腊文化与古代中国文化在丝绸之路相遇而碰撞出的火花,不仅显示了新疆与中原自古以来密不可分的政治、经济、文化关系,还从侧面体现了丝绸之路作为文化之路的重要作用及深远影响。

附图:

图 1　汉佉二体钱六铢钱

图 2　汉佉二体钱铜钱重廿四铢

图 3　塞斯特提铜币

---

① 彭信威:《中国货币史》,上海:上海人民出版社,1958 年,第 116 页。

图 4　阎膏珍铜币

图 5　无名王铜币

图 6　西汉五铢钱

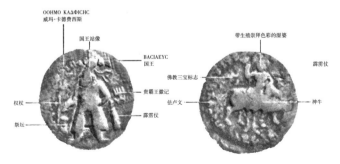

图 7　贵霜王朝钱币的文化元素

迦腻色伽一世铜质铸币初探

杨彦鹏　周　韬

西北师范大学历史文化学院　天水钱币博物馆

贵霜帝国是存在于中亚地区有广泛影响的古代国家，与同时期的中国汉王朝、罗马帝国和安息帝国并称欧亚"四大帝国"。关于这个丝绸之路上的大帝国，文献史料的记载却显得较为匮乏。因此，其丰富而独具特色的钱币就成为研究其历史的重要资料。

一、研究现状

贵霜帝国与我国历史上关系密切，《后汉书》中对贵霜即有所载：

初，月氏为匈奴所灭，遂迁于大夏，分其国为休密、双靡、贵霜、肸顿、都密，凡五部翎侯。后百余岁，贵霜翎侯丘就却攻灭四翎侯，自立为王，国号贵霜(王)。侵安息。取高附地。又灭濮达、罽宾，悉有其国。丘就却年八十余死，子阎膏珍代为王。复灭天竺，置将一人监领之。月氏自此之后，最为富盛，诸国称之皆曰贵霜王。汉本其故号，言大月氏云。①

---

① 《后汉书》卷八十八《西域传》，北京：中华书局，1965 年，第 2921 页。

从《后汉书》的记载,可以确知贵霜与大月氏人关系密切,"本其故号"亦可寻得端倪,如《班梁列传》中所载曰:

> (永元二年)超伏兵遮击,尽杀之,持其使首以示谢。谢大惊,即遣使请罪,愿得生归。超纵遣之。月氏由是大震,岁奉贡献。①

不得不说,这种"本其故号"的做法在传统中国史学的研究中带来了不少疑惑,如两宋之际,洪遵的《泉志》中就记载了月氏国钱币,仅限于材料,所录钱品漫漶不清,洪遵只能依据《汉书》中的记载简要描述:"前汉西域传曰安息国以银为钱,文为王面,幕为夫人,面王死辄更铸钱,大月氏国钱货与安息同。"②仅根据文献材料我们无法判断洪氏所述《汉书》中录有的是月氏钱币还是贵霜钱币。③但无论如何,及至宋代,随着金石学的兴起,对于月氏等国铸币的研究也开始兴起。近年来,随着钱币学的发展和所见材料的增多,前辈学者透过贵霜钱币,更是对包含贵霜史在内的诸多方面展开了研究,如邢义田先生在论证胡人的形象时就引用了贵霜钱币上的王像帽饰;④又如朱浒先生更是在回顾学术史后,直接论证了贵霜钱币为汉画像提供了丰富的艺术造型来源,直接影响了汉代的佛教与早期道教的绘画艺术;⑤赵玲、毛宝艳等人透过贵霜钱币上的佛陀、密特拉(Mirro)等神祇形象,进而探究了早期佛像的起源和丝绸之路上的宗教文化交流。⑥以上所举,均以不同角度为切入,展现了多种视野下的贵霜钱

① 《后汉书》卷四十七《班梁列传》,北京:中华书局,1965年,第1580页。
② [南宋]洪遵:《泉志》,上海:商务印书馆,1939年,第49页。
③ 关于贵霜建立的时间,学界说法不一,可参见余太山:《贵霜史研究》,北京:商务印书馆,2015年,第1—4页;黄靖:《贵霜帝国的年代体系》,中国中亚文化研究协会编:《中亚学刊(第二辑)》,北京:中华书局,1987年,第16—31页;[匈牙利]雅诺什·哈尔马塔主编,徐文堪译:《中亚文明史(第二卷)》,北京:中国对外翻译出版公司,2002年,第190—193页,文中不再赘述。
④ 邢义田:《画为心声:画像石、画像砖与壁画》,北京:中华书局,2011年,第295页。
⑤ 朱浒:《论贵霜钱币与汉画像的宗教艺术关联》,《民族艺术》2017年第4期,第137—145页。
⑥ 赵玲:《犍陀罗佛像起源问题的再讨论——贵霜佛陀钱币研究》,吴为山主编:《中国美术研究(第11辑)》,南京:东南大学出版社,2014年,第62—74页;赵玲:《犍陀罗佛像起源问题的重要实物依据——贵霜佛陀钱币研究》,《吐鲁番学研究》2013年第1期,第42—55页;张小贵、毛宝艳:《米罗:贵霜钱币所见的密特拉》,陕西师范大学历史文化学院、陕西历史博物馆编:《丝绸之路研究集刊(第2辑)》,北京:商务印书馆,2018年,第173—189页。

币研究,并取得了可喜的成果。但我们也发现,在面对众多出土或传世的贵霜帝国钱币,亟待系统的资料整理成果出现,因此,我们不揣冒昧,尝试对迦腻色伽一世铸币做简单整理,以求教于方家。

二、迦腻色伽一世的年代

迦腻色伽(Kaniska)是贵霜帝国史上的重要君主,据罗巴塔克碑所述,其是继丘就却、威玛·塔克图、威玛·伽德菲塞斯之后的第四任贵霜王,[1]但关于他在位的年代,却莫衷一是,印度学者马俊达(Majumdar)认为迦腻色伽就是塞种纪元(Saka Era)的创建者,其在位时间是公元78年。[2]蒲立本先生在考察之后认为其在位时间应在公元144年。[3]余太山先生在综合铭文和钱币等材料后提出,迦腻色伽即位之年应在公元129—143年,或公元129—131年,是较为审慎的。[4]

贵霜帝国世系

丘就却(Kujula Kadphises)—威玛·塔克图(Vima Takto)—威玛·伽德菲塞斯(Vima Kadphises)—迦腻色伽一世(KaniskaI)—胡维色伽(Huviska)—波调(Vasudeva)……

三、迦腻色伽一世时期的铜质铸币

(一)名讳的和称号

迦腻色伽一世(Kaniska I)改变了自丘就却(Kujula Kadphises)以来钱币上打制佉卢文铭文的做法, 代之以希腊文铭文 "ΒΑΣΙΛΕΥΣ ΒΑΣΙΛΕΩΝ

① 罗帅:《罗巴塔克碑铭译注与研究》,朱玉麒主编:《西域文史(第六辑)》,北京:科学出版社,2011年,第113—135页。

② Majumdar, The Date of Kaniska, In A. L. Basham, ed., *Papers on the Date of Kaniska*, Leiden, 1968, p.150.

③ Pulleyblank, Chinese Evidence for the Date of Kaniska, In A.L.Basham, ed., *Papers on the Date of Kaniska*, Leiden, 1968, p.247.

④ 余太山:《贵霜史研究》,北京:中华书局,2015年,第81页。

KANHþKOY"（王中之王，迦腻色伽的）和巴特克里亚文铭文"þAONANO þAO KANHþKI KOþAON"（王中之王，迦腻色伽，贵霜王朝）[1]，但在其铸造的铜币上往往简写作"þAO KANHþKI"（国王迦腻色伽）或"KANHþKI"（迦腻色伽）。

（二）铸币的分布

迦腻色伽一世铸造的铜币充分印证了其在位期间领土急剧扩张的史实，其铸造的四德拉克马（重约 16g）、二德拉克马（重约 8g）、一德拉克马（重约 4g）及北印度地区发现的减重铜币广泛分布，在今乌兹别克斯坦南部、塔吉克斯坦、阿富汗东南部、克什米尔地区、巴基斯坦西北部、印度地区及新疆和田地区均有出土，有学者分析认为这一时期的铜币主造币厂可能位于兴都库什南部的贝格拉姆（Begram），附属造币厂可能位于今白沙瓦地区。[2]

（三）铸币的种类

迦腻色伽铸币正面图案与威玛·伽德菲塞斯（Vima Kadphises）时期铸币正面图案接近，最常见的币型为国王站在祭坛祭祀的场景（表 1）。铸币背面神祇图案众多，计有：

太阳神弥诺（Mirro），巴特克里亚文为"ΗΛΙΟΣ"即赫利奥斯；

月神马奥（Mao），巴特克里亚文为"ΣΑΛΗΝΗ"即塞勒涅；

火神阿索（Athsho），巴特克里亚文为"ΗΦΑΙΣΤΟΣ"即赫淮斯托斯；

女神娜娜（Nana），巴特克里亚文为"NANAIA"即娜娜亚；

风神奥多，巴特克里亚文为"OAΔO"，即奥多；

湿婆（Oesho），巴特克里亚文为"OHn 醫 O"；

释迦牟尼佛（现世佛），巴特克里亚文为"ΣΑΚΑΜΑΝΟΒΟΥΔΟ"；

弥勒佛，巴特克里亚文为"ΜΗΤΡΑΓΟΒΟΥΔΟ"；

法罗（Pharro），巴特克里亚文为"ΦΑΡΡΟ"；

---

① 参见 David Jongeward，Joe Cribb，Peter Donovan，*Kushan，Kushano-Sasanian and Kidarite Coins*，New York：The American Numismatic Society，2015，p.71.

② Helen Wang，*Moneyonthe Silk Road：the vidence from Eastern Central Asiatoc.AD800*，London：The British Museum Press，2004，pp.33-34.

其中前六种较为常见,后三种神祇在迦腻色伽一世铸币上罕见。

结合币面类型来看:

希腊文币型背面仅有与太阳神弥诺(Mirro)和娜娜(Nana)的组合;

巴特克里亚型币文有与太阳神弥诺(Mirro)、月神马奥(Mao)、火神阿索(Aθþo)、风神奥多、娜娜(Nana)及奥斯胡(Oesho)等六种组合;

在迦腻色伽一世执政晚期又增加了与法罗(Pharro)、释迦牟尼佛和弥勒佛的组合。

表1　迦腻色伽进铜币背图示意表

图例	描述
	巴特克里亚铭文"MIIPO",即弥诺
	巴特克里亚铭文"MAO",即马奥
	希腊文铭文"NANAIA",即娜娜亚

续表

图例	描述
	巴特克里亚铭文"AθÞO",即阿索
	巴特克里亚铭文"OHÞO",即奥斯胡
	巴特克里亚铭文"OAΔO",即奥多
	巴特克里亚铭文"AKAMA NO-BOYΔO",即释迦牟尼佛

续表

图例	描述
	巴特克里亚铭文 "MHTPAΓO BOYΔO",即弥勒佛
	巴特克里亚铭文"ΦAPPO",即法罗

下面分别作以叙述:

1. 背铸太阳神弥诺(Mioro)类型铜币

该型铜币可见四德拉克马、二德拉克马和一德拉克马三种币型。

(1)四德拉克马铜币(图 1)①

正面:迦腻色伽一世正向而立,头偏向左侧,可见长须,右手伸展置于祭坛之上为祭祀状,头戴伊朗式圆边帽饰,着及膝的束腰外衣、裤装、靴子及披风;左手持矛,腰间佩剑,有巴克特里亚铭文"þAO KANHþKI",即"国王迦腻色伽"。

背面:铸太阳神弥诺(Mirro)正向站立,头上有饰带,头向左,头部周围有光晕,右肩有似绶带装饰,穿着束腰外衣。靴子及披风,腰间佩剑;右臂伸展,左手扶剑,背左有迦腻色伽一世族徽"ᛉ",点边,右有巴克特里亚铭文"MIIPO↓",即"弥诺"。

———————

① 以下图片除非说明均为作者自藏,不再征引其他图片资料,后不赘述。

图1　四德拉克马铜币背铸太阳神弥诺(正、背)

另:该型铜币见有背右巴特克里亚铭文"MIOPO"者,亦为"弥诺"。

(2)二德拉克马铜币(图2)

正面:迦腻色伽一世正向而立,头偏向左侧,可见长须,右手伸展置于祭坛之上为祭祀状,头上有带饰及伊朗式帽,着及膝的束腰外衣、裤装、靴子及披风;左手持矛,腰间佩剑,有希腊文铭文环绕"ΒΑΣΙΛΕΥΣ ΒΑΣΙΛΕΩΝ ΚΑΝΗ–þΚΟΥ"即"王中之王,迦腻色伽"。

背面:与上述四德拉克马铜币背面图案元素几乎一致,背左亦有迦腻色伽一世徽记"ꖶ",点边,右有希腊文铭文"ΗΛΙΟΣ↓",即"赫利奥斯"。

图2　二德拉克马铜币背铸太阳神弥诺(正、背)

(3)一德拉克马铜币(图3、图4)

正面:迦腻色伽一世正向而立,头偏向左侧,周围有光晕,右手伸展置于祭坛之上为祭祀状,头上有带饰及圆帽,着束腰外衣、裤装、靴子及披风;左手持矛,左上有佉卢文"ƒ",也见有佉卢文符号"ϒ"及无法释读的佉卢文符号,有巴特克里亚铭文"þAOKANHþKI",即"国王迦腻色伽"。

背面:弥诺(Mioro)正向站立,头上有饰带,头向左,头部周围有光晕,右肩有似绶带装饰,双肩有披风,卡扣于胸前,着束腰,外衣腰间佩剑;右臂伸展,左手扶剑,背左有迦腻色伽一世族徽"ϒ",点边,右有巴克特里亚铭文"MIIPO↓",即"弥诺"。

图3　一德拉克马铜币背铸太阳神弥诺(正、背)

图4　三种单位背铸太阳神弥诺类型铜币比较图(正、背)

2.背铸月神马奥(Mao)类型铜币

该型铜币可见四德拉克马、二德拉克马、一德拉克马和半德拉克马四种币型。

(1)四德拉克马铜币(图5)

正面:迦腻色伽一世正向而立,头偏向左侧,可见长须,右手伸展置于祭坛之上为祭祀状,头戴伊朗式圆边帽饰,着及膝的束腰外衣、裤装、靴子及披风;左手持矛,腰间佩剑,有巴克特里亚铭文"ÞAOKANHÞKI ",即"国王迦腻色伽"。

背面:马奥面向而立,头上有饰带,头左向,双肩有新月图案,右肩有似绶带装饰,双肩有披风,卡扣于胸前,着宽松的长束腰外衣、靴子,腰间佩剑;右臂伸展,左手扶剑,背左有族徽"ꎿ",点边,背右有巴克特里亚铭文"MAO↓",即"马奥"。

图5　四德拉克马铜币背铸月亮神马奥(正、背)

(2)二德拉克马铜币

图案与四德拉克马铜币相同。

(3)一德拉克马铜币(图6)

正面:迦腻色伽一世正向而立,头偏向左侧,周围有光晕,右手伸展置于祭坛之上为祭祀状,头上有带饰及圆帽,着束腰外衣、裤装、靴子及披风;左手持矛,左上有佉卢文"ꑼ",也见有佉卢文符号"ꑰ",以及无法释读的佉卢文符号,有巴特克里亚铭文"ÞAOKANHÞKI ",即"国王迦腻色伽"。

背面:马奥面向而立,头向左,双肩有新月图案,身着披风卡扣于胸前,着长及脚踝的束腰外衣、靴子,腰间佩剑;右臂伸展,左手扶剑,背左有族徽"ꎿ",点边,背右有巴克特里亚铭文"MAO↓",即"马奥"。

图6　一德拉克马铜币背铸月亮神马奥(正、背)

（4）半德拉克马铜币（图7、图8）

正面：迦腻色伽一世正向坐于王座之上，头向左，周围有光晕，戴圆边帽，着束腰外衣、宽松的裤装及靴子，右手持棒举起，左手位于腰间，币面左有佉卢文"𐨤"，其余铭文无法辨识。

背面：与上文所述正面王立向一德拉克马铜币几乎一致。

图7 半德拉克马铜币背铸月亮神马奥（正、背）

图8 三种单位背铸月神马奥类型铜币比较图（正、背）

3. 背铸女神娜娜（Nana）类型铜币

该型铜币可见四德拉克马、二德拉克马和一德拉克马三种币型。

（1）四德拉克马铜币（图9）

正面：迦腻色伽一世正向而立，头偏向左侧，可见长须，右手伸展置于祭坛之上为祭祀状，头戴伊朗式圆边帽饰，着及膝的束腰外衣、裤装、靴子及披风；左手持矛，腰间佩剑，有巴克特里亚铭文"ÞAOKANHÞKI"，即"国王迦腻色伽"。

背面：娜娜女神右向四分之三侧面像站立，头周围有光晕，头顶可见新月，

图9　四德拉克马铜币背铸娜娜（正、背）

饰以发带，头后有圆形发髻，左有绶带状装饰，着有袖、长及足踝的宽松长袍，右手持狮像棒，左手持碗，点边，背右有族徽"☒"，背左有巴特克里亚铭文"NANA↑"，即"娜娜"。

另：该型铜币见有背左巴特克里亚铭文"NANA↓"者，亦为娜娜。

（2）二德拉克马铜币（图10）

正面：迦腻色伽一世正向而立，头偏向左侧，可见长须，右手伸展置于祭坛之上为祭祀状，头上有带饰及伊朗式帽，着及膝的束腰外衣、裤装、靴子及披风；左手持矛，腰间佩剑，有希腊文铭文环绕"ΒΑΣΙΛΕΥΣ ΒΑΣΙΛΕΩΝ ΚΑΝΗþΚΟΥ"即"王中之王，迦腻色伽"。

背面：娜娜女神右向四分之三侧面像站立，头周围有光晕，头顶可见新月，饰以发带，头后有圆形发髻，左有绶带状装饰，着有袖、长及足踝的宽松长袍，右手持狮像棒，左手持碗，点边，背右有族徽"☒"，背左有希腊铭文"NANAIA↑"，即"娜娜亚"。

图10　二德拉克马铜币背铸娜娜（正、背）

（3）一德拉克马铜币（图11、图12）

正面：迦腻色伽一世正向而立，头偏向左侧，周围有光晕，右手伸展置于祭坛之上为祭祀状，头上有带饰及圆帽，着束腰外衣、裤装、靴子及披风；左手持矛，左上有佉卢文"ᛁ"，也见有佉卢文符号"ᛘ"及无法释读的佉卢文符号，有巴特克里亚铭文"ϷΑΟΚΑΝΗϷΚΙ"，即"国王迦腻色伽"。

背面：娜娜女神右向四分之三侧面像站立，头周围有光晕，头顶可见新月，饰以发带，头后有圆形发髻，左有绶带状装饰，着有袖、长及足踝的宽松长袍，右手持狮像棒，左手持碗，点边，背右有族徽"ᚎ"，背左有巴特克里亚铭文"ΝΑΝΑ↑"，即"娜娜"。

另：该型铜币亦见有背左巴特克里亚铭文"ΝΑΝΑ↓"者，亦为"娜娜"。

4.背铸火神阿索（Athsho）类型铜币

该型铜币可见四德拉克马、二德拉克马、一德拉克马三种币型。

图11　一德拉克马铜币背铸娜娜（正、背）

图12　三种单位背铸娜娜类型铜币比较图（正、背）

图 13　四德拉克马铜币背铸阿索（正、背）

（1）四德拉克马铜币（见图 13）

正面：迦腻色伽一世正向而立，头偏向左侧，可见长须，右手伸展置于祭坛之上为祭祀状，头戴伊朗式圆边帽饰，着及膝的束腰外衣、裤装、靴子及披风；左手持矛，腰间佩剑，有巴克特里亚铭文"þAOKANHþKI"，即"国王迦腻色伽"。

背面：阿索面向站立，头向左，有头带，有胡须，右有似饰带装饰，双肩有披风，卡扣于胸前。着及膝的束腰外衣，右手伸出持带有两根绶带的花冠，左手持火钳，背左有族徽"ᚖ"，点边，背右有巴克特里亚铭文"AθþO↓"，即阿索。

（2）二德拉克马铜币（图 14）

正、背图案几乎与四德拉克马铜币相同。

图 14　二德拉克马铜币背铸阿索（正、背）

（3）一德拉克马铜币（图 15、图 16）

正面：迦腻色伽一世正向而立，头偏向左侧，周围有光晕，右手伸展置于祭坛之上为祭祀状，头上有带饰及圆帽，着束腰外衣、裤装、靴子及披风；左手持

图 15　一德拉克马铜币背铸阿索（正、背）

图 16　三种单位背铸阿索类型铜币比较图（正、背）

矛，左上有佉卢文"ꭡ"，也见有佉卢文符号"ꭤ"及无法释读的佉卢文符号，有巴特克里亚铭文"þAOKANHþKI"，即"国王迦腻色伽"。

背面：阿索面向站立，头向左，有头带，有胡须，右有似饰带装饰，双肩有披风，卡扣于胸前。着及膝的束腰外衣，右手伸出持带有两根绶带的花冠，左手持火钳，背右有族徽"ꭥ"，点边，背左有巴克特里亚铭文"AθþO↓"，即"阿索"。

5. 背铸湿婆（Oesho）类型铜币

该型铜币可见四德拉克马、二德拉克马、一德拉克马Ⅰ型、一德拉克马Ⅱ型四种币型。

（1）四德拉克马铜币（图 17）

正面：迦腻色伽一世正向而立，头偏向左侧，可见长须，右手伸展置于祭坛之上为祭祀状，头戴伊朗式圆边帽饰，着及膝的束腰外衣、裤装、靴子及披风；左手持矛，腰间佩剑，有巴克特里亚铭文"þAOKANHþKI"，即"国王迦腻色伽"。

图 17　四德拉克马铜币背铸湿婆（正、背）

背面:四臂湿婆面向而立,头向左,四周有光晕,有圆形发髻,着裹裙,戴有手镯和臂箍,胸前垂有护身符,较低的右臂持头带,高举的右臂持霹雳,较低的左臂持水罐,高举的左臂持三叉戟,背左有族徽"ᛘ",点边,背右有巴克特里亚铭文"ΟΗþΟ↓",即"奥斯胡"。

(2)二德拉克马铜币(图 18)

正、背图案几乎与四德拉克马铜币相同

(3)一德拉克马Ⅰ型铜币(图 19)

正面:迦腻色伽一世正向而立,头偏向左侧,周围有光晕,右手伸展置于祭

图 18　二德拉克马铜币背铸湿婆（正、背）

图 19　一德拉克马Ⅰ型铜币背铸湿婆（正、背）

坛之上为祭祀状,头上有带饰及圆帽,着束腰外衣、裤装、靴子及披风;左手持矛,左上有佉卢文"ɬ",也见有佉卢文符号"⅌"及无法释读的佉卢文符号,有巴特克里亚铭文"þAO KANHþKI ",即"国王迦腻色伽"。

背面:湿婆神面向站立,头左向,周围有光晕,卷发,头顶有圆形发髻,可见林迦,身着裹裙,戴有手镯,右手举起持三叉戟,左手持水罐,点边,背左有族徽"ᛡ",背右有巴克特里亚铭文"OHþO↓",即"湿婆"。

(4)一德拉克马Ⅱ型铜币(图20、图21)

正面:迦腻色伽一世正向坐于王座之上,头向左,周围有光晕,戴圆边帽,着束腰外衣、宽松的裤装及靴子,右手持棒举起,左手位于腰间,币面左有佉卢

图20 一德拉克马Ⅱ类型铜币背铸湿婆(正、背)

图21 三种单位背铸湿婆Ⅱ类型铜币比较图(正、背)

文"ᚹ",其余铭文无法辨识。

背面与一德拉克马Ⅰ铜币几乎一致。

6.背铸风神奥多类型铜币

该型铜币可见四德拉克马、二德拉克马、一德拉克马三种币型

(1)四德拉克马铜币(图22)

正面:迦腻色伽一世正向而立,头偏向左侧,可见长须,右手伸展置于祭坛之上为祭祀状,头戴伊朗式圆边帽饰,着及膝的束腰外衣、裤装、靴子及披风;左手持矛,腰间佩剑,有巴克特里亚铭文"ƥAΟΚΑΝΗƥΚⅠ",即"国王迦腻色伽"。

图22　四德拉克马铜币背铸奥多(正、背)

背面:奥多向左奔跑,有须,发式迎风而起呈寸状,身着裹裙,戴手镯,双手举起,似纱的披风在风中扬起,点边,背左有族徽"ⵌ",背右有巴克特里亚铭文"ΟΑΔΟↆ",即"奥多"。

(2)二德拉克马铜币

正、背图案几乎与四德拉克马铜币相同。

(3)一德拉克马铜币(图23、图24)

迦腻色伽一世正向而立,头偏向左侧,周围有光晕,右手伸展置于祭坛之上为祭祀状,头上有带饰及圆帽,着束腰外衣、裤装、靴子及披风;左手持矛,左上有佉卢文"ᚹ",也见有佉卢文符号"ᚼ"及无法释读的佉卢文符号,有巴特克里亚铭文"ƥAΟΚΑΝΗƥΚⅠ",即"国王迦腻色伽"。

图 23　一德拉克马铜币背铸奥多（正、背）

图 24　四、一德拉克马铜币背铸奥多类型比较图（正、背）

币背图案几乎与四德拉克马铜币相同。

7. 背铸释迦牟尼佛类型铜币①

该型铜币可见四德拉克马币型。

（1）四德拉克马Ⅰ型铜币（图 25）

正面：迦腻色伽一世正向而立，头偏向左侧，可见长须，右手伸展置于祭坛之上为祭祀状，头戴伊朗式圆边帽饰，有头带；着及膝的束腰外衣、裤装、靴子及披风；左手持矛，有巴克特里亚铭文"þΑΟΚΑΝΗþΚΙ"，即"国王迦腻色伽"。

反面：释迦牟尼正向而立，呈三屈式，头周围有佛光，头顶有肉髻，着僧伽

---

① 关于该型铜币，赵玲爬梳文献搜集有背释迦牟尼共三型 9 枚，背弥勒佛型铜币 8 枚，可参见赵玲：《犍陀罗佛像起源问题的重要实物依据——贵霜佛陀钱币研究》，《吐鲁番学研究》2013 年第 1 期，第 42—49 页，文中不再赘述。

图25 四德拉克马Ⅰ型铜币背铸释迦牟尼（正、背）

黎，上下皆有衬裙，右手举起施无畏印，左手在腰间握僧伽黎的边缘，背左有族徽"☒"，背右有巴克特里亚铭文"[Σ]AKAMA-NOBOYΔO"，释作"释迦牟尼佛"。[①]

（2）四德拉克马Ⅱ型铜币（图26）

正面：迦腻色伽一世正向而立，头偏向左侧，可见长须，右手伸展置于祭坛之上为祭祀状，头戴伊朗式圆边帽饰，有头带；着及膝的束腰外衣、裤装、靴子及披风；左手持矛，有巴克特里亚铭文" þAO KANHþKI "，即"国王迦腻色伽"。

背面：释迦牟尼正向而立，身体僵直，头周围有佛光，长耳垂，头顶有肉髻，着僧伽黎，右手举起施无畏印，左手在腰间握僧伽黎的边缘，背左有族徽"☒"，背右有巴克特里亚铭文"[Σ]AKAMA-NOBOΔΔO"，释作"释迦牟尼佛"。

8.背铸弥勒佛类型铜币

该型铜币仅见四德拉克马币型（图27）。

正面：迦腻色伽一世正向而立，头偏向左侧，可见长须，右手伸展置于祭坛之上为祭祀状，头戴伊朗式圆边帽饰，有头带；着及膝的束腰外衣、裤装、靴子

---

① 该型铜币也见于日本私人藏家披露，Katsumi Tanabe, *Kanishkal's Coins with the Buddha Image on the Reverseand Some References to the Art of Gandhara*, 1974, pl.Ⅻ.

图 26 　四德拉克马 II 型铜币背铸释迦牟尼[1]

图 27 　四德拉克马铜币背铸弥勒佛[2]

及披风；左手持矛，有巴克特里亚铭文"þAO KANHþKI"，即"国王迦腻色伽"。

背面：弥勒佛盘腿坐在宝座之上，有头光、肉髻、长耳垂、戴耳环、手镯和臂箍，右手举起施无畏印，左手置于腿上，背右有族徽"֍"，有巴克特里亚铭文"[MHT]PAГ—O[BOYΔO]"，即"弥勒佛"，有些字母有反转。[3]

9. 北印度地区流行的迦腻色伽一世减重铜币

流行于北印度地区的铜币多为仿制币（图 28），以仿制迦腻色伽一世的币

---

① Ingholt，Haraald，*Candharan Art in Pakistan*，New York：Pantheon Books，1957，pl.III.

② 关于背释迦牟尼佛和弥勒佛的铸币，还见有二德拉克马、一德拉克马标准类型及重 10 克左右的铸币，但铸造不精，铭文漫漶，仅能从图案及徽号推断类型，暂不在本文中列出。

③ 关于迦腻色伽背铸佛陀造型的铜币，历来受到学界关注，学者们均试图透过早期佛像破解犍陀罗佛像起源的相关问题，关于这些问题，可参见赵玲：《犍陀罗佛像起源问题的重要实物依据——贵霜佛陀钱币研究》，《吐鲁番学研究》2013 年第 1 期，第 42—55 页；刘慧：《佛像起源与弥勒造像起源探讨》，《美术大观》2011 年第 8 期，第 80—81 页。而关于"弥勒菩萨"还是"弥勒佛"的问题，Van Lohuizende Leeuw，*The "Scythian" Period*，Leiden，1949，p.178.提出菩萨一词语义变窄是 4 世纪才开始的，限于篇幅，文中不再对这些问题展开论述。

型最常见,铜币正面表现为王正面立向,背面打制神祇却"知型不知义",还出现了本地化的情况,加入了这些地区的某些元素,如新月等,重量多为 5~10克,减重情况严重。

图 28　北印度地区流行的仿制币

流行于东印度地区的仿制铜币也同北印度的图案相同,有些地区出现了浇铸制币的方式,这些浇铸币仅有 3.5~6 克,减重更为严重,有些制作较晚的币面还出现了婆罗米文字。

综合来看,迦腻色伽一世在位期间,对贵霜铸币进行了多方面的改造,尤其是对希腊文字的废止和巴克特里亚文字的盛行,凸显了贵霜特色。迦腻色伽一世铸币背后神祇的变化,似乎也反映了这一时期宗教信仰的嬗变。迦腻色伽一世铜币还发现有诸多铭文版别,错打、漏打的现象。以上诸问题,有待于更深入地研究解读。

"汉龟二体五铢钱"正名

李树辉

新疆社会科学院语言研究所

　　"汉龟二体五铢"在钱币学界和西域史学界已是无人不知的称名,有关此类钱币的研究也取得了很多成果,然而对其称名科学性的研究却很少。由于事关西域史和中原西域文化交流史,本文拟对此问题加以探讨。

一、"龟兹五铢"与龟兹文无涉

　　迄今为止,在新疆库车县、新和县、轮台县、巴楚县等古龟兹辖境内的古城、烽燧、佛寺和居住遗址已出土"龟兹五铢"万余枚。此类钱币按细微差异虽可分为四大类型,[①]却具有显著的共同特点,即都铸有"○"形符号和"⌒"形符号(图1—4图)。黄文弼是最早发现并介绍此类钱币的学者,并定名为"小五铢",称"疑此钱上下文为民族古文字母,尚需专家研究"。[②]

　　本文系作者承担的 2018 年国家社会科学基金西部项目《乌古斯钱币发展史研究》(项目编号:18XMZ011)及兰州大学中央高校基本科研业务费专项资金资助(Supported by the Fundamental Research-Funds for the Central Universities)课题《西域棉布货币资料整理与研究》(项目编号:18LZUJBWZY090)阶段性成果。

　　① 张平、傅明方:《龟兹文钱的类型及相关问题研究》,《新疆钱币》2004 年第 3 期,第 215—222 页。
　　② 黄文弼:《塔里木盆地考古记》,北京:科学出版社,1958 年,第 106 页。

图1　龟兹五铢(背上日下印记符号)　　　图2　龟兹五铢(背上印记符号下日)

图3　龟兹五铢(面上印记符号下日)　　　图4　龟兹五铢(面上日下印记符号)

此后,随着此类钱币的不断发现,相关研究工作也随之展开。学者们最初称之为"龟兹五铢"或"龟兹小铜钱"。自20世纪80年代以降,有学者将"⌣"释为龟兹文的50,将"○"释为重量单位即货币单位,推测"龟兹文中的五十个'○',即表示了汉文中的五铢"。①也有学者将这两个符号释为"龟兹"之对音。②还有研究者推测是龟兹文"五铢"二字,称"'○'是'五'字的一半简写,而'⌣'是'铢'字的龟兹文写法"。③后两种说法显然是将字母文字(拼音文字)的龟兹文等同于音节文字了。尽管解读不同但都确信是龟兹文,学术界亦将此类钱币称作"汉龟二体钱""汉龟二体五铢""汉龟二体铜钱"或"龟兹文铜钱"。

然而,将这两个符号释为龟兹文颇令人生疑,因其既无深入论证,亦无读音标注,更无可靠的文献论据支持。核检焉耆—龟兹文之木牍、写本、题刻,也没有相对应的字符,况且,有此类符号的钱币亦不限于"龟兹五铢"。"⌣"形符号虽不见于其他钱币,但与之相类的"ᴎ"形、"ᴗ"形、"ᐟᐤ"形、"ᘕ"形、"+"

① 张平、傅明方:《龟兹文钱的类型及相关问题研究》,《新疆钱币》2004年第3期,第215—222页。
② 李恺:《龟兹国经济与龟兹钱币考》(提纲),《新疆金融》1991年增刊。
③ 戴政:《我对龟兹五铢和无文小钱的认识》,《新疆钱币》2010年第1期,第4—5页。

形、"⌣"形、北斗七星符号"♒"，以及"◠"形符号却常见于钱币。作为"○"形符号变体形式的"●"形符号甚至见于自西汉以降的"半两"（图5—图7）、"四铢"（图8—图9）、"三铢"（图10—图12）、始铸于南朝梁元帝承圣年间（552—554年）的所谓"两柱五铢"（图13）、始铸于梁敬帝太平年间（556—557年）的所谓"四柱五铢"（图14—图15）、始铸于北齐文宣帝天保四年（553年）的"常平五铢"（图16）、始铸于北周武帝宇文邕在位（561—578年）时的所谓"两柱五铢"（图17）和"五行大布"（图18）、始铸于唐武德四年（621年）并持续到五代的"开

图5 西汉半两（背上日）

图6 汉半两（面下日）

图7 半两（背左日）

图8 四铢（背左右日）

图9 四铢（面上下背左右日）

图10 三铢（背上左日）

图11 三铢（背左日）

图12 三铢
（面上右日背下左日）

图13 南朝梁五铢
（面上下日）

图14 南朝梁五铢
（面背上下日）

图15 南朝梁五铢
（面上下背左右日）

图16 北齐常平五铢
（背日月星）

元通宝”(图19—图21)以及直至清代的各类钱币。①“〇”形符号也同样见于
“开元通宝”(图22),甚至于早在“五铢”之前的“半两”钱币上还出现了“⊙”形
符号(图23)。此外,在鄯善县连木沁镇的戈壁上曾发现200多个呈“〇”形或
“●”形石圈(图24),在蒙古国鹿石和阿尔泰三道海子石堆遗址出土的“盾牌
石”上也刻画有“〇”“◎”“●”形及“⌣”形符号(图25—图26)。

　　若将“〇”释为货币重量单位,称“龟兹文中的五十个‘〇’,即表示了汉文
中的五铢”,则用于表示50(或“龟兹”,或“铢”)的“⌣”也理应出现在相关的
龟兹文木牍、写本或题刻中,何以不见其用例? 再则,应如何解释“●”形符号?

图17　北周五铢(面上下日)　图18　北周五行大布(背日月星)　图19　开元通宝(背上日)

图20　开元通宝(背日月星)　图21　开元通宝(面通下日)　　图22　开元通宝
　　　　　　　　　　　　　　　　　　　　　　　　　　　　　　(背上月下空心日)

　　　　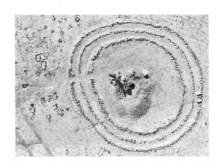

图23　半两(面下右日)　　　图24　鄯善县连木沁镇戈壁滩上的石圈

---

① 李树辉:《乌古斯钱发微》,待刊。

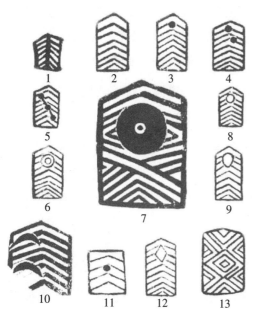

图 25 蒙古国鹿石上有"○"形、"◎"形和三颗星图案的盾牌纹样（引自三海子考古队《新疆青河三海子墓葬及鹿石遗址群考古新收获》，刊于《西域研究》2014 年第 1 期）

图 26 青河县三道海子石堆遗址出土的有"◎"形图案的"盾牌石"

若将"●"形符号也释为货币重量单位，所谓"两柱五铢""四柱五铢"又当作何解？见于"五行大布""开元通宝""太平通宝""大观通宝"等直到清代钱币上的"●"形符号及其他符号，又该如何解释？据此推断，"○""⌣"不可能是文字符号，与龟兹文毫无关联，将此类钱币称作"汉龟二体五铢""汉龟二体钱""汉龟二体铜钱"或"龟兹文铜钱"并无可靠的论据支持。

二、"龟兹五铢"应正名为"滑国五铢"

那么，"○""●"和"⌣"究竟是什么符号呢？将其铸制于钱币上又隐含着什么信息呢？

据古代回鹘文史诗《乌古斯可汗的传说》《突厥语大词典》《史集》《突厥世系》及《伊米德史》等文献记载，乌古斯(oßuz，姑师，车师，乌护)是包含有 24 个部落的最大突厥语部族,日、月、北斗七星符号是该部族 buzuq 集团 kyn(日,汉文史籍中音译作"军"或"君")、aj(月,汉文史籍中音译作"爱"或"蔼")、julduz(星)三大支系的印记符号。该部族于前 2 世纪形成于中天山南北地区,滑国(前突厥汗国)、回鹘汗国前期、喀喇汗王朝、塞尔柱克王朝、甘州回鹘及高昌回鹘王国的统治者均出自该部族。①正为此,日、月、北斗七星符号大量见于自西汉以降直至清末的各类钱币。除此之外,日形图案还见于敦煌莫高窟第 156 窟晚唐张议潮出行图中回鹘军队的旗帜(图 27),日月图案也曾见于辽代木版画中的鹰军旗帜(图 28)。至于"〰"形符号,则是乌古斯部族 uʧoq 集团 tɛŋiz 支系柯尼克(qïnïq)部落的印记符号,正与《突厥语大词典》所载该部落的印记符号相同②。

此前,钱币学界一直将"龟兹五铢"中的"〇"释为重量单位即货币单位,将

图 27 莫高窟第 156 窟晚唐
张议潮出行图回鹘军队壁画

图 28 辽代木版画上的鹰军旗帜上的日月图案

① 李树辉著:《乌古斯和回鹘研究》,北京:民族出版社,2010 年,第 46—90 页。
② [喀喇汗王朝]麻赫穆德·喀什噶尔:《突厥语大词典》卷一,乌鲁木齐:新疆人民出版社,1980 年,第77 页。

见于其他钱币的"●"释为"柱"或"星",将见于"开元通宝"的"◡"释为"甲痕"。其实,"○""●"均为日形符号,同样见于莫高窟第156窟晚唐张议潮出行图中回鹘军队旗帜及"开元通宝"背下呈光芒四射状的日形符号"☀"可谓是强有力的证据(图29)。"◡"为半月形符号,还见于木垒县菜子沟古墓出土的一个盛放石印的匣体正面①和玛纳斯县马桥子故城南晚清墓地所出屠各部落石印之印匣背面,而图案相同的屠各部落石印、陶印在吉木萨尔县、阜康市及呼图壁县也均有发现(图30)。沙雅县博物馆亦藏有一块塔什墩出土刻画有"◡"形图案的石头(图31)。此外,在和布克赛尔蒙古自治县斜米思台山阿拉巴思冬牧场岩刻中也有发现,特克斯县铁里氏盖的链状墓中也曾出土4件红铜铸制的月牙形铜饰。②半月形符号正是乌古斯部族aj支系的印记符号,而所谓"背月星"(或称作"月孕星")符号(图32—图33)及日、月、北斗七星符号皆可证其误。

"☽"(日月)形图案为乌古斯部族kyn(日)支系和aj支系联合体的标志,曾见于和静县巴音郭楞乡伊克赛河北岸的滑国(突厥汗国)祭坛遗址、温宿县博孜墩柯尔克孜民族乡博孜墩村北10千米处小库孜巴依沟西岸的岩画、阜康市西沟墓地出土的7—8世纪的桃心形饰件、虞弘墓石椁人物头顶上的

图29 开元通宝(背上月下日)

玛纳斯县马桥子故城南晚清墓地出土屠各部落石印(5.24×5.19×2.27cm)与木匣

吉木萨尔县北庭古城出土屠各部落陶印(5.3×5.3×2.2cm)

阜康市博物馆藏屠各部落碧绿色石印(5×5×3cm)

呼图壁县博物馆藏屠各部落白色石印(3.8×3.8×2cm)

呼图壁县博物馆藏屠各部落炭精制石印(5×5×2cm)

图30 天山北麓出土屠各部落印章

---

① 李树辉:《新疆木垒县菜子沟古墓出土石印考》,《新疆大学学报》2002年第2期,第75—77页。
② 王炳华:《特克斯县出土的古代铜器》,《文物》1962年第7—8期,第114—116页。

图 31　塔什墩出土的刻有"〰"形图案的石头

图 32　开元通宝(背上日月)　　　　图 33　开元通宝(背上双日月)

装饰图案、西安北周安伽墓石棺床屏风上的装饰图案,宋、辽、金、元等朝代旗帜(即"日月旗"或"日月合璧旗")上的装饰图案,以及内蒙古赤峰市敖汉旗发现的辽代木版画《鹰军图》中的"日月旗",[①]后者为 buzuq 集团三大支系联合体的标志。

　　北魏太和十六年八月(492 年 9 月 8 日—10 月 6 日),[②]以副伏罗部(即乌古斯部族 affar 部落)为核心的高车民众因不愿为柔然统治者卖命,反对出兵侵扰北魏边境,阿伏至罗与从弟穷奇率部落由平城(今山西大同市东北)、桑乾(今山西省山阴县)[③]西返中天山地区,"至前部西北,自立为王……二人和穆,

<hr />

　　① 李树辉:《滑国源流考论》,待刊。

　　② 有关阿伏至罗率众西走的时间,《魏书·蠕蠕传》及《北史·蠕蠕传》作太和十六年八月(492 年 9 月 8 日—10 月 6 日),《魏书·高车传》作太和十一年(487 年),本文取前说。

　　③《魏书·高车传》记载,北魏太祖道武帝拓跋珪曾将高车徙置于平城。南京博物院藏梁元帝萧绎绘《职贡图》滑国使者图像旁的题记又称滑国(=高车)"元魏之居桑乾也"。据此可知,东徙的高车分布于平城(今山西大同市东北)和桑乾(今山西省山阴县)。

分部而立,阿伏至罗居北,穷奇在南"。[①]"前部"指车师前部,位于吐鲁番盆地,其"西北"指今乌拉泊故城以西,包括大小裕勒都斯盆地在内的天山山区和天山北麓地区。清人李恢垣认为"此则正今乌鲁木齐地"[②],未确。据敦煌文献 P. 2009《西州图经》记载,唐代栖息于该地的居民为操用印欧语的处月(tʃigil,炽俟)集团。

《魏书·西域传》称,龟兹国"北去突厥牙帐六百余里"。巴音布鲁克草原曾发现约 150 座为乌古斯人所特有的呈东北—西南向链状排列的墓葬。其中一处巨型墓葬或祭坛遗址呈"☽"形图案,而该图案正是乌古斯部族 buzuq 集团 kyn(日)支系和 aj(月)支系联合体(即滑国及其后的突厥汗国)的标记。[③]北魏孝明帝继位初年(516 年),高车被柔然击败,首领弥俄突被杀,"其部众悉入嚈哒",[④]即逃往天山南麓的嚈哒境内避难——其时的塔里木盆地和焉耆盆地均为嚈哒属地。投奔嚈哒的高车诸部散布于中天山南麓至塔里木盆地北缘地区。正为此,《梁书·西北诸戎传》称:"末国,汉世且末国也。胜兵万余户。北与丁零,东与白题,西与波斯接。"[⑤]其所谓"丁零",正是指高车部落,可证塔里木盆地北缘有其部落分布。沙雅县博物馆藏塔什墩出土刻画有"☽"形图案的石头就是在这一时期被携至当地的。

库车与伊犁之间, 以及温宿与伊犁之间自古便存有两条横穿天山的南北通道。唐初,玄奘便是由跋禄迦国(今温宿县)穿越凌山(muz-art,今木扎尔特山口)进而西行抵达伊塞克湖地区的,[⑥]今独(独山子)库(库车)公路亦是在前一古道的基础上修建的。高车部众就是沿该路进入龟兹地区的。

---

① 《魏书》卷一百三《高车传》,北京:中华书局,1974 年,第 2310 页。

② [清]李恢垣著:《汉西域图考》,台北:乐天出版社,1974 年,第 243 页。

③ 李树辉:《西域南北向链状排列墓葬种属及相关问题研究》,纪宗安、马建春主编:《暨南史学》第 14 辑,桂林:广西师范大学出版社,2017 年,第 1—36 页。

④ 《魏书》卷一百三《高车传》,北京:中华书局,1974 年,第 2311 页。

⑤ 《梁书》卷五十四《西北诸戎传》,北京:中华书局,1973 年,第 814 页;《南史》卷七十九《夷貊下·西北诸国传》,北京:中华书局,1975 年,第 1986 页。按,两书所记文字完全相同,只是前书标点的逗号后全标作顿号而已。

⑥ [唐]玄奘、辩机著,季羡林等校注:《大唐西域记校注》,北京:中华书局,2000 年,第 67—69 页;[唐]道宣著,范祥雍点校:《释迦方志》,北京:中华书局,2000 年,第 27 页。

《史集》载称,afʃar 部落的印记符号为"＋",属于乌古斯部族 buzuq 集团 julduz(星)支系;alqa bølyk 部落名的语义为"前部",印记符号为"z",属于该集团 kyn(日)支系。①2007 年,考古工作者发掘库车友谊路墓葬时,曾在 M3 和M8 散落的砖面上发现模印的阳文"z"形符号和刻画的阴文"＋"形符号(图 34)。"z"形符号以模印阳文形式呈现于墓砖,显系刻意而为;而阴文"＋"形符号亦当非率意而为。虽不能据此确定墓主是乌古斯人,却也间接表明这两个部落曾活动于龟兹一带,墓砖应出自其人之手。

图 34　库车友谊路出土墓砖上的"＋""z"形印记符号

考古工作者将库车友谊路砖室墓葬确定为魏晋十六国时期,②也有学者据墓葬形制和照墙装饰推断"M3 的年代可能要晚于晋十六国时期,应该在隋唐或以后"。③据墓砖上的这两类印记符号、墓葬所出半两、五铢等钱币,以及《魏书·西域传》有关记载推断,墓葬年代当在北魏孝明帝熙平元年(516 年)至唐武德四年(621 年)间,亦可证前突厥汗国(包括西突厥汗国)的早期统治者出自 afʃar 部落。值得注意的是,带有"＋"形符号的钱币还见于"五铢"(图 35—图 37)、

① ［波斯］拉施特主编,余大钧、周建奇译:《史集》第 1 卷,北京:商务印书馆,1983 年,第 142—143 页。
② 于志勇、吴勇等:《新疆库车友谊路魏晋十六国时期墓葬 2007 年发掘简报》,《文物》2013 年第 12 期,第 37—55 页。
③ 刘宵:《新疆库车友谊路墓葬 M3 的年代问题》,《重庆科技学院学报》(社会科学版)2011 年第 12 期,第 145—146 页。

"开元通宝"（图38）、金国泰和重宝（图39）、明大中通宝（图40）和天启通宝（图41）。

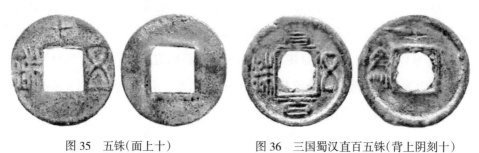

图35　五铢（面上十）　　　　　　图36　三国蜀汉直百五铢（背上阴刻十）

图37　南朝梁五铢（面下月背下十）　　　　图38　开元通宝（背左十）

图39　金国泰和重宝（背上十）　　　　图40　明大中通宝（背上十）

图41　天启通宝（背上十下月左日右一两）

高车部自依附嚈哒的当年便以"滑国"之名频繁遣使向南朝梁贡献方物。①"滑"音 gu,为 oɣuz 的略音便译,"滑国"即"乌古斯国"。正为此,又以"滑国"之名见于《梁书》《南史》,而《魏书》《北史》则仍称其为"高车国"。弥俄突之弟伊匐在嚈哒支持下复国后还曾遣使北魏,北魏于正光三年"夏四月庚辰(522 年 5 月 29 日),以高车国主覆罗伊匐为镇西将军、西海郡开国公、高车王"。②"覆罗"即副伏罗,③伊匐为副伏罗部阿伏至罗从弟穷奇之子、弥俄突之弟。其时,滑国之留居内地者还被称作"高车滑骨"。④

莫高窟第 285 窟北壁的榜题中,自西数第七铺(无量寿佛)下"大代大魏大统五年五月廿一日"(539 年 5 月 24 日)发愿文有"佛弟/子滑黑奴"题名。另在大统五年四月廿八日(539 年 5 月 31 日)发愿文东侧所绘供养人像列西向第一身的题名作"清信士滑□安供养像",第二身题名作"请(清)信士滑黑奴供养/(孙)昔海",同列供养人像的第四身题名作"请(清)信士滑一供养"。⑤男供养人画像的衣饰都具有乌古斯突厥人的特征:身穿小口袖圆领褶,头戴卷沿帽,腰带上系有打火石、针筒、刀子、磨刀石、解结锥、绳等"(鞢)鞢七事",正与广布于天山、阿尔泰山地区的突厥石人及南京博物院藏《梁职贡图》残卷中滑国使者的画像相同。

2012 年 7 月,库车县萨克萨克街道进行棚户区改造时,在距地面约 4.5 米的地下发现约 1.4 万枚装在陶罐里的古钱币。其中包括"汉五铢""剪边五铢""龟兹无文小铜钱"、王莽时期的"货泉""大泉五十""龟兹小五铢"和一枚三国时期的蜀国铸币"太平百钱",而唯独不见所谓"汉龟二体钱",意味着后者的铸行时间当在三国之后。

无独有偶,2013 年 4 月 23 日,库车县老城区人民路福利院在修建福利学

① 《梁书》卷三《武帝纪下》,北京:中华书局,1973 年,第 63 页;《梁书》卷五十四《西北诸戎传》,北京:中华书局,1973 年,第 812 页。

② 《魏书》卷九《肃宗纪》,北京:中华书局,1974 年,第 233 页。

③ 周伟洲著:《敕勒与柔然》,上海:上海人民出版社,1983 年,第 38 页。

④ 《魏书》卷三十八《王宝兴传》,北京:中华书局,1974 年,第 877 页;《北史》卷三十五《王宝兴传》,北京:中华书局,1974 年,第 1290 页。

⑤ 敦煌研究院编:《敦煌莫高窟供养人题记》,北京:文物出版社,1986 年,第 116—117 页。

校时从距地表 2~2.5 米的地下一次性出土 23124 枚完整钱币和近千枚残碎钱币。完整钱币中有 22845 枚"开元通宝"、32 枚"乾元重宝"及 247 枚南北朝时期的"五铢"、剪轮"五铢"和无字无廓"五铢"。所出"开元通宝"分大小两种。小者文字漫漶,素背,钱体铸造粗糙,内外廓具备,直径 22 毫米,重约 4.0 克,共有百枚左右。大者直径为 25 毫米,重约 5.5 克,大多为素背,有的钱背上方铸有半月形图案"☽"(图 42)或呈"一"字形图案的半月形变体形式(图 43)。①据钱币图案及铸造工艺推断,这两类"开元通宝"均是西突厥乌古斯部族 aj 支系早期铸造的钱币。

图 42　库车出土开元通宝(背上仰月)　　　　图 43　库车出土开元通宝(背上月)

综合这两次出土钱币的种类和铸行时间亦可断定,所谓"汉龟二体钱"之铸制时间当在北魏孝明帝熙平元年(516 年)至唐武德四年(621 年)间,而这一时间段正与乌古斯人被柔然击败,"其部众悉入嚈哒"的时间相符。颜松先生曾将此类钱币之铸行时间框定在"北魏至初唐"。②如若再参考所谓南朝梁"两柱五铢""四柱五铢"、北齐"常平五铢"(背日月北斗七星)、北周"两柱五铢"和"五行大布"(背日月北斗七星)等钱币的铸制时间,还可将其铸制时间限定在北魏孝明帝熙平元年(516 年)至 6 世纪中叶的数十年间。鉴于"龟兹五铢"是滑国(高车国,突厥汗国,西突厥汗国)统治者在与南朝梁和北魏、北齐、北周经济交往过程中仿制的钱币,笔者主张将其定名为"滑国五铢"。

① 颜松:《库车县出土唐代窖藏钱币的研究》,《新疆钱币》2013 年第 3 期,第 1—8 页。
② 颜松:《对龟兹本地铸汉龟二体铜钱的探讨》,《新疆钱币》2000 年第 1 期,第 3—4 页;颜松:《论阿克苏地区在新疆古代货币铸造中的历史地位》,《新疆钱币》2004 年第 1 期,第 11—14 页。

三、余论:乌古斯钱币之流变

此前,学术界一直将嚈哒与滑国相混同,①将高车和突厥视为互不相干的两个群体,实误。6世纪中叶,滑国(即乌古斯国)渐趋强盛,又以 tyrkis 之名见于突厥语文献,以"突厥""突越失国"等名见于《魏书》卷《西域传》和《通典》卷《边防·北狄·高车》,以及《太平寰宇记》卷194《四夷·北狄·高车》等汉文文献。②突厥沙钵略可汗在586年致隋朝的表文中称:"突厥自天置以来,五十余载,保有沙漠,自王蕃隅。地过万里,士马亿数,恒力兼戎夷,抗礼华夏,在于北狄,莫与为大。"③由586年上推59年为527年,上推51年为535年,照此推算,突厥之崛起当在公元527年至535年之间。

然而,问题并非如此简单。《魏书·孝静帝纪》称,兴和三年"夏四月戊申(541年5月17日),阿至罗国主副伏罗越居子去宾来降,封为高车王"。④同书《穆子琳传》《高车传》更是明确指出去宾来降的原因是"为蠕蠕所破",《北史·魏本纪·东魏孝静帝纪》及《北史·高车传》也有相关记载。"阿至罗国"为"阿伏至罗国"之误,系以其首领名代作国名,如《魏书·宣武帝纪》便有永平元年"夏四月(508年5月16日—6月13日),阿伏至罗国遣使朝贡"⑤的记载。这一称名或许意味着直至541年,突厥汗国尚未建立。前引沙钵略可汗语或是自伊匐复国之年算起,亦即《魏书·高车传》所言:"经数年,嚈哒听弥俄突弟伊匐还国。伊匐既复国,遣使奉表,于是诏遣使者谷楷等拜为镇西将军、西海郡开国公、高车王。伊匐复大破蠕蠕,蠕蠕主婆罗门走投凉州。"若此说无误,则可认为伊匐

---

① 国内最具代表性的是谭其骧主编:《中国历史地图集》,该书第4册,北京:中国地图出版社,1982年,第19—20页,21—22页,58—59页。在葱岭西的"嚈哒"下便直接括注为"滑国"。日本学者亦是如此,参见[日]内田吟风:《北アジア史研究——鲜卑柔然突厥篇》,京都:同朋舍,1975年,第435页。

② 李树辉:《"突骑施"对音、指谓及相关历史考辨》,《暨南史学》第9辑,桂林:广西师范大学出版社,2014年,第95—111页。

③《隋书》卷八十四《突厥传》,北京:中华书局,1973年,第1869页。

④《魏书》卷十二《孝静帝纪》,北京:中华书局,1974年,第304页。

⑤《魏书》卷八《宣武帝纪》,北京:中华书局,1974年,第205页。

（εlbεg? ）为突厥汗国的立国之君。这一问题有待于深入研讨。

乌古斯部族立国后，沿袭自西汉以降仿制中原铸币的传统，将其核心支系、核心部落的印记标识铸于钱币。"滑国五铢"中的"○""ᴗ"印记符号印证了史籍有关北魏太和十六年八月（492 年 9 月 8 日—10 月 6 日）以阿伏至罗及其从弟穷奇为首领的 10 余万落高车民众西返中天山地区后"自立为王"，并于孝明帝继位初年（516 年）"其部众悉入嚈哒"的历史，以及立国后进而壮大成为突厥汗国的历史，可为史学研究提供有力的论据支持。由于乌古斯部族内部领导权的更迭兴替，作为 buzuq 集团 kyn（日）、aj（月）、julduz（星）三大支系的印记符号及若干核心部落的印记符号，也就自然见于自西汉以降，直到清代的各类钱币，可统称之为"乌古斯钱"。①

钱币是记录历史、传承文明的实物资料，乌古斯钱币的时间跨度几乎与方孔圆钱相始终。不同历史时期的乌古斯钱币之图案（印记符号）虽多有不同，但均仿制中原王朝钱币，其形制和铸造技术均与同一历史时期的中原货币相一致，明显受中原货币发展规律的制约，具有鲜明的中原铸币特征。稍有不同的只是中原王朝铸币均为素背，乌古斯钱币则多在钱背上加铸标识其核心支系、核心部落的印记符号。从造钱方式看，乌古斯钱币几乎全采用的是与中原王朝相一致的铸制方式，而与冲制的贵霜钱币、拜占庭（东罗马）金币及波斯银币明显不同。在笔者搜集的乌古斯钱币资料中，仅有一类此前被误作"突骑施钱"的早期突厥汗国钱（图 44）为冲制钱币。虽则如此，但仍具有中原王朝铸币的特点——钱背的方框明显是对"开元通宝"小钱的仿制（南北朝的各类"五铢"均为大钱穿），而钱面马背上的"ᴗ"形图案则明示出自 kyn（日）支系和 aj（月）支系的联合体即突厥汗国。

据以上研讨可得出以下结论：所谓"汉龟二体钱"与龟兹文毫无关联，而是滑国（即乌古斯国，＝高车国，＝阿伏至罗国，≤突厥汗国）仿照五铢铸行的货币，"○"形符号和"ᴗ"形符号实为乌古斯部族 buzuq 集团 kyn 支系的印记符

---

① 李树辉：《乌古斯钱发微》，待刊。

图 44　早期突厥汗国钱

号和 utʃoq 集团 t3ŋiz 支系柯尼克(qïnïq)部落的印记符号,铸制时间在北魏孝明帝熙平元年(516 年)至 6 世纪中叶的数十年间,应定名为"滑国五铢"。所谓南朝梁"两柱五铢""四柱五铢"、北齐"常平五铢"(背日月星)、北周"两柱五铢""五行大布"(背日月星),以及此前所称之"突骑施钱"均是乌古斯部族于 5 世纪末至唐武德四年(621 年)之前铸行的货币。背面呈日形、月形、日月(即所谓"月孕星")形和日月星形图案的"开元通宝"(包括"得壹元宝"和"顺天元宝")是唐至五代时乌古斯部族仿铸的钱币。就连自西汉以降直至清代的各类带有上述图案的钱币亦与乌古斯部族密切相关。乌古斯钱币均仿制于中原王朝钱币,时间跨度几乎与方孔圆钱相同。乌古斯钱币的形制和铸造技术与中原货币一致,而与冲制的贵霜钱币、拜占庭金币及波斯银币明显不同。"滑国五铢"可为史学研究提供有力的论据支持。

宁夏出土东罗马币铭文及性质补议

郑　悦　朱安祥

中国人民银行银川中心支行　河北师范大学历史文化学院

　　宁夏历史上是丝绸之路贸易的通道之一,贺兰山、六盘山的自然阻隔,使得这里成为贯穿北方少数民族地区到中原地区的结合点。从丝绸之路分段角度看,宁夏是处于东段陆上丝绸之路的重要关口,也是北方草原丝绸之路的连接地。宁夏南部的固原地区多次出土东罗马货币,成为见证宁夏地区中外文化交流和贸易的重要文物。但是,针对这些出土钱币的图案特点、文字释读存在诸多问题。笔者浅陋,对学者断句错误、解释不当的铭文及释读部分进行修订,并对这些钱币的性质提出看法。不妥之处,请批评指正。

一、宁夏地区出土发现的丝路币

　　5—8世纪,亚欧大陆上流通着东罗马帝国(拜占庭)金币、萨珊银币,以及中国的方孔圆钱——开元通宝,堪称国际货币。丝绸之路所经中亚国家,货物贸易的开展带动了货币交往, 大量的物资和本国代表性货币, 流布于各国之间,我国隋代出现"河西诸郡,或用西域金银之钱,而官不禁"的情况,可见外域货币的流布之广。宁夏地区这一时期的墓葬,出土了不少外国金银币,种类主要以波斯萨珊王朝银币、东罗马帝国货币、仿制金币为主,零星有贵霜铜币、喀喇汗王朝铜币等发现。

二、宁夏地区出土发现东罗马帝国币的特点

宁夏现存考古发现金币 10 枚,其中真品 6 枚均是东罗马帝国金币(图 1—图 6),另有仿制品 4 枚。真品中 5 枚出土于北周建德四年(575 年)田弘墓中,[①]1 枚出土于固原唐史道洛墓;[②]4 枚仿制品均出土于南郊隋唐墓中,仿制东罗马帝国金币 3 枚,仿制波斯萨珊王朝金币 1 枚。(表一、表二)

表 1

年代	规格及重量	出土时间	出土地点
利奥一世(Leo I 457—474 在位)	直径 1.54 厘米,重 2.6 克	1996 年	固原北周田弘墓
查士丁一世(Justin I 518 —527 年)	直径 1.67 厘米,重 2.9 克	1996 年	固原北周田弘墓
查士丁一世与查士丁尼一世共治(Justinian I 521—527—565 年)	直径 1.62 厘米,重 3.3 克	1996 年	固原北周田弘墓
查士丁一世与查士丁尼一世共治(Justinian I 521—527—565 年)	直径 1.6 厘米,重 2.6 克	1996 年	固原北周田弘墓
查士丁尼一世(Justinian I 527—565 年)	直径 1.6 厘米,重 2.5 克	1996 年	固原北周田弘墓
查士丁二世(Justin II 565—578 年)	直径 2.1 厘米,重 4.6 克	1996 年	唐史道洛墓

---

① 原州联合考古队:《北周田弘墓》,北京:文物出版社,2009 年,第 86—88 页。
② 原州联合考古队:《唐史道洛墓》,北京:文物出版社,2014 年,第 136 页。

表 2

  图 1	**利奥王朝·利奥一世时期** 正面铭文为 DN·LEO·PERPET·AVG（dominus noster·Leo·perpectuus·Augustus①译为：我主利奥，万岁或永远的奥古斯都）背面铭文从左到右是 VICTORIA·AVGGG·I·CONOB②（胜利的奥古斯都们·10 号打制坊·君士坦丁堡造币·足金）
  图 2	**查士丁王朝·查士丁一世时期** 正面铭文为 DN·IVSI□V□SPPAV□（鉴于该类金币铭文惯例，可还原为 DN·IVSTINVS·PP·AVG 译为：我主查士丁，永远的奥古斯都）；背面为女神右手持十字架长剑像，左侧有翼。铭文为 VICTOR□A·AVGGG·I·CO□OB（铭文惯例，可还原为 VICTORIA·AVGGG·I·CONOB）（胜利的奥古斯都们·10 号打制坊·君士坦丁堡造币·足金）

  图 3	 图 4

查士丁王朝·查士丁一世、查士丁尼一世共治时期

图三正面铭文为 DN·IVS□□□·□□·IVSTINIANVS·PP·AVG·CONOB；整理后为铭文 DN·IVSTIN·ET·IVSTINIANVS·PP·AVG·CONOB（我主查士丁和查士丁尼，永远的奥古斯都）；背面为一正面站立带翼的守护神。铭文为 VICTORTA·AVGGG·I·CONOB（胜利的奥古斯都们·10 号打制坊·君士坦丁堡造币·足金）。

图四正面铭文为 □·□STIN·□（似 C）T·IVSTINAN·PP·AVG·CONOB；整理后应该是 DN·IVSTIN·ET·IVSTINAN·PP·AVG·CONOB（我主查士丁和查士丁尼，永远的奥古斯都，君士坦丁堡造币·足金）；背面铭文基本相同，但造币为君士坦丁堡 3 号作坊。

---

① ［英］格里尔森著，武宝成译：《拜占庭货币史》，北京：法律出版社，2018 年，第 61 页。
② 李铁生：《拜占庭币》，北京：北京出版社，2004 年，第 62 页。

续表

图 5	查士丁王朝·查士丁尼一世 铭文为 DN·IVSTINIANVS·PP·AV Ⅰ（应是 G，似错刻，全句意为我主查士丁尼·奥古斯都万岁）；背面刻印守护女神安淑莎，铭文为 □□□·AVGGG·A·CONOB;该币背面铭文补充整理后为 VICTORIA·AVGGG·A·CONOB（胜利的奥古斯都们·1 号打制坊·君士坦丁堡造币·足金）
图 6	查士丁王朝·查士丁尼二世 残存铭文为□□□VS·PP·A□□；背面铭文□□□·AVGGG·H·□□□，该币背面铭文补充后为 VICTORIA·AVGGG·H·CONOB（胜利的奥古斯都们·8 号打制坊·君士坦丁堡造币·足金），女神为坐像

实物图片所示,真品金币使用了人物形象,正面是君主御容,背面使用女神和宗教属性的基督教十字架图案,还有象征王权的宝剑等。一般认为,东罗马帝国沿用希腊女神人物形象,实际币面人物的造型是安淑莎（Anthousa）神像,右手执一长柄十字架权杖或宝剑,左手托十字架球。并非某些学者所称球体,而是具有重要象征意义的宗教标志物。拉丁文写作 globuscruciger,是象征大地的球体被一个十字架覆盖,意味着基督教上帝对世界的统治。皇帝把世界握在手中,表明他是代表上帝统治世界、君权神授的意思。这种统治权威标志,常被用于硬币、帝王肖像,作为王室统治的标志,至今英国、荷兰还在使用该礼器。

在宁夏地区,被认为是丝路金币的仿制品均出土于粟特人墓葬。目前出土东罗马金币仿制品 3 枚(表三、图 7—图 9)。但是,由于当时排版问题,史索岩墓出土的仿制币在考古发掘报告中,错置为彩图 16,黑白图 28,正确的应是彩图 17,黑白图 48。史诃耽墓出土的仿制币,在考古发掘报告中图片错置为彩图

17,黑白图48,正确的应是彩图16,黑白图28。[1]由于误读,不少学者在引用时忽略了这一错置,误认为4种全为东罗马仿制金币。

表 3

主要特征	规格及种类	出土时间	出土地点
双面打压,上部有一穿孔	直径 2 厘米,重 4 克	1982 年	史道德墓[2]
单面打压,有两个穿孔	直径 1.9 厘米,重 0.85 克	1985 年	固原西南郊隋唐墓地·唐史索岩墓
单面打压	直径 2.3 厘米,重 2 克	1986 年	

图 7   图 8

图 9

---

① 罗丰:《固原西南郊隋唐墓地》,北京:文物出版社,1996 年,黑白图版二十八、四十八、彩色图版十六、十七。

② 韩兆民、韩孔乐:《宁夏固原唐史道德墓清理简报》,《文物》1985 年第 11 期,第 24 页。

三、宁夏地区出土发现的东罗马币属性

第一，宁夏出土发现的丝路货币多在死者口中、手中、身下或棺下发现，如仿制的东罗马帝国金币就出土于墓主人史道德的口中。目前学界关于该葬俗的来存在争议，有外来说和中国本土说两类：中国本土说以夏鼐先生为代表，认为中国古代就有死者口中含物的习俗，新石器时代墓葬死者口中含石块、贝壳等。贝币就是货币，口含货币。到了秦汉时期，为了追求葬者尸身不腐，更有"金玉在九窍，则死人为之不朽"①的说法，故后来的金属货币和玉器成为陪葬的重要器物。学者认为"口中含币习俗完全是长期以来汉化的必然结果……"，该葬俗"通过著名的丝绸之路先从中原传到甘肃、新疆，然后再不断地向西传到了中亚和西亚"。②这提醒我们，不要中了"中国文化西来说"③的流毒。

持有外来说的学者，一般引述斯坦因关于古希腊亡者口含钱币作为给冥界摆渡神摆渡钱的说法，并根据国外考古发掘，认为该葬俗"不是从中原传入吐鲁番，而应该考虑是由吐鲁番传到中原的可能性"，认为中国人口含钱币属于其本土玉葬葬俗的延续性发展；④罗丰先生从宗教角度认为"死者口手中含握金币，无论在中亚、新疆吐鲁番或中原，其合理的解释应该只有一个，他们或同为中亚人，因此共同信仰一种宗教的可能性是存在的。"⑤

解决这一问题，不能只考证我国从新石器时代到隋唐古墓遗址中，死者口含物葬俗的历史共性特征，而忽视口含物及其内涵的具体区别。论证时，先入为主把贝当货币，忽略当时商品货币条件，得出自古就是口含货币，那么来华外国人自然也受到中国口含钱币葬俗影响的结论。要综合考虑我国古代含玉

---

① 王明：《抱朴子内篇校释》（增订本），北京：中华书局，1996年，第51页。

② 王维坤：《丝绸之路沿线发现的死者口中含币习俗研究》，《考古学报》2003年2期，第236页。

③ 夏鼐：《综述中国出的波斯萨珊朝银币》，《考古学报》1974年第1期，第106页。

④ ［日］小谷仲男撰，王维坤、刘勇译：《关于死者口中含币的习俗（一）——汉唐墓葬中的西方因素》，《人文杂志》1991年第5期，第81—87、100页。

⑤ 罗丰：《固原南郊隋唐墓地》，北京：文物出版社，1996年，第162—163页。

贝的传统,与外来口含摆渡钱葬俗的融合。对此,我们看到日本学者利用中外墓葬共时性比较,使二元对立的结论发生变化。至于使用佛经作为论据更是具有反向作用,佛教经典受到古代印度社会文化影响,其记载和中国本土用之内容与其说可以证明本土中国说,不如说是中外文化交互影响的结果。

第二,仿制金币在宁夏地区粟特人墓集中出土,可推知仿制金币的来源与制作背景。关于仿制金银币,有两种认识:一是根据夏鼐先生的意见,把阿拉伯帝国在兴起后仿造的萨珊、拜占庭式货币,叫作"阿拉伯—萨珊式"和"阿拉伯—拜占庭式",因此"固原出土的金币,背面无图案文字,符合这一特征",[①]实际上是笼统地将阿拉伯仿制币与此类仿制币混为一谈。阿拉伯人在仿制时由于宗教信仰,一般不会允许异教标志或者拉丁铭文出现,虽仿制制作工艺不精,但厚度和重量还能有所维持。反观宁夏地区该类仿制币,制作工艺粗率,均手工直接刻画加工,重量单薄,质量不一,与阿拉伯人的仿制品有明显区别。二是罗丰先生认为的,正是由于贸易中转地的粟特人为了摆脱萨珊人的封锁,与中国发生贸易关系,"仿制了东罗马币",[②]以此作为贸易流通的支付手段,通过丝绸之路运往各地。鉴于宁夏出土的东罗马金币绝大多数可见有穿孔,多则四孔,少则一孔。那么该类金币肯定是曾用于佩戴或作为挂饰之用,其货币交易属性已经转变为有价值的装饰物,更多应该来源于当时流行的陪葬文化与除去货币价值属性之外有价陪葬品的结合,制作原因即专门为死者制作的冥钱。

---

① 杨继贤、吕周红:《草原丝路与宁夏古代货币经济的形成和发展》,《内蒙古金融研究》2003 年第 2 期,第 49—50 页。

② 罗丰:《关于西安所出东罗马金币仿制品的谈论》,《中国钱币》1993 年第 4 期,第 19 页。

丝绸之路经济带视域下唐代渤海国的
对外交通与贸易

郝庆云

东北大学民族学研究院

渤海国是我国唐五代时期东北地区以靺鞨人为主体建立的地方政权,传 15世,立国229年,其强盛之时疆域囊括今中国东北的大部分地区、朝鲜咸镜 道、俄罗斯滨海地区,被誉为"海东盛国"。学术界对渤海国的对外交通与贸易 多有研究,其成果多是从东北区域史和贸易活动性质的视角对渤海国的对外 交通贸易进行定性,与唐朝之间主要是恪守藩礼式朝贡贸易,与日本之间敦亲 睦邻式通聘贸易,与周边部族互补有无联谊贸易。从唐代丝绸之路视角下审视 渤海国历史上190余次对外贸易活动,可知渤海国对外贸易活动是唐代丝绸 之路经济体的重要组成部分,渤海人开辟的朝贡道和日本道使唐代丝绸之路 向东北亚地区拓展延伸,构成丝路东端的道路网络,使之成为横贯西东的经济 走廊。

基金项目:2019年度教育部人文社会科学研究项目(19YJA770006)阶段性成果。

一、渤海国开通的朝贡道和日本道使丝绸之路拓展到东北亚地区,奠定了其横贯欧亚的道路网络基础

丝绸之路是沟通中西方交往的贸易通道,为跨越欧亚大陆的商贸之路。丝绸之路道路网的形成非一朝一夕之功,各路段开通的时间并不相同。汉武帝设置"河西四郡",使河西道得以畅达。唐代安西、北庭都护府的设置构成了丝路西域中道与南道的主要道路联络点,形成密集的道路网。渤海国开通的朝贡道和日本道使唐代丝绸之路向东部拓展和延伸,由唐长安城延伸到中国东北地区渤海国都城上京(今黑龙江省宁安市渤海镇)和日本国都平城京、平安京,奠定了其横贯欧亚经济文化走廊的基础。

《新唐书·渤海传》记载,渤海国强盛时,"地直营州东二千里,南比新罗,以泥河为境,东穷海,西契丹……地方五千里,户十余万,胜兵数万"[①],设有五京十五府六十二州百三十余县。据统计,在黑龙江省、吉林省、俄罗斯滨海边境区,以及朝鲜咸镜北道发现渤海国城址 300 余座,其中以牡丹江流域为中心的黑龙江省广大地区最密集,达 100 余座,吉林省图们江流域有 80 余座,俄罗斯滨海地区有 50 余座,朝鲜北部地区有 30 余座。上述城址包括渤海国都城、京城、府址、州城、县城、军事城堡,他们既是渤海国城市的物质遗存,也是渤海国道路交通的联络点。渤海国以上京城为都时间长达 160 余年,上京城是渤海国中后期的政治、经济、文化中心,也是交通中心。渤海国中后期,以上京城为中心的辐射状交通网络基本形成。

渤海国的主要交通干线有 6 条,[②]其中,"朝贡道",既有陆路、内河水路,也有海上航路;"营州道",基本上是陆路;"契丹道",基本上是陆路;"日本道",既有陆路,又有海上航路;"新罗道",既有海上航路,又有陆路;"黑水道",基本上

---

① 《新唐书》卷二一九《渤海传》,北京:中华书局,1975 年,第 6181 页。
② 《新唐书·渤海传》《新唐书·地理志》载渤海国主要交通干线是 5 条。"黑水道"是近年考古学研究成果。

是陆路。渤海国与唐朝中原地区联系尤为密切的通道是"朝贡道"和"营州道"。渤海国对日本和新罗的交通道路中,海上新航路"日本道"的开辟为唐及五代时期中国增添了一条新的对日海上通道,具有开创性意义。

朝贡道是从上京城至唐朝长安城。渤海国与唐朝之间,在政治、经济和文化等方面有着非常频繁的来往,朝贡道则是联系双方的重要纽带和通道。从渤海立国到灭亡,唐朝派遣的册封使、渤海国的朝贡使,以及留学生、粟特商人和僧人等在这条道路上来往不绝。"鸭渌,朝贡道"的陆路路线,在《新唐书·地理志》引贾耽《道里纪》中有较为详细记载:

> 长安东北行至登州,登州(今山东省蓬莱市)东北海行,过大谢岛(今长山岛,庙岛群岛南端的大岛)、龟歆岛(疑为今之砣矶岛)、末岛(今庙岛)、乌湖岛(今隍城岛)三百里。北渡乌湖海(今渤海海峡),至马石山(今旅顺口之老铁山)东之都里镇二百里。东傍海壖,过青泥浦(大连市旧称)、桃花浦、杏花浦(今新金县杏树屯)、石人汪(今庄河县城附近)、橐驼湾(鹿岛以北的海域)、乌骨江(今靉河)八百里。……自鸭渌江口舟行百余里,乃小舫泝流东北三十里至泊汋口,得渤海之境。又泝流五百里,至丸都县城,故高丽王都。又东北泝流二百里,至神州。又陆行四百里至显州,天宝中王所都。又正北如东六百里,至渤海王城。①

《新唐书·地理志》七下所记载的"渤海道"即此道,"渤海道"是唐朝对渤海而言的,渤海对唐朝来说当称为"朝贡道"。由此可见,山东的登州成为渤海与内地进行官方交易的重要港口城市,大量的渤海土特产品经过海上运到这里,进行集散。同时,渤海客商或内地商贾也在这里将中原的各种产品装运上船,运往渤海地区销售。

---

① 《新唐书》卷四十三《地理志》七下,北京:中华书局,1975年,第1147页。

营州道是从渤海国上京城出发，由陆路经辽东城取道营州通往唐朝长安的交通要道，也是渤海与唐朝贸易交往的交通要道。据《新唐书·地理志》卷四十三下记载：

营州东百八十里至燕郡城，又经汝罗守捉，渡辽水至安东都护府五百里。府，故汉襄平城也……自都护府东北经古盖牟、新城，又经渤海长岭府，千五百里至渤海王城。①

这一路线的大体走向是由上京城经旧国，取道长岭府，经过现在的桦甸、辉南、海龙、抵盖牟、新城（今辽宁抚顺），然后经过现沈阳—黑山—北镇—义县（燕郡城），到达营州，再由营州越过古北口前往唐都长安。

渤海通往日本的陆路、海路，史书上称为"日本道"。《新唐书·渤海传》记载："龙原东南濒海，日本道也。"龙原，即渤海国的东京龙原府（今吉林省珲春八连城）。日本道也是渤海与日本之间的贸易路线。其大体上是从上京城出发，向东南翻越老爷岭，到达东京城，南行30里穿过长岭子山口关隘，沿海岸东行，抵于现在清津、海参崴之间的毛口崴。渤海使者在此乘船，横渡日本海，初期由于缺乏经验，海路知识有限，渤海使者经常漂至出羽一带（今日本北部山形、秋田县），随着航海经验和知识的增加，渤海人掌握了这条海路的规律，其后渤海使者在秋天到12月结冰前，利用大陆吹来的北风、西北风和自北而南的寒海流，扬帆赴日，在能登、加贺、越前（今日本石川、新潟、福井县）等地登陆，而后到达日本国都平城京、平安京。到了夏季，渤海使者乘海上吹起的南风、东南风，驾船北归。日本道全程1130公里，陆路从上京城到毛口崴约230公里，海路从毛口崴到能登、加贺约900公里。

总之，通过渤海国开辟的朝贡道、营州道、日本道将东北亚地区纳入唐代丝绸之路的交通网络中，可称为丝绸之路渤海段。

---

① 《新唐书》卷四十三《地理志》七下，北京：中华书局，1975年，第1146—1147页。

二、渤海国与唐朝的贸易是唐代丝绸之路经济体的重要组成部分

20世纪80年代,黑龙江省文物考古工作者对渤海上京城遗址进行大规模调查与发掘时,在宫城3号门址内侧所谓"门房"遗址中,出土了一枚直径2.5厘米的唐币"开元通宝"。在渤海国许多遗址、城址、墓葬中都有"开元通宝"的发现。墓葬中出土的"开元通宝"更有价值。例如,吉林省永吉县乌拉街公社杨屯大海猛遗址、珲春凉水镇庆荣村墓地遗址、黑龙江省牡丹江桦林石场沟渤海墓地遗址等均是平民墓,这不仅反映了唐"开元通宝"在渤海国境内的流通情况和普及程度,同时也充分说明了渤海国与唐朝之间经济贸易往来的情况。渤海国与唐朝的商业贸易活动,大体上有三种形式:

第一,朝贡与回赐。这是一种纯官方贸易,而且是上层统治阶级之间的交换形式,主要是为了满足渤海王族及上层社会的需要,这是渤海国和唐朝之间最基本的贸易活动。朝贡不完全是商业性的活动,更包含着政治意义,实际上体现着渤海国作为地方政权对唐朝中央政府履行的一种政治、经济义务。但这种朝贡毕竟带有经济交流、互通有无的性质。例如,渤海国通过"朝贡"的形式,一方面向唐朝贡献本地区的土特产品,另一方面也通过接受唐朝"回赐"的形式,获得本地区急需的必要物品。

《旧唐书·北狄传》记载:"(渤海)每岁遣使朝贡","或间岁而至,或岁内二、三至者",[1]每次朝贡少则数十人,多则百余人。《册府元龟·褒异》记载:"渤海靺鞨王遣其大姓取珍等百二十人来朝,并授果毅,各赐帛三十匹,放还蕃。[2]"《册府元龟·朝贡》记载:"九年(814年)正月渤海使高礼进等三十七人朝贡,献金银佛像各一。十一月,渤海遣使献鹰鹘……十二月,渤海遣使大孝真等五十九人

---

① 《旧唐书》卷一九九下《渤海靺鞨传》,北京:中华书局,1975年,第5362页。
② [宋]王若钦等编纂,周勋初等校订:《册府元龟》卷九百七十五《褒异二》,南京:凤凰出版社,2006年,第11286页。

来朝。"①在渤海国存世的 229 年间,向唐朝贡 150 余次、向后梁朝贡 5 次,向后唐朝贡 6 次,每次的人数少则数十人,多则百余人,渤海向中原朝贡队伍之大、次数之多由此可见一斑。

渤海国向唐朝朝贡,唐朝按例回赐渤海国,每次回赐的物品远多于渤海国的贡品。其回赐的物品主要有:金银器皿、袍服冠带、各种丝织品、药材、粮食等渤海上层社会急需的消费品和渤海国缺乏的物资。如:开元元年(713 年)渤海大取珍 120 人来朝,唐朝为来访人员每人赐帛 30 匹,共赐帛 3600 多匹,如果再加上回赐给渤海王室的赐品,其数量是极其可观的。由此可见,朝贡与回赠无疑是渤海和唐朝上层统治者之间的一种特殊的产品交换形式。

第二,官方贸易。渤海国与唐朝官方的商业贸易活动,有的以聘问形式进行,有的是直接进行交易,并且多半是在某些既定的地区进行的。

据《册府元龟·朝贡》记载,开元元年(713 年),大祚荣刚刚接受唐朝册封就遣王子朝唐并请求"就市交易、入寺礼拜"。金毓黻先生认为,此即"含有市易之意……此皆渤海朝唐以市易为重之证也"。②可见,从渤海受封之初就把与唐朝"就市交易"、谋求建立官方的商业贸易关系作为目标。随着贸易的不断发展,渤海中后期运销内地的货物种类和数量都有增加。

经常交易的沿海港口城市,如登州、青州等,成为渤海货物的主要集散地。唐朝官方在登州城内设有"渤海馆",专门接待渤海使节和过往商旅。据《册府元龟》等文献记载,渤海和渤海役属的各部都曾到唐朝贡,有的专门进行贸易。登州成为交易的主要港口城市,渤海国常年到此进行贸易。当时渤海货物以马匹、熟铜为主。据《旧唐书·李正己传》记载,青州一带就"货市渤海名马,岁岁不绝"。③唐对渤海的金属产品熟铜需求量更大,远远满足不了需求,以至于淄青节度使奏请朝廷"请不禁断"。由于登州在双方商业贸易中的重要作用,故得到

---

① [宋]王若钦等编纂,周勋初等校订:《册府元龟》卷九百七十二《朝贡五》,南京:凤凰出版社,2006 年,第 11250—11251 页。
② 金毓黻:《东北通史》上编,长春:《社会科学战线》杂志社,1980 年,第 279 页。
③ 《旧唐书》卷一二四《李正己传》,北京:中华书局,1975 年,第 3535 页。

了朝廷的重视,而登州外港青山浦则不时有"渤海交关船同泊彼浦",①等待"交关"。渤海同登州的商业贸易是通过海道进行的,推知渤海已有一定规模的商船队。除登州以外,幽州等地也是渤海同唐进行商业贸易活动的城市之一。

第三,民间贸易。除官方的商业贸易活动外,渤海与唐朝还有大量的民间贸易往来,因而也有不少走私活动。唐朝曾规定有些产品不得卖入渤海等地,对走私发布过禁令,同时禁止唐商人私自与渤海客商交易。如《册府元龟·互市》中就有关于这类禁令的记载:"建中元年(780年)十月六日敕",及开成元年(836年)六月"京兆府奏准建中元年十月六日敕……又准令式,中国人不合私与化外人交通买卖"②等。尽管唐朝有禁令发布,但民间商人的走私活动一直没有中断过。商人通过上述商业贸易形式,使渤海产品,特别是土特产品大量运销内地,而内地产品也源源输入渤海,互通有无,促进了双方经济的发展。

通过朝贡与商业贸易,渤海运销中原地区的货物主要有以下几类:皮革类有虎皮、豹皮、熊皮、海豹皮、貂鼠皮、白兔皮、猫皮、革、靴等;水产类有鲸鲵鱼睛、鲻鱼、乾文鱼、昆布等;牲畜类有猲、马、羊等;猛禽类有鹰、海东青、鹘等;药材类有人参、牛黄、头发、松子、黄明、白附子、麝香、蜜;金属类有金、银、熟铜等;纺织品类有粗布、细布、六十综布、鱼牙绸、朝霞绸、白绽等;工艺品类有玛瑙杯、玛瑙柜、紫瓷盆、玳瑁杯、金银佛像、玉笛、鸣镝,以及雕羽、儿口、女口、奴子等杂类。上述物品共分8大类,总计48种,其中以各种珍贵皮张居多,约占1/5弱;其次为药材,约占1/6强;再次为各种纺织品,约占1/7弱。这些物品,深受中原地区人民的喜爱。唐苏鹗《杜阳杂编》记载:

> 武宗皇帝会昌元年……渤海贡马脑柜、紫瓷盆……紫瓷盆量容半斛,
> 内外通莹,其色纯紫,厚可寸余,举之则若鸿毛。上嘉其光洁,遂处之仙台

---

① [日]圆仁:《入唐求法巡礼行记》卷二,上海:上海古籍出版社,1986年,第67页。
② [宋]王若钦等编纂,周勋初等校订:《册府元龟》卷九百九十九《互市》,南京:凤凰出版社,2006年,第11562—11563页。

秘府,以和药饵。后王才人掷玉环,误缺其半菽,上犹叹息久之。①

渤海从唐朝获得的物资主要有各类丝织品、袍服冠带、粟、药材、金银器皿,以及经籍图书等。数量是极其可观的,仅 713 年渤海大取珍 120 人来朝,唐朝回赐帛 3600 多匹。

三、渤海国与日本的睦邻互通贸易将唐代丝绸之路拓展到日本列岛,奠定了丝绸之路经济带横贯欧亚的基础。

20 世纪 30 年代,日本学者发掘渤海上京城遗址时,在宫城内四殿址西室地面上发现一枚日币"和铜开珎"。这是渤海国与日本、唐朝进行经济交往和商业贸易的证据。据日本史料记载,在 8 世纪末,"日本道"的海上航线,"商贾之辈,漂宕海中,必扬火光,赖之得全者,不可胜数"。②这里所说的"商贾之辈"显然是指渤、日两国的商人,他们在经济贸易领域里扮演着重要角色,使各行各业的生产与市场交换紧密联系起来。

渤海国使团访问日本,开展贸易,前期主要是到平城京,后期都是到平安京。平城京是日本奈良时代都城。1966 年奈良国立文化财团研究所对平城京进行第 32 次发掘时,在朝堂院遗址出土有关渤海国的木简一枚,全文为:"依遣高丽使迴来天平宝字二年十月二十八日进二阶叙。"木简记叙的是唐至德三载(758 年)遣渤海国使小野田守等 68 人,在完成访问渤海国之后,同渤海国访日使杨承庆等 23 人同返日本,于越前登陆,10 月入京,以功,升阶位的事实。③此外,1988 年在奈良长屋王邸宅遗址出土了写有"渤海使"和"交易"等字的木简,

---

① [宋]苏颚撰,阳羡生点校:《杜阳杂编》卷下,上海古籍出版社编,丁如明、李宗为、李学颖等校点:《唐五代笔记小说大观》,上海:上海古籍出版社,2000 年,第 1931 页。
② 《日本后纪》卷八,《延历十八年五月十三日条》,转引自孙玉良编著:《渤海史料全编》,长春:吉林文史出版社,1992 年,第 279 页。
③ 《续日本纪》卷二十记载:"十月丁卯(28 日),授遣渤海大使从五位下小野朝臣田守从五位上,副使正六位下(《纪略》作上)高桥朝臣老麻吕从五位下,其余六十六人各有差。"转引自孙玉良编著:《渤海史料全编》,长春:吉林文史出版社,1992 年,第 249 页。

是渤海国与日本进行贸易的实物例证。

平安京是日本平安时代的京城。渤海国使团后期朝觐日本天皇,献国书和信物,参加各种活动,从事贸易,都是到平安京。如今在日本留存有一件非常珍贵的文物,即第24次渤海国使贺福延的咸和十一年中台省致日本太政官牒。

唐会昌元年(841年),贺福延奉大彝震之命,率105人赴日本访问,12月在长门登陆,唐会昌二年(842年)三月贺福延等进京,3月27日被安置在鸿胪馆,28日贺福延上中台省牒。这份中台省牒的复写本,一直保存至今,收藏在宫内厅书陵部《壬生家文书》"古往来消息杂杂中"。1950年宫内厅书陵部出版的《图书寮典籍解题》另文发表了中台省牒的照片,始为世人所知。《渤海国咸和十一年中台省致日本太政官牒》是一件十分重要的文物,不仅是贺福延出使日本的重要实物作证,同时也为研究渤海国与日本的关系,以及渤海国的职官制度提供了十分珍贵的资料。

在渤海国与日本的交往中,渤海统治者最初东聘日本,是从政治、军事形势的需要出发,有善邦结邻的政治军事意义。初聘时间和当时某些背景是清楚的,约占有记录的交聘次数的1/10左右。渤海使团初期人数不定,但随着渤海政权的稳定和强大,贵族生活欲望的增强,渤海使团在贸易方面的分量逐渐加重,人数也常在100人左右,最多的一次达到300多人,使得渤海使团相当程度上成了贸易商团。据《类聚国史》卷一九四《天长三年(826年)三月戊辰条》记载,当时日本有识之士也认识到:"渤海客徒,实是商旅,不足邻客。"渤日交聘完全转向官方的商业贸易,即以经济文化交流为主。金毓黻《渤海国志长编·食货考》中介绍:"(渤海)即同胡贾之长,名为朝聘,实为交易耳。""渤海之频与各国交通,非壹于输诚上国而尽心礼聘也,一则输本邦之货,以应外人之求;一则辇外邦之货以济国人之用"。[1]渤日双方商业贸易的实质是为了满足王廷的奢侈需要。

渤海国与日本的商业贸易形式除正式的"互赠""交关""回易"外,又有所

---

① 金毓黻:《渤海国志长编》卷十七,《食货考》,长春:《社会科学战线》杂志社,1980年,第402页。

谓的"私贡""私易"、市易等途径,并且越到后来越以除"互赠"以外的各种交易形式为主要内容。

宫廷贸易。在渤海国与日本有记录的34次交聘中,确切记载渤海使臣致日本朝廷"方物"或"信物"的有27次,照例日本朝廷对渤海使节按级别又回赠礼物,这实际上是一种采取国家礼仪形式的特殊贸易——宫廷贸易,是双方上层统治者之间的一种特殊的产品交换形式。按行为体划分,在"互赠"中,渤海国致日本"方物"或"信物"行为方式主要有三种:

一是以渤海王为主的渤海政权的行为方式。如开元十六年(728年),渤海第一次遣日使团抵达日本后,"高齐德等上其王书并方物。'……并附貂皮300张'。"①开元二十七(739年),渤海第二次遣日使团抵日后,"己珍蒙等拜朝,上其王启并方物……'大虫皮、羆皮各七张、豹皮六张,人参三十斤,蜜三斛进上'。"②咸通十三年(872年),渤海第28次遣日使团抵日后,"检领杨成规等所赍渤海王启及信物……其信物大虫皮七张、豹皮六张、熊皮七张,蜜五斛"。③

二是渤海使节个人对日本首脑的行为方式。如长庆四年(824年),渤海第21次遣日使团抵日后,"大使贞泰等别贡物。又契丹大獦三口,□子三口,在前进之。庚子,返却渤海副使璋浚别贡物"。④会昌二年(842年),渤海第24次遣日使团抵日后,"大使贺福延私献方物"。⑤

三是渤海使节对日本朝臣的个人行为方式。如咸通十三年(872年),渤海第28次遣日使者杨成规送貂裘、麝香、靴给日本掌渤海客使都良香,但都良香没有接受。

① 《续日本纪》卷十,《圣武天皇神龟五年正月条》,转引自孙玉良编著:《渤海史料全编》,长春:吉林文史出版社,1992年,第241页。

② 《续日本纪》卷十三,《圣武天皇天平十一年十二月条》,转引自孙玉良编著:《渤海史料全编》,长春:吉林文史出版社,1992年,第244页。

③ 《日本三代实录》卷二十,《清和天皇贞观十四五月条》,转引自孙玉良编著:《渤海史料全编》,长春:吉林文史出版社,1992年,第329页。

④ 《类聚国史》卷一九四《淳和天皇天长元年四月条》,转引自孙玉良编著:《渤海史料全编》,长春:吉林文史出版社,1992年,第329页。

⑤ 《续日本后记》卷十,《仁明天皇承和九年三月条》,转引自孙玉良编著:《渤海史料全编》,长春:吉林文史出版社,1992年,第313页。

渤海使到日本,向日本朝廷进呈礼物和地方特产,这些特产深受日本皇室贵族的欢迎。日本朝廷照例又回赠礼物,对使节按级别各有赏赐。如开元二十七年(739年),渤海第二次遣日使团到达日本后,日皇答赠渤海郡王"美浓绝三十疋、绢三十疋、丝一百五十絇、调绵三百屯。珍蒙美浓绝二十疋、绢十十疋、丝五十絇、调绵二百屯。"①大历十二年(777年),史都蒙等出使,带回了"绢七十匹、绝七十匹、丝二百絇、绵四百屯、黄金一百两、水银一百两、金漆一缸、漆一缸、海石榴油一缸、水精念珠四贯、槟榔扇十枚。"②贞元十二年(796年),渤海国第13次遣日使团抵达日本后,日本赠渤海王"绢二十疋、绝二十疋、丝一百絇、绵二百屯。"③

渤海国与日本除官方的商业贸易以外,还大量存在着半官方和民间的商业贸易往来。渤海使者除把部分礼品献给日本天皇外,其余大部分货物是同日本官吏、百姓进行互市交易。除日廷献给渤海王和使节成员的礼物以外,使者带回的大部分是通过互市交易得来的贸易商品。

在渤海同日本有记录交聘中,只有几次是渤海使团同日本官方机构或某些官员进行交易,而大多数是与当地商人和民众进行的交易,即官方许可的私人交易。渤海遣日使团或附带的商人,常常运载大批货物前来互市,经营普通方式的贸易。他们携带的商品在"日廷许可"下,先满足日本贵族、官吏的需求,然后在日廷内藏寮的安排下,与京都及诸市人互相交易。

金毓黻在《渤海国志长编·补遗》中认为:"……所诸市人与客徒私相市易……乃唤集市廛人,卖与客徒此间土物。"④咸通十二年(871年),杨成规率领105人出使日本,除赠送日本清和天皇礼物外,在日廷内藏寮的安排下,其余所

---

① 《续日本后记》卷十,《仁明天皇承和九年三月条》,转引自孙玉良编著:《渤海史料全编》,长春:吉林文史出版社,1992年,第245页。

② 《续日本纪》卷三四,《光仁天皇宝龟八年四月条》,转引自孙玉良编著:《渤海史料全编》,长春:吉林文史出版社,1992年,第265页。

③ 《类聚国史》卷一九三,《桓武天皇延历十五年四月条》,转引自孙玉良编著:《渤海史料全编》,长春:吉林文史出版社,1992年,第273页。

④ 孙玉良编著:《渤海史料全编》,长春:吉林文史出版社,1992年,第330页。

带的商品,次年5月就市交易。"己丑,内藏寮与渤海客回易货物;庚寅,听京师人与渤海客交关;辛卯,听诸市人与客徒私相市易。是日,官钱四十万赐渤海国使等,乃唤集市廛人卖与客徒此间土物"。①从当时日本的财政经济实力来看,日本不可能无偿赠予渤海官钱40万,合理的解释是,这可能是日本内藏寮与渤海使团"回易"结算后的货物补差款。这说明渤海使团带去的珍稀物品,深受东道主喜欢,因而想尽各种办法,不惜为渤海使团提供官钱40万,让其用日本货币购买日本京师的各种土特产品。渤海使团利用日本官钱40万,又与"日京及诸市人互相市易,不拘例禁,市人多以土产售与之"。②而渤海使团未必全部花掉日本货币,或有少量余额携归渤海。

除官方的商业贸易以外,也有半官方和民间的商业贸易往来。金毓黻《渤海国志长编》卷三《世纪第一·文王钦茂条》记载:天宝五载(746年),"国人及铁利部人千一百余,贾于日本"。③显然,这是一次规模很大的,而且有些冒险的活动,超过了官方聘使团规模的几倍。大历十四年(779年),"渤海和铁利部359人访日互市"。他们所携带的"珍货"深受日本贵族、官僚的欢迎,贸易的规模较大,获利雄厚。当时的日本当局虽曾一再颁布禁令,严格禁止各色人等与渤海客徒进行私易,但改变不了"此间之人心爱远物,争以贸易"④的局面。

渤海国与日本在经济贸易中,就交换货物种类及数量来说,都是十分可观的。

从种类上看,当时渤日双方经济各有特色,渤海之地多山林湖河,盛产珍奇野兽和名贵山货药材,所以,渤日通聘初期,运销日本的货物多以土特产品为主。如有大虫皮、豹皮、熊皮、貂皮等珍贵毛皮,有人参、麝香等稀有药材,这

① 《日本三代实录》卷二十,《贞观十四年五月条》,转引自孙玉良编著:《渤海史料全编》,长春:吉林文史出版社,1992年,第329—336页。
② 《续日本纪》卷二二,《淳仁天皇天平宝字四年正月条》,转引自金毓黻:《渤海国志长编》,长春:《社会科学战线》杂志社,1980年,第224页。
③ 金毓黻:《渤海国志长编》,长春:《社会科学战线》杂志社,1980年,第130页。
④ 《类聚三代格》卷十八,《夷俘并外蕃人事·应禁交关事条》,转引自孙玉良编著:《渤海史料全编》,长春:吉林文史出版社,1992年,第306页。

些均属世间珍品。随着贸易规模的扩大,运销日本的货物种类又增加了大量做工精细、外观精美的手工艺品,如玳瑁杯、暗摸靴等。日本古代以丝绸业著称于世,在与渤海贸易初期,丝绸是主要的出口商品,日本当局赠赐给渤海使团的货物几乎都以绢、绵、丝、绫、彩帛、绸锦、绸布、庸布、罗、白罗等丝绸品为主。到了后期,又增加了黄金、水银、漆、金漆、海石榴油、水晶念珠、槟榔扇等特产。广泛的贸易交流,满足了双方上层统治者的需要,同时也刺激了双方经济的发展,丰富了各国的经济生活。

从数量上看,渤海与日本贸易数量中后期较初期有明显的增加。仅以回赠为例,大中十三年(859年),渤海第 26 次遣日使团得到了日本"东绁五十匹、绵四百屯"的回赠,其数量远远超过《延喜式》所载大藏省赠蕃客例规定的"大使绢十匹、绁二十匹、丝五十绚、绵一百屯"的数量。咸通十二年(871年),渤海杨成规使团更是利用与日本"回易"结算后的货物补差款 40 万,与日京普通百姓展开贸易,其贸易规模与盛况可以想见,这些活动已远远超出"互赠"的范畴。

渤海同日本近 200 年交聘中,渤海始终是当时日本最大的商业贸易对象。就使团次数、人数、交换货物种类及数量来说,都是十分可观的。双方商业贸易往来,增进了相互间的友谊和了解,为促进两国传统友谊的发展做出了积极贡献。

四、唐代渤海国对外交通贸易的历史意义

1. 渤海国对外交通贸易网将唐代丝绸之路道路网络拓展延伸至古代东北亚地区。渤海人开通的"朝贡道""营州道""日本道""新罗道"等 6 条交通要道,奠定了丝绸之路的东北亚道路网络系统。渤海人以敢于冒险的精神和丰富的航海经验,在开通和发展唐朝、渤海、新罗、日本之间的海上丝绸之路贸易方面发挥了重大且积极的作用。当时,唐朝和日本之间的海上交通经常出事,前后竟有千人死于海难,因而被两国的人们视为畏途。渤海人开辟的海上航道"日本道"尽管也难以完全避免海难事故,但由于其航海家们逐渐掌握了日本海上

季风与海流的规律,懂得"顺应季节和海流,创造了冬往夏归的成功经验",[①]于是大大减少了海难事故发生,其中又以航期较短的"北路"最为安全,成为当时最为繁忙的海上道路,以此之故,从 8 世纪中叶起,日本使节们前往唐朝也往往取道渤海的"日本道",并于沿途受到了渤方的补给、关照和护送。

2. 渤海国的交通网络是古代东方丝绸之路交通道路网络枢纽之一。渤海国的交通网络既继承了东北区域历史上原有的交通驿站,又为后来中国区域交通发展奠定了基础。例如,渤海国某些陆路是利用原有道路改、扩建的。无论是改、扩建的道路,还是新建的道路,为辽金、明清东北亚丝绸之路奠定了基础,这是留给后世的宝贵财富。时至今日,我国东北地区京哈等铁路和公路基本上是沿着渤海国时期陆路道路修建的。

3. 渤海人在唐代东北亚地区的商贸活动中发挥了重要的作用,繁荣了丝路经济。渤海与唐朝、日本等国开展的双边或多边贸易活动"岁岁不绝",唐朝在登州城内设置了"渤海馆"。而渤海与日本的海上贸易尤为引人注目,如仅746 年一年就有"渤海及铁利总一千一百余人慕化来朝,安置出羽国,给衣粮放还"。[②]9 世纪以后,随着唐日官方贸易的中断,私商开始成为唐、日、新罗贸易的主角,诸如李延孝、李英觉、李光玄等在内的一些渤海"商主",都曾在海上丝绸之路频繁出没,非常活跃,从事着类似跨国贸易性质的经贸活动。渤海人还通过所谓的"貂皮之路"和"丝绸之路"与中亚、伊朗、东突厥、南西伯利亚的许多国家开展了商贸联系。

4. 渤海国对外贸易与交通是一条民族交往的走廊。渤海人以敢于冒险的精神和丰富的航海经验,在开通和发展唐朝、渤海、新罗、日本之间的海上丝绸之路贸易方面发挥了重大且积极的作用。9 世纪中叶,日本停派遣唐使之后,渤海人仍一如既往地穿梭于唐朝和日本之间,成为两国间进行接触和交流的主渠道,频频为双方传递信息、物品和转送人员,在维系和发展中日经济文化交

---

① 武安隆:《遣唐使》,哈尔滨:黑龙江人民出版社,1985 年,第 56 页。
② 《续日本纪》卷十七,天平十八年条,转引自孙玉良编著:《渤海史料全编》,长春:吉林文史出版社,1992 年,第 247 页。

流方面起到了不可替代的作用。

5.渤海国的对外贸易也是文化交流桥梁。随着渤海使臣及各色人物的外出,绚丽多姿的"海东文化"也被带到了周边各国和各族地区,其中如诗歌、音乐、舞蹈、书法艺术等都受到了各国人士的欢迎,如包括裴颋、裴璆父子在内的不少渤海使臣都以能诗善赋而在日本赢得了朝野人士的敬重,甚至举行"诗会"从事友好竞赛和交流。唐人段表抄写的梵文《尊胜咒》,也通过渤海使李居正带往东瀛,被珍藏于日本山城东寺之内。日本的文化艺术及其他物品,也时而经渤海人带到唐朝,如777年曾将"日本国舞女一十一人及方物"献于唐廷之类,可见渤海确曾在当时东北亚地区的文化交流中发挥了中转和桥梁的作用。

粟特仿中国"开元通宝"钱币研究

齐小艳

河北师范大学国际文化交流学院

粟特(古典文献称之为 Sogdiana)位于阿姆河与锡尔河之间的广大地区,有关粟特的记载首次出现在波斯帝国阿黑门尼德王朝的铭文中。历史上的粟特地区没有出现过统一的中央政权,而是先后受到不同外来民族和国家的控制和影响。在不同的历史时期和不同语言的文献中或有不同的名称或表述,严格来讲,粟特并不是一个国家概念,而是一个地理和民族概念,是绿洲文明古国的集合体。这一地区存在着诸多绿洲小国,它们在政治方面具有很大的灵活性,在经济和文化上享有较高的适应性和独立性。钱币体系的演变就是非常明显的一个例证。由于当地政治、经济和文化等因素的特殊性,粟特地区没有出现统一的货币体系,而是一直模仿外来统治民族或影响较强国家的钱币,进行当地钱币的铸造。一般来说,粟特诸国大规模的铸币始于前 3 世纪初,经历了从仿造希腊式钱币、萨珊波斯钱币到中国钱币的演变历程,见证了当地政治演变、经济发展和文化内涵的形成等历史现象。目前国际学界将粟特钱币划分为"东粟特""西粟特"和"南粟特"三大中心,也就是汉文史料记载的康国、安国、史国及其周边诸国。鉴于此,笔者试图在结合史料记载的基础上,以粟特仿造中国"开元通宝"钱币为切入点,通过分析钱币特征,进而探讨粟特的社会政治、经济状况及其与古代中国之间的往来。

一、仿造中国式钱币之前粟特的铸币历史

公元前 550—前 330 年，粟特是古波斯帝国东部行省的重要组成部分，承担着缴纳赋税、服兵役的义务。这一时期的粟特是否铸币的问题依然存有争议，即粟特未打造过钱币，[①]或已开始打造阿西娜的钱币，只是钱币形状不一致，也没有出现文字。[②]根据大流士一世修建王宫时使用了来自粟特的天青石和光玉髓，有学者认为这一时期的交易以物物交换为主。[③]希腊—马其顿人亚历山大及其军队在征服波斯帝国之后，对粟特地区进行了长达三年的征服战争（前 329—前 327 年）。为了鼓励士兵攻占粟特，亚历山大根据战功给士兵奖赏不同数量的塔兰特和大流克。[④]但遗憾的是，史料记载并没有提及亚历山大入侵之际粟特地区的钱币情况。据文献记载，从古波斯帝国末期到亚历山大继承者时期，粟特与巴克特里亚是由同一总督进行管理。巴克特里亚在广义上有时指代巴克特里亚—索格底亚那。在亚历山大继承者时期，巴克特里亚出现了四德拉克马银币，正面是穿着波斯服饰、持弓的国王像，朝右，背面是大象像，朝右。[⑤]因此，可以推测，此类钱币有可能也曾在粟特地区流通。

公元前 301 年的"伊普苏斯战役"奠定了希腊化世界的格局，塞琉古王朝占据了包括粟特在内的亚历山大帝国在亚洲的大部分领土。塞琉古王朝对粟特的统治主要集中在塞琉古一世、安条克一世和安条克二世统治时期。在保留

---

① Oliver Hoover, *Handbook of Coins of Baktria and Ancient India, Including Sogdiana, argiana, Areia, and the Indo-Greek, Indo-Skythian and Native Indian States South of the Hindu Kush, Fifth Century BC to First Century AD*, Lancaster/London: Classical Numismatic Group, INC, 2013, p. 187.

② Alexandra Villing, *The Greeks in the East*, London: British Museum Press, 2005, p. 64.

③ Amélie Kuhrt, *The Persian Empire: A Corpus of Sources from the Achaemenid Period*, New York: Routledge, 2010, p. 492.

④ Arrian, *Anabasis of Alexander*, with an English translation by P. A. Brunt, Cambridge, Mass.: Harvard University Press, 1996, 4. 18.

⑤ Michael Mitchiner, *Oriental Coins and Their Values: Ancient and Classical World, BC 600-AD 650*, London: Hawkin's Publications, 1978, pp. 64, 72.

行省体制的基础上,塞琉古王朝的国王们纷纷建立城市、安置希腊人、宣传希腊神和打造希腊式钱币。经考古发现,在渴石的脑塔卡和 Xenippa(后来的 Nahshab)发现了亚历山大德拉克马钱币和塞琉古一世德拉克马钱币。在 Kishlak Haprin 遗址发现了安条克一世四德拉克马银币。[①]前 3 世纪中期,当巴克特里亚总督狄奥多托斯宣布独立之时,粟特也从塞琉古王朝的统治下独立出来,并受希腊—巴克特里亚王国狄奥多托斯王朝、欧泰德姆斯王朝和欧克拉提德王朝的统治。粟特的库克马奇捷佩(Kokhmach-tepe)出土了 4 枚带有安条克名字的狄奥多托斯四德拉克马钱币,3 枚狄奥多托斯一世钱币和 51 枚欧泰德姆斯一世钱币。[②]

总之,伴随着希腊—马其顿人的政治军事征服,粟特直接或间接地卷入了希腊化世界。伴随外来的军事征服和政治统治,流通于粟特的希腊化钱币对当地铸币体系产生了极为深远的影响。前 3 世纪初,粟特诸国纷纷以亚历山大钱币、塞琉古王朝的安条克一世钱币和希腊—巴克特里亚王国欧泰德姆斯一世钱币为原型进行了铸币。在大月氏—贵霜王朝统治时期,尽管希腊人在粟特的统治已经结束,但是粟特诸国依然延续了希腊式仿造币传统,继续对希腊式仿造币进行再仿造。从 4 世纪 70 年代到 7 世纪初,粟特先后虽受萨珊波斯、嚈哒和突厥等国家和民族的统治和影响,但钱币依然沿用了希腊式铸币体系。从钱币学角度来看,粟特钱币以希腊古典钱币,尤其是雅典的阿提卡币制为基础,以亚历山大及其后继者发行的钱币为原型。尽管后期钱币上的图像、字母有些变形甚至难以识别,但是钱币的打造方式、正背面图案、币值、文字等方面都属于希腊式钱币范畴,呈现出变化与承继并存的钱币演变特征。这也正是粟特诸国仿造中国钱币之前的大致情况。

---

① Edvard V.Rtveladze, Coins from Kish.3rd–2nd Century BC–8th Century AD, Ērān ud Anērān Studies presented to Boris Ilich Marshak on the Occasion of His 70th Birthday, Venice, 2006, http://www.transoxiana.org/Eran/Articles/rtveladze.html, 2019 年 3 月 8 日。

② Aleksandr Naymark, Sogdiana: Its Christians and Byzantium: A Study of Artistic and Cultural Connections in Late Antiquity and Early Middle Ages, Ph. Diss., Bloomington: Indiana University, 2001, p. 30.

二、粟特中国式仿造币的铸造情况

7 世纪初,为了摆脱了突厥人的控制,粟特诸国国王通过上表、朝贡等方式与中国唐朝建立了藩属关系,唐朝在此则建立了羁縻州,粟特同唐朝在政治、经济和文化等诸多方面的交流进一步加强。武德四年(621 年),唐朝废除"五铢钱",但依然沿用圆形方孔样式,发行了"开元通宝"钱。受唐朝钱币的影响,公元630 年以后,粟特诸国纷纷以"开元通宝"为原型而仿造中国式钱币。

通过整理唐朝初期到中期粟特的铸币情况,[①]粟特的中国式仿造币大约发行于公元 630—750 年,除康国铸造中国式仿造币的时间保持了较强的连续性外,安国、史国、米国、石国分别集中在公元 630—650 年、公元720—737 年、公元 700—722 年、7—8 世纪。铸造中国式仿造币最为频繁的时间段是公元630—650 年和公元 700—750 年。遗憾的是,目前为止,与中国建立往来的何国、曹国和火寻国没有仿造中国式钱币。学界对戊地的解读也不尽一致。一种观点是"戊地亦作戍地,即西域记之伐地国,亦名国安,马迦特《古突厥碑铭年代考》考订为 wardan 或者 wardana 等"。[②]位于布哈拉绿洲北部的 Vardana,学者认为是汉文史料中的"小安国"。[③]

根据朝贡的动机、性质和频率,粟特诸国与唐朝的交往大体上分为三个时期:武德至永徽时期(618—655 年),显庆至先天时期(公元 656—712 年)及开元至大历时期(713—772 年)。[④]根据进贡总次数,康国、石国、安国、米国最多,分别是 40 次、27 次、24 次和 12 次,曹国、史国、何国、火寻国次之,分别是 10

---

① 本文对钱币正背面信息的描述,参见李铁生:《古中亚币》,北京:北京出版社,2008 年;O. I. Smirnova, *Svodnyi Katalog Sogdiiskikh Monet*:*Bronza*,Moscow:Akademia Nauka CCCP,1981.

② [法]沙畹著,冯承钧译:《西突厥史料》,北京:中华书局,1958 年,第 124 页。

③ Aleksandr Naymark,A Christian Principality in the Seventh Century Bukharan Oasis,*Journal of the Oriental Numismatic Society*,No. 206,2011,pp.2–3.

④ 关于粟特诸国与唐朝的交往情况,参见许序雅:《唐朝与中亚九姓胡关系演变考述——以中亚九姓胡朝贡为中心》,《西域研究》2012 年第 1 期,第 1—10 页。

次、7 次、5 次和 4 次。根据每一阶段的进贡次数,诸国进贡次数分别是 42 次、6 次和 81 次。从进贡总次数和每一阶段的进攻次数来看,仿造中国式钱币的诸国及铸币时间与汉文史料记载的粟特与唐朝的往来基本吻合。由于粟特在政治上并未形成统一的中央政权,因此,不同类型仿造币的发行和流通有着一定界限。粟特的中国式仿造币主要集中在康国、安国、史国、米国和石国一带,分布的局部不平衡说明阿姆河以北到泽拉夫善河流域一带,位于泽拉夫善河流以北到锡尔河以南一带。从地理位置来看,铸造中国式仿造币的粟特诸国在丝绸之路上具有重要的战略地位。

三、粟特中国式仿造币的特征—兼论粟特与昭武九姓

粟特的中国式仿造币仿效了"开元通宝"的圆形方孔样式,采取浇铸方式,材质以铜币为主。但钱币经历了不同的演变过程。康国的中国式仿造币面文出现过短暂的"开元通宝",背面为左边是一个中间没有圆形的 Y 型徽记,右边是 βγγ,从 7 世纪中期到 8 世纪中期的一个世纪里,钱币面文变为粟特文书写的国王名字和头衔 MLK',背面是不同徽记。安国的中国式仿造币面文是"开元通宝",背面是安国徽记,但仅存在了 20 年左右。之后,安国再次使用了西方式铸币传统,铸造了正面是骆驼图像,背面是祭火坛、βγγ 的钱币和布哈尔·胡达钱币。米国、石国的中国式仿造币正面是粟特文书写的国王名字和头衔,背面是各国徽记。史国的中国式仿造币正面是国王半身像,背面出现了方孔样式,但未铸孔,中间是 βγγ,左侧是史国徽记,其他三侧是粟特文。中国式仿造币重量也效仿了中国钱币的重量标准,但呈现不断减轻的趋势。苏联学者斯米尔诺娃认为,7 世纪初,1 千克的铜可以铸造 400~500 枚铜币,但是到 8 世纪中期,1 千克的铜可以铸造大约 965 枚铜币。按照第一种标准计算,铜币的重量在 2.0~2.5 克之间,按照第二种标准计算,铜币重量大约 1.04 克。[①]

[①] O. I. Smirnova, *Svodnyi Katalog Sogdiiskikh Monet*: *Bronza*, p.65.

　　钱币正面扁平且轮廓较浅,面文出现过汉字"开元通宝",但以粟特文书写的国王名字和头衔为主。在铸造中国式仿造币之前,粟特诸国钱币受希腊化钱币影响,出现了国王头像与希腊文书写的国王名字和头衔。因此,笔者认为,尽管两者属于不同的铸币体系,但中国式仿造币上出现粟特文书写的国王名字和头衔是对希腊式钱币传统特征的一种承继,更是对当地王权的一种强调和认可。

　　钱币背面多以徽记为主,因地而异,但又有模仿。钱币背面徽记有不同的意义,其中就反映出粟特人宗教信仰。5—8世纪琐罗亚斯德教的信仰在粟特地区普遍流行。康国的莫拉—库尔干村(Molla-Kurgan)发现了纳骨瓮,下方刻有火坛,两边各有一名祭司。[①]在嚈哒人统治时期,康国钱币背面就出现了中间是祭火坛,两侧是祭司的图像。米国钱币[②]背面的祭司像也是当地琐罗亚斯德教盛行的证据之一。安国钱币上出现了十字莲花图案,这是当地聂斯托里教盛行的反映,有学者认为,安国附近的Vardana是由一个信仰基督教的王朝所统治。[③]

　　《魏书·西域传》中首次出现了"粟特"一词,并记载了粟特诸国的"昭武起源说"。其中,康国最大,米国、史国、曹国、何国、安国、小安国、那色波国、乌那曷国、穆国皆归附之。[④]据《新唐书·西域传》记载:"康者,一曰萨末鞬,亦曰飒秣建,元魏所谓悉斤者……在那密水南,大城三十,小堡三百。君姓温,本月氏人。始居祁连北昭武城,为突厥所破,稍南依葱岭,即有其地。枝庶分王,曰安,曰曹,曰石,曰米,曰何,曰火寻,曰戊地,曰史,世谓'九姓',皆氏昭武。"[⑤]明确了

　　① [美]葛乐伟·韩森著,张湛译:《丝绸之路新史》,北京:北京联合出版公司,2015年,第158页。

　　② Shinji Hirano, A New Coin in the Name of Pēčut Lord of Panch, *The Numismatic Chronicle* (1966—), Vol. 171, 2011, pp. 355–358

　　③ Aleksandr Naymark, A Christian Principality in the Seventh Century Bukharan Oasis, *Journal of the Oriental Numismatic Society*, No. 206, 2011, pp. 2–3.

　　④ 《魏书》卷一百二十《西域传》,北京:中华书局,1974年,第2281页。

　　⑤ 《新唐书》卷二百二十《西域传》,北京:中华书局,1975年,第6243页。

"昭武九姓说"。①根据《魏书》和《新唐书》记载的变化,可以发现,到唐朝之际,康国、米国、史国、曹国、何国、安国依然存在,但石国、火寻国和戊地国成为昭武九姓的新组成部分。笔者认为,这一变化并不代表他们的消失,部分只是发生了臣属关系的变化,如曾经的那色波国变为史国的附属国,被称为"小史国",安国周边的毕国依然存在,但出现了戊地。

粟特中国式仿造币的面文和徽记有助于理解汉文史料记载的昭武九姓的构成情况。一方面,钱币铭文 βγγ, MR'Y, MLk'和 MR'YMLK'反映了粟特诸国体制的变化与政治归属。βγγ 被理解为一个神、某个中国皇帝或者突厥可汗,②康国、安国和史国的早期中国式仿造币上出现了 βγγ。笔者认为,从公元 630 年到 658 年,粟特处于摆脱突厥统治到向唐朝朝贡称臣的过渡期,此时出现这一具有争议的表述是可以理解的。以康国西希庇尔国王钱币为例,早期钱币正面为汉字"开元通宝",背面方孔右侧是 βγγ。之后,钱币面文出现了粟特文书写的国王名字和头衔 MLK'(意思是"国王"),粟特人将 MLK'读作"伊赫希德"(Ikhshid),因此由这些国王统治的王朝则称作伊赫希德王朝。从 βγγ 向 MLk'的演变反映了康国摆脱了突厥统治而独立的历史。

MR'Y 意思是"贵族或者当地统治者"。米国钱币上出现了 MR'Y。公元 718 年,康国国王乌勒伽派使者前往中国,希望唐朝帮助他们抵抗阿拉伯人的入侵。阿拉伯人得知此事之后,委派米国人迪瓦什梯奇作为康国国王。公元 719—722 年,粟特人在迪瓦什梯奇带领下抵抗阿拉伯人的入侵,最后被困穆格山,迪瓦什梯奇王被处死。迪瓦什梯奇在康国铸造了带有 MLK'面文的中国式仿造

---

① 学者们对粟特与昭武九姓的关系提出了不同观点。陈寅恪认为,昭武九姓之民并非专指粟特,应该将其统称为"九姓胡",参见陈寅恪:《以杜诗证唐史所谓杂种胡之义》,见《金明馆丛稿二编》,北京:三联书店,2001 年,第 57—59 页;蔡鸿生认为,粟特不能等同于昭武九姓,九姓的范围大于粟特地区,参见蔡鸿生:《读史求识录》,广州:广东人民出版社,2010 年,第 31 页;荣新江、张广达、姜伯勤、李鸿宾等学者认为粟特人就是汉文史料记载的昭武九姓,参见荣新江:《从撒马尔干到长安——中古时期粟特人的迁徙与入居》,荣新江、张志清主编:《从撒马尔干到长安——粟特人在中国的文化遗迹》,北京:北京图书馆出版社,2004 年,第 3—25 页;张广达:《唐代六胡州等地的昭武九姓》,《北京大学学报》(哲学社会科学版)1986 年第 2 期,第 71—82、128 页;姜伯勤:《敦煌吐鲁番文书与丝绸之路》,北京:文物出版社,1994 年,第 153 页。

② Smirnova O. I. *Svodnyi Katalog Sogdiiskikh Monet : Bronza*, p. 36.

币,从 MR'Y 到 MLk'的变化反映了康国势力大于米国。早期火寻国钱币也出现了 MLK',7—8 世纪中期,钱币铭文演变为 MR'YMLK',这说明唐朝之际花剌子模既有自己独立的统治者,又依附于更高的统治者,具有双重政治意义。

安国在短暂仿造了"开元通宝"之后,出现了布哈尔·胡达钱币,币文有两种写法 Pωγ'rγωβκ'y 或 Pwγ'rγωββ'y,目前第一种得到学界普遍认可。纳尔沙希认为,币文是"布哈拉卡纳国王"(King of Bukhara Kana)之意。①据理查德·费耐生的研究,Pωγ'r 转写为 Bukhar,指代布哈拉,γωβ 转写为Khudat,是粟特文的"国王"之意,κ'y 等同于 κai,表示波斯钱币上国王头衔,整个币文意思是"布哈拉的国王—皇帝"(King-Emperor of Bukhara)。②费耐生认为,纳尔沙希之所以得出这个结论,是将其与在粟特地区,至少在康国曾出现的一个名为 Kana(k)家族联系起来。③笔者认为,结合这一时期粟特的实际情况,出现这种现象是完全有可能的,因此,币文的意义类似于火寻国钱币上出现的双重政治性。

另一方面,钱币徽记也提供了研究粟特与昭武九姓的重要信息。米国钱币徽记、石国钱币徽记、曹国钱币徽记、火寻国钱币徽记与康国钱币徽记有相似性,可以看作是 Y 型徽记的变形。有关徽记的早期研究表明,徽记是家族或者王朝的一种象征和标志。④笔者认为,粟特中国式仿造币上的徽记并不能完全反映国王之间的家族世系关系,而更应该是政治关系的一种反映,是地域归属和地域政治关系的一种表现。

币文和徽记说明粟特诸国既相互独立又互相联系。币文反映了诸国与康国、安国之间的附属关系,徽记反映了诸国对康国徽记的模仿。从钱币角度来看,粟特诸国的中国式仿造币从形制上仿效了中国钱币的圆形方孔样式,但也

---

① Richard N. Frye, *The History of Bukhara*, Princeton, N.J: Markus Wiener Publishers, 2007, p. 35.
② Richard N. Frye, Notes on the Early Coinage of Transoxiana, *Numismatic Notes and Monographs*, No.113, 1949, pp. 1–39, 41–49.
③ Richard N. Frye, Notes on the Early Coinage of Transoxiana, p. 29.
④ S. A. Yatsenko, Tamgas of Iranoligual Antique and Early Middle Ages Peoples, http://s155239215.online-home.us/turkic/30_Writing/301Tamgas/YacenkoTamgas/YacenkoTamgasSect6En.htm, 2019 年 5 月 23 日。

有部分粟特诸国对康国、安国钱币的模仿,这些钱币可以看作是中国式仿造币的再仿造。从政治角度来看,这既是粟特诸国对中国唐朝统治的认可,也说明诸国均有各自统治者,且以康国为大。这与汉文史料记载的粟特以昭武为姓或子嗣继承王位相似,一定程度上印证了"枝庶分王"的历史。

唐朝之际昭武九姓的构成情况与粟特的政治、经济密不可分。从政治角度来看,粟特诸国先后受到了突厥人、阿拉伯人的入侵,他们在先后抵抗突厥人和阿拉伯人入侵的斗争中形成了一种联合体。从经济角度来看,位于泽拉夫善河流域的康国、安国、史国、何国、米国、曹国都积极参与了丝路贸易。公元568年的粟特商团事件①连接起了拜占庭与中国之间的贸易往来,火寻国是必经之地。粟特商人在石国的贸易往来频繁,并在锡尔河附近建立了聚落。火寻国和石国与其他粟特诸国往来日益频繁。粟特贸易在丝绸之路上的范围不断扩大,最终形成了共同的经济活动圈。从文化角度来说,粟特文在诸国钱币上被普遍使用就是一个明显例证。从中国角度来说,唐朝在康国、石国、史国、米国、安国、何国分别设置了康居都督府、大宛都督府、佉沙州、南谧州、安息州和贵霜州,粟特地区被纳入唐朝的西域防御体系。因此,《新唐书》中的昭武九姓反映了粟特与唐朝建立往来之后,唐朝对粟特乃至整个中亚地区的政治、经济和文化的认知。

四、粟特仿造中国钱币的原因

立足于粟特铸币历史,学界对铸币功能提出了多种看法,如纳尔沙希认为"粟特钱币只是弱小城邦发行的记账所用的代用币,只是为了在粟特地区展开交易。只有这样的钱币,别人才无法将它从我们这里或者城市带走,我们也才

---

① Menander, *The History of Menander The Guardsman: Introductory Essay, Text, Translation, and Historiographical Notes*, ed. and trans. by R.C. Blockley, Liverpool, Great Britain: F. Cairns, 1985, p. 115; 部分译文参见[法]魏义天著,王睿译:《粟特商人史》,桂林:广西师范大学出版社,2011年,第152页。

能借此在彼此间继续开展贸易";①泽马尔认为"粟特铸币只是一种代币(token currency),并没有真正价值,只是在一定范围内作为一种交换和支付的媒介,不同等级的统治者只希望从铸币权中彰显自己的政治权利"。②笔者认为,粟特诸国仿造中国式钱币的原因也是值得思考的问题。

自古波斯帝国到唐朝之前,粟特地区先后受到希腊—马其顿人、大月氏—贵霜帝国、萨珊波斯、嚈哒人和突厥人的统治。与政治历史进程相一致的是,粟特诸国钱币经历了从希腊式仿造币,希腊式仿造币的再仿造到萨珊波斯仿造币的演变。如康国钱币经历了安条克一世仿造币、阿诗塔姆钱币和萨珊波斯仿造币三个阶段。安国钱币经历了欧泰德姆斯仿造币、希尔科德王钱币和萨珊波斯仿造币三个阶段。史国钱币经历了亚历山大仿造币、弗赛格哈雷斯币和阿胡尔·帕特王钱币三个阶段。初唐之际粟特正值摆脱突厥人统治的历史时期,中唐之际,粟特面临阿拉伯人的入侵。因此,从初唐到中唐的一个半世纪里,粟特诸国通过上表、进贡等形式纷纷向唐朝称臣纳贡,并且模仿唐朝"开元通宝"而铸造当地的中国式仿造币。8世纪中叶的怛罗斯之战和安史之乱严重削弱了唐朝在中亚的影响力,随着阿拉伯人的入侵,粟特诸国纷纷放弃了中国式仿造币,而逐渐回归到之前的西方式铸币传统。

粟特诸国铸造中国式仿造币的时间并不同步。最早铸造中国式仿造币的是与中国往来频繁的康国、安国。到目前为止,也没有发现与中国建立了往来的何国、火寻国和曹国仿效中国钱币,而是依旧使用当地铸币。这种现象说明粟特的中国式仿造币并不是当地唯一的交换媒介,这与当时的国际货币体系及粟特经济有关。一方面,粟特地区和粟特人使用的钱币多数应该是萨珊波斯钱币。据考古发现,东曹国Kultepa发现了42枚萨珊波斯钱币及部分此类钱币的残片。除1枚库思老二世钱币(590—628年)外,其余钱币都是卑路斯一世钱

---

① Richard N. Frye, *The History of Bukhara*, p. 36.
② E. V. Zeimal, The Circulation of Coins in Central Asia during the Early Medieval Period Fifth–Eighth Centuries A.D.), *Bulletin of the Asia Institute*, New Series, Vol.8, 1994, pp. 245–267.

币(457—484 年)。①新疆发现的粟特文买婢契(639 年)记载,"石族人乌塔之子从康国人突德迦之子六获处得到一奴婢。此婢为曹族人,生于突厥斯坦,名曰优婆遮,他为此支付高纯度的卑路斯钱 120 德拉克麦[德拉克马]"②。在中国境内发现了大量萨珊波斯银币,结合粟特本土钱币体系及粟特商人在中国的活动范围,可以推测部分萨珊波斯银币是粟特人带入中国的。另一方面,粟特地处丝绸之路的十字路口,与印度、西亚、地中海世界和中国建立了广泛的联系,是多条商路的交汇之处。粟特商人在东西方经济贸易往来中承担着重要的中介作用,丰富的当地物产及异国物产都可能成为其在商品贸易往来中的交换物。

综上所述,结合历史演变、考古发现和文献记载,笔者认为,粟特的中国式仿造币是粟特与唐朝藩属关系的一种表现, 也反映了藩属关系下当地诸国相对独立于唐朝的政治状态,铸币权是政治状态的一种反映。丝路沿线所发现粟特的中国式仿造币与粟特人在丝绸之路中的地位并不相符,③此类钱币并没有承担丝路贸易中的国际流通货币的角色,而主要服务于地方社会经济。

粟特诸国经历了从希腊式仿造币到中国式仿造币的演变, 从铸币历史的完整性来看,康国、安国和史国形成了粟特地区的三大铸币中心。根据钱币形制和具体信息,粟特诸国的中国式仿造币呈现出一体多元的总体特征,反映了当时政治、经济发展背景下的一种地域归属认同。粟特诸国发行中国式仿造币是政治、经济和地理因素等多种因素综合作用的结果,在很大程度上出于政治和利益需求。昭武九姓的变化反映了 7—8 世纪中叶,粟特地区诸国在抵抗外来民族的入侵和控制过程中,抑或联合,抑或消失,抑或向更强大的周边国家和地区寻求保护。在外来民族入侵之下进行了政治联合和重组,粟特地区最终

---

① Michael Fedorov, Notes on the ancient and mediaeval numismatics of Central Asia, *Oriental Numismatic Society*, Vol.196, 2008, pp. 5-7.

② 林梅村:《粟特文买婢契与丝绸之路上的女奴贸易》,《文物》1992 年第 9 期,第 49—54 页。

③ Jone Walker, Monnaies orientales. Oriental Coins from the Excavations at Susa, *Numismatique susienne Mémoires de la Mission archéologique en Iran*, Vol. 37, 1960, pp.49-65; 杨鲁安:《内蒙古新出西域钱探微》,《内蒙古金融研究》2003 年增刊第 3 期,第 215—219 页.

形成了康国最大,其他八国附属于康国,但八国仍有自己附属国的地方政治格局。此类钱币在承继之前传入的西方式铸币传统基础上,仿效了中国圆形方孔的样式,见证了东西方文明在粟特地区交流与融合的过程,是一个不断模仿、创新和本土化的过程。粟特地区位于丝绸之路中段,连接着东西方的经济往来,也影响着丝绸之路的发展与走向,中国式仿造币的政治意义大于其经济意义。

8—9 世纪中亚七河地区葛逻禄铸钱考

周延龄

上海市钱币学会

8—9 世纪中亚七河地区铸造的中国形制方孔圆钱,除突骑施钱币外,其余被认为是葛逻禄铸造的。[①]本文对这些关系、这一时期七河地区的历史,以及喀喇汗王朝建立后的铸钱等问题进行论述。

七河地区是以流向巴尔喀什湖的七条河流命名,指天山以西,巴尔喀什湖以南,锡尔河以北,中亚河中以东,以伊塞克湖及楚河为中心的周边地区。历史上七河地区是中亚与中国联系最密切的地区。从 7—8 世纪中叶,由唐西域属国突骑施统治七河地区。

葛逻禄,鄂尔浑突厥碑文作 Qarluq,或 Karluks。是 6—13 世纪中亚的一个突厥游牧部落。葛逻禄一词最初是炽俟集团中雅巴库部的外号,该部成为整个部落集团的首领后,葛逻禄才变成整个部落集团的名号。塔巴里(Tabari)《历代先知和帝王史》中记载,737 年,葛逻禄叶护即出自炽俟部落的雅巴库部落。[②]史

---

① 孙海涛、杨志刚:《粟特文方孔铸币解析》,《新疆钱币》2011 年第 4 期,第 1—3 页;郎锐:《浅谈葛逻禄国阿尔斯兰尼币》,《中国钱币界》,2018 年第 4 期,第 50—51 页。

② 塔巴里:《历代先知和帝王史》(*Tarikh Rusul Wa Muluk*),(Tabari,838—923 年),著名经济学家、圣训学家、法学家和史学家。

籍中的葛逻禄在学术界有广义、狭义之分。①在汉文史料中,葛逻禄最早见于《隋书》卷八四《铁勒传》:"伊吾以西,焉耆之北,傍白山,则有契弊、薄落职、乙咥、苏婆、那曷、乌欢、纥骨、也咥、于尼欢等,胜兵可二万。"②其中"薄落职、乙咥、苏婆、那曷"当断为"薄落、职乙、咥苏、婆那曷","薄落、职乙"即葛逻禄三姓中的谋落(谋剌)、炽俟(婆匐)两部;另一部名踏实力。国内文献中常称其为三姓葛逻禄。首领号叶护,亦纳勒,故又号三姓叶护。葛逻禄最早游牧于额尔齐斯河上游与阿尔泰山西面,位于唐朝安北都护府辖区的西部。

葛逻禄原附属于回鹘,766 年后,葛逻禄逐渐取代突骑施,南下占有七河地区。史载:"(唐)至德(756—758 年)后,突骑施衰,黄、黑二姓皆立可汗相攻,中国方多故,不暇治也……大历(766—779 年)后,葛逻禄盛,徙居碎叶川,二姓微,至臣役于葛禄。"③789 年葛逻禄在北庭一带与吐蕃联军,战胜回鹘,脱离回鹘而独立。其后,回鹘开始进军西域,在北庭、龟兹、拔汗那(今乌兹别克斯坦费尔干纳)一带败葛逻禄与吐蕃的联军。840 年回鹘渠长句录真贺勾结黠戛斯,合骑十万掩袭回鹘城,回鹘可汗被杀,诸部溃散。

喀喇汗王朝是何时由何人建立的问题,著说众多。德国史学家普利查克(Omeljam Pritsak)归纳了 20 世纪相关研究总结有七种学说,提出了喀喇汗王朝是突厥阿史那汗族建立的学说。由于史料与论证比较翔实充分,被西方学术界所认可。④根据现存汉文及中亚当地史料分析,另有观点认为是回鹘乌古斯部族的克尼柯(Qïnïq)部落于 9 世纪 20 年代所建。⑤国内学界近年综合国外研究与汉籍史料,认为喀喇汗王朝是回鹘庞特勤建立的。即 840 年回鹘内乱、可汗

---

① 葛逻禄部落学术界有狭义、广义之分。因为中亚地区除分布着属于蒙古人种的突厥语部落外,还分布有印欧人种群落,以及由于通婚和文化交流而混杂有印欧人种成分的突厥语部落。如广义的葛逻禄三姓中的炽俟部落,有文章认为其包样磨部族以曤哒、羯、拔悉密、处密、同罗、粟特、坎切克等。可见,葛逻禄并非一个部落,而是一个部落集团。

② 《隋书》卷八十四《北狄》,北京:中华书局,1973 年,第 1879 页。

③ 《新唐书》卷二百一十五下《突厥下》,北京:中华书局,1975 年,第 6069 页。突厥传下附葛逻禄传。回纥:回鹘前称,自 788 年起改称回纥为回鹘。

④ 魏良弢:《喀喇汗王朝史·西辽史》,北京:人民出版社,2010 年,第 28 页。

⑤ 李树辉:《喀喇汗王朝的建立者及其建立时间》,《西域研究》2004 年第 4 期,第 47—50 页。

被杀后,其主要的一支在庞特勤率领下西奔葛逻禄,同葛逻禄叶护发生战争,最终降服葛逻禄,在这里建立了回鹘新王朝,史称喀喇汗王朝。回鹘占领七河地区后,葛逻禄分为三支:一支东迁阿克苏地区。另一支南迁吐火罗。另一支留在原地。整个天山南北地区已完全置于回鹘的控制之下。

从以上叙述里可以推测,三姓葛逻禄实际统治七河地区,是在789—840年五十多年的时间内。所以七河地区8世纪中叶突骑施被取代之后的钱币,是否全部为三姓葛逻禄所铸的问题,应该重新审视和分析。

目前钱币铭文被识读为"葛逻禄可汗"的钱币有两枚。一枚是《古中亚币(前伊斯兰王朝)》331页图9-105钱(图1),[①]钱币正面为粟特文 Gurek,背有撒马尔罕三尾花纹族徽,从铭文和族徽上分析,它不是葛逻禄钱币,而是710—738年粟特地区古雷克王铸钱。另一枚钱文被转译为"神圣的葛逻禄可汗之钱"的钱币(图2),[②]将粟特文中 βγyxr'lwyγ'γ'npny,中的 xr'lwy 转译成 Qarluks,即葛逻禄。然而 xr' 从音节上并不发 Ge 或 Ke 音,将它译成"葛逻禄"是很勉强的。另外,三姓葛逻禄首领在史料中从未有称"可汗"的记载,其首领为"叶护"。能找到与葛逻禄相关的只有处月部落的首领曾称"阿尔斯兰·喀喇可汗(Arslan qarakhan)",但其在位年代则要晚许多。将这两枚考证为葛逻禄所铸的钱币,从以上的分析中看并不支持这个结论。

有研究者将葛逻禄钱币分为三类,即阿尔斯兰·阙·特勒钱币、阿尔斯兰双

图1   图2

---

① 李铁生编著:《古中亚币(前伊斯兰王朝)》,北京:北京出版社,2008年,第331页。
② 郎锐:《浅谈葛逻禄国阿尔斯兰尼币》,《中国钱币界》,2018年第4期,第50—51页。

徽记钱币与阿尔斯兰·毗伽可汗钱币。①

对以上分类需要正确解释铭文的词义,在《旧唐书》与《新唐书》中,除了"阿史那""阿史德"外,还记载契丹首领有姓"阿思没"的。在阿尔泰语姓氏中,"阿史"或"阿思"是一个固定的词根。这个词根出现在突厥语 Aeslan、Arslan 中,为高昌回鹘及喀喇汗王朝可汗的称号,意为狮子。音译为"阿尔斯兰""阿厮兰""阿萨兰""阿儿思兰"等。

特勤是突厥官名,可授予可汗的子孙与宗族,到喀喇汗王朝时,词义有所缩小,仅指"可汗之子"。将特勤误作"特勒",始于新唐书。《新唐书·突厥传》:"更号可汗,犹单于也……子弟曰特勒。"②司马光在《通鉴考异》卷七"突厥子弟谓之特勒"条注曰:"诸书或作特勤。"19 世纪末俄国学者在蒙古国呼舒柴达木湖畔发现的唐玄宗开元年间的《阙特勤碑》,石碑汉文明确书刻为"特勤"。钱大昕认为,石雕文字对于此项的记录实具更高的史料价格,应据以订野史书的误载,"予谓本国言语,侨民鲜通其义,史文转写,或者失其真。惟竹刻出于后来真迹,况《契苾碑》丞相娄师德所撰,公权亦奉敕书,断无讹舛。当据碑订史之误,未可轻訾议也"。③另外,从译写的突厥语上,它也不发"勒"音。"特勒"乃"特勤"之误,前人早已有考据并订正。

"可汗"指一个部落或民族的独立统治者。到喀喇汗王朝时期,它的词义有所扩大,皇子和副职也可称"可汗"。"8—9 世纪的阿尔泰语系中亚古国中,其王朝的体制大都是实行"双王制"。如喀喇汗王朝把汗国分为两个部分,由汗族的长幼两支分治,长支为大可汗,称阿尔斯兰汗;幼支为副可汗,称博格拉汗。其下有低一级的伊利克(王)和特勤,大可汗下为阿尔斯兰伊利克,阿尔斯兰特勤;副可汗下为博格拉伊利克,博格拉特勤。而葛逻禄的首领"叶护"的职衔,是"授予出身平民的比可汗低两级的人的称号"。

---

① 郎锐:《浅谈葛逻禄国阿尔斯兰尼币》,《中国钱币界》,2018 年第 4 期,第 50—51 页。
② 《新唐书》卷二百一十五上《突厥上》,北京:中华书局,1975 年,第 6028 页。
③ 钱大昕:《十驾斋养新录》卷六"特勤当从竹刻"条,上海:上海书店,影印本(据商务印书馆 1937 年重印本影印),1983 年,第 145 页。

8世纪初七河地区铸行的钱币,是突骑施仿唐的"开元通宝",进而自铸粟特文钱、粟特突厥双文与粟特突厥与汉文三文钱,加突骑施族徽(或为城徽)作为一种定制。

唐朝在751年败于怛逻斯,四年之后又发生安史之乱。750年建立了阿拔斯王朝后的阿拉伯帝国,在中亚统治区域内先后发生了各种起义等。因此,8世纪中叶至9世纪初,唐与阿拉伯均无暇顾及西域地区的事务。唐朝势力的退出与阿拉伯帝国的解体,使西域地区内的回鹘、葛逻禄与吐蕃之间发生争夺控制权的战争,最终以回鹘控制天山南北终止。

七河地区曾是唐的羁縻州府,商品经济上受唐朝的影响巨大。七河地区这个时期仍在铸造和使用唐形制的方孔圆钱,但与早期的突骑施钱币形制规整相比,则制作粗糙,文字不清,大小不一。即使在突骑施被灭国,突骑施黑黄等部落附属于葛逻禄之后,七河地区铸行的钱币上仍有突骑施标志的弯月形族徽。这个时期的钱币上出现了突厥文字,由于七河地区多民族长期共存的情况,自6世纪上半叶开始,又长期处于突厥汗国和回鹘汗国的统治下,诸部落兼用或转用突厥语也是可能的。

11世纪阿拉伯作家阿布拉·伽菲尔作的《喀什噶尔史》已失传,在其他史料仅存的该书片段中记载:喀喇汗王朝第一位可汗称号是毗伽阙·喀迪尔汗。在汉文史料中也有庞特勤"自称可汗"的记载。[①]其年代也应该在8世纪末或9世纪初回鹘进入七河地区后。毗伽·阙·喀迪尔汗死后,君权由其长子巴兹尔·喀迪尔继承,称号为"阿尔斯兰·喀喇汗",驻巴拉沙衮。后巴拉沙衮为萨曼王朝攻陷,巴兹尔·喀迪尔被杀。次子奥古勒恰克·喀迪尔继承汗位,称"博格拉·喀喇汗",驻怛逻斯。由此可推断,钱文有"阿尔斯兰汗"的粟特突厥双文钱币,可考为喀喇汗王朝早期铸币。而钱文"阿尔斯兰特勤"钱币,则为喀喇汗王朝下七河地区的地方铸币。

---

① [宋]司马光编著,[元]胡三省音注:《资治通鉴》卷248宣宗大正二年正月甲子条,北京:中华书局,1956年,第8032页,言"其别部庞勒,先在安西,亦自称可汗,居甘州,总磧西诸城,种落微弱,时入献见。"

七河地区在地理上与新疆、费尔干纳盆地、河中地区隔有山脉与戈壁,8—9 世纪时东西两侧又与吐蕃和阿拉伯帝国统治区域相接。各地的语言文字、货币形制的不同,导致七河地区自铸钱币在异地贸易流通的作用是不可能的,只能在境内商品交易买卖中使用。所以,七河地区方孔圆钱在境外发现极少,外地流入的钱币则以极少量的唐朝和粟特地区钱币为主。对七河地区钱币的研究,由于汉文及邻近地区的史料记载稀缺,钱币在铭文与文字的译读上不一致,许多考证推测的成分居多,所以,诸多问题还有待进一步探讨。

综上所述,8—9 世纪七河地区铸钱都带有突骑施钱币的形制与标记。现考为葛逻禄的两枚钱币从铭文上分析都是误识。葛逻禄统治七河地区的时间为 8 世纪后叶—9 世纪初叶五十多年时间。七河地区 8—9 世纪青铜方孔圆钱,从大致的铸行年代与铭文形制上可分为以下四类。

一、8 世纪早期至中期,是突骑施汗国铸的汉文或粟特突厥文钱币。早期是仿开元通宝钱。其后自铸粟特文背弯月纹钱币,这类钱形制规整,制作精好(图3)。随着突骑施地域向东拓展,突厥部落的加入,铸钱上出现了突厥文,即粟特突厥双文钱或粟特突厥汉字三文钱。有中文"元"的"瓦赫苏塔夫王钱"(图 4),推测是苏禄可汗死后突骑施黄黑两姓相争后的部落铸钱。

二、8 世纪中后期的七河钱币,形制不规整,制作较粗糙。钱币铭文上有粟特突厥文,仍有突骑施族徽标志(图 2)。其中发现铸有十姓部落族徽的钱币,如钱币铭文"托古斯之主"(图 5),并有阿史那十姓可汗部族的三叉戟徽记。推测这类钱币就是葛逻禄统治七河地区时地方领主的铸钱。

图 3   图 4

图 5

三、8 世纪后期—9 世纪中期的七河地区铸币，粟特文，背有突骑施族徽加上突厥文字母，制作稍好，钱形偏大。从钱币有"阿尔斯兰"铭文来分析，应该是早期的喀喇汗王朝铸行的钱币（图 6、图 7）。

图 6   图 7

四、9 世纪后期，钱币铭文上有"阿尔斯兰"，背为阴文徽记（图 8）。喀喇汗王朝铸。较为少见，可见方孔圆形的仿唐钱币正在逐渐退出流通领域。

以上分类中的第一类为突骑施钱币，已被大家认识，不须赘言。而铭文有"阿尔斯兰可汗""阿尔斯兰特勤"的钱币，由于葛逻禄的首领从未有此称号，之前叙述中已将其考为喀喇汗王朝的铸钱。所以四类中的第二类钱币根据推断应为葛逻禄统治七河地区时的铸钱。葛逻禄部落唐初归安北都护府下辖燕然都护府统领，属游牧民族，并无铸钱使用的记载和钱币的发现。其后才南下占据七河地区，臣服了突骑施及西突厥部众，而七河地区在西突厥与突骑施管辖下，地处丝绸之路中路，商品经济远比葛逻禄游牧的阿尔泰山南北地区发达。七河地区自突骑施衰败解体，黄黑两姓自立可汗后各自铸钱，钱币在铭文、族徽与形制上也无统一标准。葛逻禄占据七河地区时间并不长，之前使用的货币

图 8

也不可能瞬间退出流通,应该是沿袭了这个形制。当地领主在葛逻禄统治者首肯下自铸钱币是完全可能的,由于该地区多民族构成,在钱币上出现粟特文、突厥文与西突厥族徽标志也是为了流通和使用便利。

所以,对这一时期葛逻禄铸钱的结论是:从钱币铭文中没有出现"叶护,亦纳勒"称号,从发现的钱币铭文与徽记变化来分析,统治七河地区的葛逻禄并没有发行统一的可流通七河全境的货币,而只是允许辖下的地方领主自铸货币以参与流通。

喀喇汗王朝的阿拉伯文钱币(图 9),其铸行时间在 10 世纪七河地区伊斯兰化之后,不在本文的论述之内。

图 9

黄金与唐五代吐蕃民众社会生活

——以敦煌西域文献为中心

王 东

敦煌研究院敦煌文献研究所

　　吐蕃统治者倚仗强大的军事力量不断拓展疆域，并攫取占领地的社会财富，"松赞干布遂统治四方,将边地之全部受用财富悉聚于(松赞干布)权势之下"。①吐蕃占领河陇西域时期,是吐蕃王朝发展的重要历史时期,河陇西域基本上囊括了丝绸之路的主要部分, 丝绸之路商贸经济的繁荣也为黄金在社会生活中的使用提供了必要前提。

　　黄金作为贵金属,充当了一般等价物的角色,是吐蕃社会生活衡量财富的重要物品之一,因此社会各阶层无一不对贵金属诸如金银的追求。吐蕃社会生活中,黄金不仅充当了一般等价物,且"黄金"一词有了文学性用法,采金业也成为吐蕃社会的一个重要产业。吐蕃地区蕴含着丰富的矿藏资源,成书于公元982 年之前的波斯史籍《世界境域志》中也有吐蕃地区有金矿的记载,如吐蕃RĀNG–RONG 地区的山上有金矿,但天然金矿有着某种诅咒,谁若是带回家厄

　　本文系国家社科基金一般项目《法藏敦煌汉文非佛经吐蕃文献整理与研究》(19BZS014)阶段性成果之一。

　　① ［元］巴卧·祖拉陈瓦著,黄颢、周润年译注:《贤者喜宴——吐蕃史译注》,北京:中央民族大学出版社,2010 年,第 30 页。

运就会随之而来。N.ZVĀN 之地物产丰富,其中包括黄金。[1]有关吐蕃地区有金矿的记载,也被另一部史书《柱间史——松赞干布的遗训》所印证,"是他(指南日松赞)最先在才邦山发现金矿,在盖日山发现银矿,在昌布岭发现铜矿,在热嘎山发现铁矿,还在北方的拉措湖发现了食盐"。[2]贵金属矿藏的发现,为贵金属的开采冶炼提供了客观条件。正是由于黄金的稀缺性,因此有学者指出:"黄金在吐蕃具有象征社会财富的影响。"[3]关于唐宋时期此地黄金的研究学界已多有讨论,[4]在此不再赘述。本文依据敦煌西域出土文献资料,希冀揭开黄金在吐蕃民众日常社会生活中所扮演的角色及其意义。

一、黄金与宗教生活

吐蕃统治者在迎请高僧大德到蕃地讲法所携带的礼品通常为黄金。松赞干布时期,以噶尔·东赞为代表的请婚使团前往长安,"携带礼品为一百枚钱币,聘礼为七枚金块及无价之宝天衣",[5]如果钱币为普通钱币则不足以显示其珍贵,那么我们推测这 100 枚钱币也应该是黄金质地。对于迎请高僧大德,赞普所派遣使者通常携带黄金前往,"赞普带领拔赛囊、桑希、祥尼雅桑、僧果以及聂达赞等五位侍从,携带一升金粉,轮流进行七次顶礼,随后即将所有黄金置于堪布跟前而去……阿阇黎为了给泥婆罗国王及其臣工而拿了一捧金粉,

---

① Ḥudūd al-Ālam.*The Regions of the Word Geography 372A.H.—982A.D.*Translated from and Explained by V. Minorsky,Printed at The University Press,Oxford for The Trustees of The 'E. J. W. Gibb Memorial'and Published by Messrs. Luzac & Co. 46 Great Russell Street,London,W. C. 1937,pp.92–93.

② [宋]阿底峡尊者发掘,卢亚军译注:《柱间史——松赞干布的遗训》,北京:中国藏学出版社,2010 年,第 58 页。

③ 陈波:《公元 10 世纪前西藏的黄金、黄金制品及相关问题研究》,《中国藏学》2000 年第 2 期,第 70—71 页。

④ [法]布尔瓦努:《西藏的金矿》,耿昇译:《法国藏学精粹》(2),兰州:甘肃人民出版社,2011 年,第 423—473 页;陈波:《公元 10 世纪前西藏的黄金、黄金制品及相关问题研究》,《中国藏学》2000 年第 2 期,第 63—75 页;霍巍:《吐蕃系统金银器研究》,《考古学报》2009 年第 1 期,第 89—128 页;杨慧玲、杨鸿光:《论宋元时期藏区的黄金》,《西藏大学学报》2011 年第 3 期,第 101—106 页。

⑤ [元]巴卧·祖拉陈瓦著,黄颢、周润年译注:《贤者喜宴——吐蕃史译注》,北京:中央民族大学出版社,2010 年,第 58 页。

其余的金粉又献给赞普本人"。①墀松德赞派拔赛囊等人前去迎请莲花生大师，"莲花生将赠给他的金粉献出，并抛撒开来，同时祝福道：'在未来，此处将出现黄金。'于是众吐蕃使者便生起怜爱之心。莲花生复以锡杖压抑石头及砂砾，这些石头及砂砾均变成黄金"。②阿里古格王朝时期，古格王派比丘促赤解哇等五人作为使者，带上 32 两黄金，由甲·尊珠僧格为首领去为蕃地赞普降丘僧巴迎请一位大师，而诸班智达中以阿底峡学识成就为最大，使者向其献上了一块 12 两的黄金作为聘礼请他去蕃地传法。后来蕃地国王降丘卧又为其驻锡的寺院献上 600 两黄金作为请他讲授一年佛法的献礼。③黄金及其饰品通常被作为珍贵物品供奉给寺院。敦煌文献 P.2583v-1《申年（816 年）施入历》中记载，吐蕃宰相上乞心儿为祈福田施舍物包括"壹拾伍两金花"、上发结罗"拾伍两金花银盘壹"。

占卜在吐蕃苯教生活中扮演了重要角色，敦煌文献 IOLTibJ738《骰子占卜文书》第 9 卦、第 10 卦载："啊！子息好如黄金，金如水流盈溢，流水滔滔不绝……啊！北山重峦叠嶂，正在挖掘宝藏，挖到长条黄金，大喜将它拾起，赶快藏到怀里。"④卜辞中提到"黄金"是与吉祥联系在一起的，黄金属于宝藏（财富）的一部分。苯教仪式中也提到了黄金及其他贵重用品，敦煌文献 P.T.1042《苯教丧葬仪轨》载："金、玉、白陶土、海螺、冰珠石、朱砂、麝香等及药……投入酒浆后，述说方剂药物的仪轨故事（第 11 行）供上一瓢，此后献上粮食，再供上一瓢酒。"⑤仪式上所用酒浆是特制的，加入了许多珍贵物品和药材，以此来表达对神明的崇敬。羊在吐蕃民众社会生活扮演着重要角色，是一种图腾的象征，"其

---

① ［元］巴卧·祖拉陈瓦著，黄颢、周润年译注：《贤者喜宴——吐蕃史译注》，北京：中央民族大学出版社，2010 年，第 136—137 页。
② ［元］巴卧·祖拉陈瓦著，黄颢、周润年译注：《贤者喜宴——吐蕃史译注》，北京：中央民族大学出版社，2010 年，第 138 页。
③ ［宋］拔塞囊著，佟锦华、黄布凡译注：《拔协》（增补本译注），成都：四川民族出版社，1990 年，第 75—76 页。
④ 郑炳林、黄维忠主编：《敦煌吐蕃文献选辑·文学卷》，北京：民族出版社，2011 年，第 119 页。
⑤ 郑炳林、黄维忠主编：《敦煌吐蕃文献选辑·文学卷》，北京：民族出版社，2011 年，第 238 页。

俗,重鬼事巫,事澒羝为大神",①澒羝是小尾藏系绵羊的古称,②因此,羊在吐蕃原始宗教——苯教中视为一种祥瑞动物。苯教仪式中的遮庇羊是用来庇佑逝者灵魂之物,不仅可作为逝者的替身,同时还可为逝者灵魂引路,在丧葬仪式中有着特殊功用。③"遮庇羊的皮毛用白麦粉和大块的酥油掺和而成,装饰是:右角上缠绕金链,左角上缠绕银链,丹国用玉石做成,蹄子用铁做成"。④用金链、银链、宝石等物品来装饰遮庇羊实际上反映了对神明(包括羊神⑤)的敬畏之心,"按照黑人之论,黑葬法之典及要投放灵品的仪轨仪说、要对阴鬼供应焦烟的仪轨故事,羊比人更聪明、羊比人更有法力"。⑥

二、黄金与世俗生活

(1)法律诉讼

敦煌文献 P.T.1075《盗窃追赔律残卷》载:"若盗窃价值四两(黄金)以下,三两(黄金)以上之实物,为首者诛,次者驱至近郊,其余一般偷盗者分别赔偿。""若一人偷盗价值二两七雪二南姆(黄金)以下,二两黄金以上之实物者诛。二人合伙行盗则分别赔偿。若盗窃价值一两七雪二南姆(黄金)以下,一南姆黄金以上之实物者,将其盗来之物全部退还物主"。"盗窃钻入赞蒙、夫人、小姐、女主人及尚论以下,百姓以上之住房、土屋、牛毛帐篷、库房、地窖及旅客住处诸地,行窃未遂被抓者,若钻入价值二两(黄金)以上之地被抓,将为首者驱往远方,其余人按偷窃二两(黄金)财物之罪惩治。若钻入价值二两(黄金)以下之住

---

① [宋]欧阳修、宋祁撰:《新唐书》卷二百一十六上《吐蕃传上》,北京:中华书局,1975 年,第 6072 页。
② "澒羝"一词考证,参见聪喆:《"澒羝"考略》,《青海社会科学》1983 年第 1 期,第 117—120 页。
③ 林继富:《羊与藏族民俗文化》,《青海社会科学》1996 年第 5 期,第 95—99 页。
④ 褚俊杰:《吐蕃苯教丧葬仪轨研究》,《中国藏学》1989 年第 3 期,第 26 页。
⑤ 苯教文献中记载了"其经济以饲养畜群(尤其是牦牛和马匹)为基础的牧民拥有自己特殊的神殿。其中心就是'七兄弟畜群神座'。即马神、牦牛神、驯养牦牛神、母牦牛(牦牛和奶牛的杂交品种)神、黄牛神、绵羊神、山羊神等。"参见图齐、海西希著,耿昇译、王尧校订:《西藏和蒙古的宗教》,天津:天津古籍出版社,1989 年,第 255—256 页。
⑥ 褚俊杰:《论苯教丧葬仪轨的佛教化——敦煌古藏文写卷 P.T.239 解读》,《西藏研究》1990 年第 1 期,第 57 页。

地行窃未遂被擒,按偷盗半两(黄金)财物惩治,对抓住盗贼者,赏以被逐盗贼之牲畜及赔偿物,务须依法行赏"。"盗窃赞蒙、夫人、小姐、女主人之亲属。尚论以下,百姓以上之青稞时被抓,将盗窃粮食之蕃斗数,升数折成(黄金)两数,雪数,依盗窃财物之法等同论处"。"尚论以下,百姓以上之人,盗窃佛像一尊被擒,按佛像价值折成(黄金)两数,雪数计之。与钻入住家行窃惩治之法等同"。①

从《盗窃追赔律残卷》所载内容来看,盗窃物品价值是折算成黄金价值进行处罚的,以黄金来换算盗窃赃物的价值要符合特定条件,一人盗窃物品价值在"二两七雪二南姆(黄金)以下,二两黄金以上",合谋盗窃价值物品价值"四两(黄金)以下,三两(黄金)以上"之实物。而偷盗粮食也要折算成黄金进行论处,究其原因,可能是粮食是维系日常生活重要物品之一。

(2)黄金与日常生活

敦煌文献 IOLTibJ738《骰子占卜文书》第9卦、第10卦载:"啊!子息好如黄金,金如水流盈溢,流水滔滔不绝……啊!北山重峦叠嶂,正在挖掘宝藏,挖到长条黄金,大喜将它拾起,赶快藏到怀里。"②卜辞中提到"黄金"是与吉祥联系在一起的,黄金属于宝藏(财富)的一部分,体现了其珍贵价值。

告身等级标识是根据制作告身材质的不同而进行划分的,材质越贵重标识的等级越高,"所谓告身(yigtsha ngs),最上者为金、玉两种、次为银与颇罗弥,再次为铜与铁文字告身。总为六种,告身各分大小两类,总为十二级。再者,大贡论赐以大玉文字告身、次贡论及大内相赐以小玉文字告身。又,低级贡论、次内相、决断大事等三者赐以大金文字告身。又,低级内相及次噶论赐以小金文字告身。又,低级噶论赐以颇罗弥告身。再者,寺院之阿阇黎、持咒者及高低级权臣等,赐以大银文字告身。对于保护(王臣)身体的苯教徒、侍寝官员、管理坐骑人员、羌塘向导(或译'堪舆家')、保卫边境哨卡者,以及守卫宫廷之最高处者,等等,均授以小银文字告身。父民六族等授以青铜告身。东本如本授以铜文

---

① 王尧、陈践译注:《敦煌古藏文文献探索集》,上海:上海古籍出版社,2008年,第339—340页。
② 郑炳林、黄维忠主编:《敦煌吐蕃文献选辑·文学卷》,北京:民族出版社,2011年,第119页。

字告身。作战勇士赐以铁文字告身。灰白色硬木并画以水纹的文字告身授予一般属民"。①告身分为三个等级，其中高等级告身材质为金、玉质地，从材质差异体现告身等级差异，这也是当时人们对贵金属崇拜的一种体现。

黄金可用于婚嫁的彩礼，"贞观十四年十月（640 年）丙辰，吐蕃赞普遣其相禄东赞献金五千两及珍玩数百，以请婚"。②藏文史籍所载和汉文史籍略有不同，请婚使禄东赞"携带礼品为一百枚钱币，聘礼为七枚金块及无价之宝天衣"，③如果钱币为普通钱币则不足以显示其珍贵，那么我们推测这 100 枚钱币也应该是黄金质地。

敦煌文献 Or.15000/91《某庄园呈达热大人书》载："六个庄园面呈达热（stagbzher）大人：我们祈求神圣大人安康。二十九日夜，从若羌（skyangro）运来了三个口袋和十一捆东西。并盖有使者的印记，这个使者在唐纳（thangnag）平原与我们会面。我们没有弄清他是否是一个强盗，心中产生疑虑，敬请指示。此有四张虎皮及朱砂和黄金等三件东西……"④虎皮、朱砂均为日常生活中极为贵重的物品，此处黄金与二者放在一起，珍贵程度可想而知。

敦煌文献 P.T.1082《登埃里部可汗回文》载："向金匠监工转告，我已向天保军地之军官借金匠，此人不会打金器（可能只会在金器上描花——译者注）……又不做，天保军官又常常……过去有这样一名工匠已派往沙州，（有一名能干活儿的）工匠病倒，过往使者不断，（希望过往使者能看到）。这些情况，向军官——金匠监工再三请求后，唐王之一名金匠，为何我无权（使用）……已向太师太保请求，这名金匠由我掌管……（后略）"⑤这里提到"金匠"，一方面反映了

① ［元］巴卧·祖拉陈瓦著，黄颢、周润年译注：《贤者喜宴——吐蕃史译注》，北京：中央民族大学出版社，2010 年，第 36 页。

② ［宋］司马光编著，［元］胡三省音注：《资治通鉴》卷一百九十五唐太宗贞观十四年十月条，北京：中华书局，1956 年，第 6157 页。

③ ［元］巴卧·祖拉陈瓦著，黄颢、周润年译注：《贤者喜宴——吐蕃史译注》，北京：中央民族大学出版社，2010 年，第 58 页。

④ 杨铭、贡保扎西、索南才让编译：《英国收藏新疆出土古藏文文书选译》，乌鲁木齐：新疆人民出版社，2014 年，第 18 页，藏文转写参 Takeuchi, T., *Old Tibetan Manuscripts from East Turkestan in The Stein Collection of the British Lirary*, The Centre for East Asian Cultural Studies for Unesco, The Toyo Bunko–The British Lirary, 1997, p.18.

⑤ 王尧、陈践译注：《敦煌吐蕃文献选》，成都：四川民族出版社，1983 年，第 50 页。

吐蕃手工业发展水平,另一方面也反映了贵金属制品在日常生活中的使用。正如敦煌文献 P.2583V-1《申年(816年)施入历》中所载,吐蕃宰相上乞心儿为祈福田施舍物中有"拾伍两金花""拾两银瓶",贵族阶层将贵金属制作成各种物品,以满足其奢侈生活之需,也一定程度上推动了吐蕃手工业的发展。

黄金(或黄金制品)还用于吐蕃朝贡之物或者对臣属赏赐、陪葬品等。《南诏德化碑》中载,南诏为结好吐蕃,"遂遣男铎传、旧大酋望赵佺邓、杨传磨侔及子弟六十人,重赍帛珍宝等物,西朝献凯。属赞普仁明,重酬我勋效,遂命宰相倚祥叶乐持金冠、锦袍、金宝带、金帐床、安扛伞鞍、银兽及器皿、珂贝、珠毯、衣服、驼马、牛鞍等,赐为兄弟之国。"[1]作为对南诏附蕃的回报,吐蕃赞普赏赐给南诏大量珍玩。吐蕃经常向唐朝进贡金饰品作为礼物,贞观二十年(646年),吐蕃赞普派遣禄东赞携带以黄金铸成的鹅形酒壶来祝贺唐太宗征伐辽东胜利还朝。显庆二年(657年),吐蕃赞普遣使献金城(城上铸有狮子、象、驼、马、原羝等动物,并有人骑在动物之上)、金瓮、金颇罗。开元十七年(729年),吐蕃赞普向唐朝献金胡瓶、金盘和金碗各一件,金城公主又献金鹅盘、金展等物品。

西藏山南地区浪卡子县查加沟墓葬出土了圆形金牌饰、马形金牌饰、金管状物、金耳饰、金戒指等物品。[2]青海都兰吐蕃墓葬中出土有金牌、金箔、包金银球、金珠、金银带等饰物,[3]这些饰物可能是墓主人生前所用物品。

三、吐蕃黄金之风臆测

(一)贵金属的价值体现

《说文解字》关于"金"的解释:"金五色金也,黄为之长。久埋不生衣,百炼不轻。从革不韦。西方之行。生于土,从土。象金在土中形,今声。凡金之属皆

---

[1] 方国瑜主编,徐文德、木芹纂录校订:《云南史料丛刊》第二卷,昆明:云南大学出版社,1998年,第379页。

[2] 西藏自治区山南地区文物局:《西藏浪卡子县查加沟古墓葬的清理》,《考古》2001年第6期,第45—47页、第104页。

[3] 北京大学考古文博学院、青海省文物考古研究所:《都兰吐蕃墓》,北京:科学出版社,2005年。

从金。"也就是说,"金"为万金之首,古人了解到黄金化学稳定性很高、存储量少、不易开采等特性,最终成为财富和权势的一种象征。黄金除了作为一般等价物来体现其贵金属的价值外,还以金质饰品来体现出尊崇象征意义,如唐朝使臣刘元鼎出使吐蕃,与吐蕃进行会盟,"赞普坐帐中,以黄金饰蛟螭虎豹,身被素褐,结朝霞冒首,佩金缕剑"。①以黄金作为对赞普日常用品的装饰,凸显了赞普的权势和威严,反映出吐蕃制作金银器手工技艺的精湛和高超,也从另一方面反映了统治阶层对金银器饰品的喜爱, 在日常生活中保有量比较大。因此,美国学者谢弗在《撒马尔罕的金桃》(汉译名《唐代的外来文明》)中写道:"在对唐朝文化作出了贡献的各国工匠中,吐蕃人占有重要的地位。吐蕃的金器以其美观、珍奇及精良的工艺著称于世,在吐蕃献给唐朝的土贡和礼品的有关记载中,一次又一次地列举了吐蕃的大型金制品。吐蕃的金饰工艺是中世纪的一大奇迹。"②

(二)对黄金(财富)崇拜思想

敦煌文献 P.T.1283《礼仪问答》关于"致富五法"中言:"一是英勇为社稷立功(战功)受奖;二是勤劳地发展牲畜;三是勤劳地当好奴仆;四是勤劳地做买卖;五是勤劳地种地。"③这是吐蕃民众如何能够致富的五个基本途径,可视为当时吐蕃社会对财富的基本态度。佛教传入吐蕃后,逐渐取代苯教成为深受君臣万民尊崇的宗教,而佛教人间化的加深,佛教中出现了各种形式的主掌财富的神明,包括有佛陀、菩萨、护法等。如瓜州榆林窟第 15 窟前室北壁绘制整壁的一铺三身图像,主尊北方天王为半跏趺坐于方形须弥台座之上,左手于左腿上握着一鼠,鼠口正吐着一串串宝珠。主尊右侧立有一身菩萨像,其左手托一圆盘,盘中有两颗大小不一宝珠,右手拇指与食指于胸前持一摩尼宝珠;左侧站立一身披虎皮,头戴虎皮帽的力士,左手持一红色布袋,右手拇指与食指于胸前持一摩尼宝珠。李翎先生将主尊形象认定为藏传佛教宝藏神中的黄财神

---

① [宋]欧阳修、宋祁撰:《新唐书》卷二百一十六下《吐蕃传下》,北京:中华书局,1975 年,第 6103 页。
② [美]谢弗著,吴玉贵译:《唐代的外来文明》,北京:中国社会科学出版社,1995 年,第 552 页。
③ 郑炳林、黄维忠主编:《敦煌吐蕃文献选辑·社会经济卷》,北京:民族出版社,2013 年,第 266 页。

形象,①"库藏神"之名称可以在原藏于国家历史博物馆的敦煌文献《金统二年(881年)壁画表录》中找到相关记载:"第二,阿罗摩罗,唐言库藏神,肉色。丹红压录花珠袈裟。合慢珠白洛郡,压录花朱花,郡带白,头索白,老鼠深紫,身上帖宝,床面录。"②将主财富的神明绘入壁画中,视为世人对财富的崇拜心理。

(三)受到外部文化影响

众所周知,1978年,苏联和阿富汗联合考古队发掘了位于中亚的阿富汗北部朱兹詹省西巴尔干地区的蒂拉丘地遗址,出土了21000多件制作精美的黄金制品,展示了典型的黄金崇拜之风。早在吐蕃王朝建立之前,吐蕃与西亚的波斯帝国已经开始了贸易往来;③7世纪,随着阿拉伯帝国的东扩及吐蕃王朝东进,并与唐朝展开了对西域的争夺,吐蕃占领西域敦煌后,控制了从中原进入中亚、西亚的交通要道,并可经由西南丝绸之路进入南亚地区,同时可以接受来自西域、南亚等地文化影响。

另外,以昭武九姓为主体的粟特人是丝绸之路上知名的商业民族,《新唐书》卷二百二十一下《西域下》载:"王帽毡,饰金杂宝。女子盘髻,蒙黑巾,缀金花。生儿以石蜜唊之,置胶于掌,欲长而甘言,持珤若黏云。习旁行书。善商贾,好利,丈夫年二十,去傍国,利所在无不至。"④粟特人经商积累了大量财富,而黄金无疑是贮存财富的最佳选择。《吐蕃大事纪年》载:公元694年,"噶尔·达古为粟特人所擒",⑤这也是吐蕃王朝较早和粟特人发生冲突的记载,表明了吐蕃和粟特已经有了较多联系。⑥这一点也被都兰吐蕃墓葬出土器物风格所印

---

① 李翎:《大黑天图像样式考》,《敦煌学辑刊》2007年第1期,第125—132页。

② 图版及录文参金诺维诺:《吐蕃佛教图像与敦煌的藏传绘画遗存》,《艺术史研究》第2辑,广州:中山大学出版社,2000年,第18页;另见沙武田:《敦煌遗书〈壁画表录〉研究》,《兰州学刊》2007年第5期,第178—182页。

③ 张云:《上古西藏与波斯文明》,北京:中国藏学出版社,2005年,第275页。

④ [宋]欧阳修、宋祁撰:《新唐书》卷二百二十一下《西域传下》,北京:中华书局,1975年,第6243—6244页。

⑤ 王尧、陈践译注:《敦煌古藏文献探索集》,上海:上海古籍出版社,2008年,第91页。

⑥ 霍巍:《西域风格与唐风染化——中古时期吐蕃与粟特人的棺板装饰传统试析》,《敦煌学辑刊》2007年第1期,第82—94页;杨铭:《唐代吐蕃与粟特关系考述》,《西藏研究》2008年第2期,第5—14页。

证，许新国先生认为都兰金银器在题材上和造型上与中亚粟特人所使用的金银器纹样非常近似。①

霍巍教授从吐蕃金银器艺术风格角度出发，指出："从某种意义上而言，吐蕃由于其所处的特殊地理位置，犹如欧亚大陆文明交会的一个十字路，从不同的来源和途径吸收了来自东方和西方优秀的传统工艺技术，而形成自身独具一格的金银器风格，正是这个激烈动荡的历史时期东西方文化碰撞、交流的一个缩影。"②这种艺术风格的影响无疑伴随双边或者多边经济文化政治交流而来，尤其是这些地区的特殊文化，诸如对黄金之风的崇拜也会随之而来。

---

① 许新国：《都兰吐蕃墓葬中镀金银器属粟特系统的推定》，《中国藏学》1994 年第 4 期，第 31—45 页。
② 霍巍：《吐蕃系统金银器研究》，《考古学报》2009 年第 1 期，第 124 页。

国际金融史上第一枚纸币的问世

侯世新

四川博物院

  巴蜀地处长江上游,由于独特的地理位置,这里早在旧石器时代就有人类活动,大量考古资料显示,新石器时代成都平原文明化进程与中国文明起源同步,商周时期成都平原已出现了高度文明,公元前316年,秦并巴蜀,四川从此融入华夏文化,成为秦之崛起和统一全国的战略要地,巴蜀也成了长江上游文明的中心。刘邦也因"汉之兴自蜀"[①]故成都:汉时"位列五都",唐时经济"扬一益二",宋朝乃"西南大都会也"。发达的商品经济,催生了金融业的繁盛,使成都自古以来就承担着西部金融中心的职责,商业繁兴、贸易发达,瓷器、丝绸和茶叶一度成为丝绸之路跨国贸易的主要商品,为解决大宗贸易需求,纸币交子在成都应运而生。它的出现与当地经济发展、商业贸易、人文环境、诚信守实等诸方面息息相关。

一、蜀道是丝绸之路重要的组成部分

  自古以来,蜀地"闭而不塞"。四川盆地凭借得天独厚地理条件,其交通可

---

① 《史记》卷十五《六国年表》,北京:中华书局,1959年,第684页。

谓"栈道千里,无所不通",东出三峡可至江汉吴越与长江中下游取得联系;西南经滇、黔地区可达缅甸、印度、中亚和西亚,直达欧洲、地中海地区及东南亚诸区域;①盆地北部边缘翻越秦岭可与中原地区相通,西北有连接青藏的高原丝绸之路。②从先秦开始,凭借着这些交通优势,四川既是历朝历代战乱时的"避难所",也是雄才豪杰逐鹿中原的"根据地"。这些道路在历史上由于不完全同时存在,地理地貌不尽相同,道途险易、开发先后的不同,交通地位和其发挥的作用有所不同,因此,四通八达的蜀道,在不同的历史时期,发挥蜀地的地域优势,为丝绸之路的开通、东西方文化的交流交融做出了巨大贡献。

西南丝绸之路:以古代成都为起点,分西路、中路和东路通往印度、中南半岛和南海,其中时间最早、发挥重要作用的是"蜀身毒道"。这条道路早在商代中晚期已初步开通,《史记·大宛列传》记载:"然闻其西可千余里有乘象国,名曰滇越,而蜀贾奸出物者或至焉。"③从四川至印度的古道路,据《史记·货殖列传》记载:"巴蜀亦沃野,地饶卮、薑、丹沙、石、铜、铁、竹、木之器,南御滇僰、僰僮,西近邛笮,笮马、旄牛。"④《汉书·地理志下》记载:"巴、蜀、广汉本南夷,秦并以为郡,土地肥美,有江水沃野,山林竹木疏食果实之饶,南贾滇、僰僮,西近邛、笮马旄牛。"⑤滇是蜀出西南夷地区西贾印度的必经之地,位于云南中部。僰即汉之僰道,在四川南部的宜宾与云南东北昭通之间,是先秦、秦汉时期五尺道的所在。五尺道和牦牛道是从成都南行进入西南夷地区的两条重要通道。《史记·司马相如列传》记载:"邛、笮、冄、駹者近蜀,道亦易通。"⑥其间早有交通存在。这些史籍不仅说明了蜀人在西南夷地区进行商业活动的史迹,而且还清楚地记载了从蜀地进入西南夷地区的路线,一系列史实表明,在著名的北方丝绸之路和海上丝绸之路尚未开通之前,这条从西南通往印度的古道便成了当

---

① 段渝:《"重走蜀身毒道"系列之一天府之国成都》,《天府新论》2016 年第 1 期,第 2、161 页。
② 霍巍:《"高原丝绸之路"的形成、发展及其历史意义》,《社会科学家》2017 年第 11 期,第 19—24 页。
③ 《史记》卷一百二十三《大宛列传》,北京:中华书局,1959 年,第 3166 页。
④ 《史记》卷一百二十九《货值列传》,北京:中华书局,1959 年,第 3261 页。
⑤ 《汉书》卷二十八下《地理志下》,北京:中华书局,1962 年,第 1645 页。
⑥ 《史记》卷一百一十七《司马相如列传》,北京:中华书局,1959 年,第 3046 页。

时中国与外面世界的唯一通道。

4—6 世纪,由于战乱,成都成为沟通南朝和西域间的重要通道。丝绸之路"河南道"起点是益州(成都),终点是西域和漠北,因其沿线主要经过东晋南北朝时期的吐谷浑河南国,故而又被称作丝绸之路河南道。宋元之后,由于海上丝绸之路的勃兴,南方丝绸之路渐趋沉寂。然而南方丝绸之路上的民族迁徙,商业贸易却从未中断过,后逐渐演变为茶马古道。茶马古道分川藏、青藏、滇藏三条大道,延续了西南丝绸之路的发展,这条道路也被称为"藏彝民族文化走廊"。

高原丝绸之路:早在汉晋时期,从西藏高原通往西域、南亚等地的"高原丝绸之路"已经初步开通,在唐朝成为吐蕃出入中亚、南亚地区的重要交通枢纽,蜀地是青藏高原物资的主要来源地,纵横交错的高原丝绸之路,既有西藏高原腹心地区与中原地区通达的官道,也有通往巴蜀的商道和民间通道。青藏高原与祖国西南地区、西北地区以丝绸和茶马贸易为主要特色,内容最丰富、贸易最为繁盛的交通路线,也就是盛名显赫的唐蕃古道、吐蕃丝绸之路、茶马古道,蜀道是其重镇。藏文史书《汉藏史集》记载,吐蕃王朝"朗日伦赞曾征服汉人(rgya)和突厥人(grugu)将娘氏(nyang)、韦氏(sbal)、农(snon)纳入统治之下,据说将十八头骡子驮的玉石运送到吐蕃也是在这一时期"。[①]由此可知,在吐蕃王朝建立之前,今西藏与西域地区已存在的玉石贸易。西域于阗的上等玉石是西藏地方先民尊贵身份的标志,晚期藏文史书还提到,在达日年塞的时候,雅隆吐蕃人从汉地传入了医药历算,[②]这极有可能是从成都传去的。高原丝绸之路既与中国和西方传统的陆上丝绸之路主干道相连,又与从中国西北到西南乃至东亚地区、穿过横断山脉地区的民族走廊相接,形成民族迁徙和经济文化交流的循环系统,民族走廊的迁徙和文化传播的主要趋势是从西北到西南,再到东南亚。无论是民族来源的历史传说,还是物质文化交流的内涵都展现了中国

---

① 达仓宗巴·班觉桑布:《汉藏史集(藏文)》,成都:四川民族出版社,1985 年,第 139 页。

② 萨迦·索南坚赞著,陈庆英、仁庆扎西译注:《王统世系明鉴》,沈阳:辽宁人民出版社,1985 年,第 49 页。

西南地区,乃至东南亚地区许多民族来自中国西北地区的史实,并不断给民族走廊相邻地区带来新的民族和文化内涵。高原丝绸之路是古代中国丝绸之路网络的组成部分之一,并呈现出鲜明的地域特色。《隋书·裴矩传》称,当时西域丝路交通:"发自敦煌,至于西海,凡为三道,各有襟带……其三道诸国,亦各自有路,南北交通。其东女国、南婆罗门国等,并随其所往,诸处得达。故伊吾、高昌、鄯善,并西域之门户也。总凑敦煌,是其咽喉之地也。"[①]

故我们说,蜀道作为西南丝绸之路和高原丝绸之路的起点,连接陆上丝绸之路和海上丝绸之路的中转站,在不同的历史时期,均发挥着不同程度的重要作用。

二、巴蜀与域外文明的交流

近年来,在先秦古蜀相关遗址的发掘中,发现了众多产自印度洋海域的海贝,表明至少先秦甚至更早时期,蜀地与印度就有了贸易往来活动。在春秋战国时期,西南人沿着"蜀身毒道"驮着蜀布、丝绸和漆器与印度商人交换商品。印度和中亚的玻璃、宝石、海贝,以及宗教与哲学也随着返回的马帮进入被中原认为是蛮荒之地的西南夷地区。

公元前 138 年,汉武帝派张骞自蜀凿空西域,便有了实际意义上的丝绸之路。据《史记·西南夷列传》和《史记·大宛列传》记载,博望侯张骞从西域归来,向汉武帝禀报了他在大夏（今阿富汗北部）发现了大量产于四川的蜀布和邛杖。"居大夏时,见蜀布、邛竹杖,使问所从来,曰:'从东南身毒国,可数千里,得蜀贾人市。'"[②]这些史料显然说明,"蜀毒身道"贸易是由蜀人商贾直接从蜀地前往印度从事的远程贸易。成书于前 4 世纪的印度古籍《政事论》也提到"中国产丝与纽带,贾人常贩至印度",所说蚕丝和织皮纽带恰是蜀地的特产。表明了

---

① 《隋书》卷六十七《裴矩传》,北京:中华书局,1973 年,第 1579—1580 年。
② 《史记》卷一百一十六《西南夷列传》,北京:中华书局,1959 年,第 2995 页。相关记载也可见《史记》卷一百二十三《大宛列传》,第 3166 页。

战国时期蜀人在印度频繁的贸易活动。五代战乱、蜀地偏安,大批文人、百业工匠入蜀,为丝绸之路做出了极大贡献。考古学家曾在阿富汗喀布尔附近发掘的亚历山大城的一座堡垒内,发现大量中国丝绸,在新疆吐鲁番阿斯塔那古墓群中,先后出土的"五星出东方利中国"锦护膊、联珠对马纹锦、"胡王"织锦,经专家研究均为蜀锦,其年代从东晋到唐宋。因此,唐代吐鲁番文书中有"益州半臂""梓州小练"等蜀锦名目。蜀锦、蜀绣不但分别沿南、北丝绸之路传播到南亚、中亚、西亚和欧洲地中海文明区,而且还在战国时期向北通过北方草原地区传播到北亚,这条线路便是草原丝绸之路。这些充分表明:蜀锦在中西经济文化交流中占有重要的地位和发挥重要的作用。

在三星堆出土的青铜人物雕像群、金权杖和金面罩等,学者们研究发现,崇尚雕像、以杖代表神权王权、使用金面具等,本是古代两河流域文明、古埃及文明和古希腊文明普遍的文化特征,[①]但古代埃及、希腊与古代蜀国相距太过遥远,不大可能和古代蜀国发生直接的往来,而古代近东的两河流域在地理位置上与古代蜀国相对较近,古代蜀国已经有通往缅甸、印度的贸易通道,通过这条国际贸易线,三星堆古蜀国在以丝绸、漆器等换来自己所需的包括海贝、象牙、青铜合金原料等大量物资的同时,也较多地接触并吸纳了近东青铜文明中包括青铜雕像、黄金权杖、黄金面具等重要元素,并因此创造出了自己独特而神秘且高度发达的青铜文明。[②]最为引人注目的是在西藏西部考古出土了一批汉晋时期的古墓葬,其中的随葬品有织有汉字"王侯"字样的蜀锦、装盛在铜器、木案中的茶叶残渣、大量的木器、铜器、陶器等遗物,部分死者的面部还覆盖有用黄金面具与丝绸缝缀在一起的,带有"王侯"等字样和鸟兽纹样的蜀锦"覆面"。在这里出现绝非偶然,一、这类蜀锦制造地应是成都;二、带有"胡王""王侯""王侯合婚"等字样的蜀锦,在新疆汉晋时期的考古遗存中也有过出土。

---

① 段渝:《政治结构与文化模式:巴蜀古代文明研究》,上海:上海学林出版社,1999 年,第 94 页。
② 邱登成:《从三星堆遗址考古发现看南方丝绸之路的开通》,《中华文化论坛》2013 年第 4 期,第 37—44 页。

这就说明,青藏高原西部和北部在相当于中原汉晋时期,与西域、中亚、南亚等地建立起相当程度的联系与交流。

三、扬一益二奠定了成都国际化贸易的地位

自秦统一巴蜀,成都就成为我国西南地区政治、经济、文化的中心。据史料记载:益州是汉武帝设置的十三刺史部之一,治所在蜀郡的成都,诸葛亮也在《隆中对》中写道"益州险塞,沃野千里,天府之土,高祖因之以成帝业"。汉代郡守李冰治水使这里"水旱从人、不知饥馑",肥沃的土地使都江堰水利灌溉范围扩大,耕作技术改进,"地狭而腴,民勤耕作,无寸土之旷,岁三四收"。[①]两汉时,发达的农业带动了四川地区造纸、酿造等制造业,其中酿酒业的发展据《华阳国志·蜀志》称:"九世有开明帝,始立宗庙。以酒曰醴。"[②]出土的东汉庄园生活画像砖上,栩栩如生地雕刻出了当时成都人酿酒的场面。蜀地制漆历史悠久,入汉以后,蜀郡工官成为汉中央政府设立的著名工官之一,蜀郡西工以制造漆器、铁器为主,是汉代著名的"三工官"之一。其产品主要供给宫廷和皇室成员。贵州出土汉元始三年(3年)广汉郡工官制造的漆耳杯,湖南省长沙市马王堆一号汉墓出土漆匜漆器,在成都出土了东汉时期的经络漆人,朝鲜乐浪郡(今平壤附近)古墓出土的成都造漆器等。

在织造业方面,朝廷在此专门设置"锦官"进行管理,成都"夷里桥(今万里桥)南岸……其道之西域,故锦官也。锦工织锦濯其中则鲜明,濯他江则不好,故名锦里也"。成都也因此得名"锦官城"。

唐代,成都又出现了新的经济支柱性产业,第一是造纸业,唐代时主要造纸原料是麻,而成都一直是麻的主要产地。成都的造纸质量非常高,唐代政府规定,皇帝的诏书和官府文书必须用成都的麻纸来书写,唐代皇家图书馆里的

---

① 《宋史》卷八十九《地理五》,北京:中华书局,1985年,第2230页。
② [晋]常璩撰,任乃强校注:《华阳国志校补图注》,上海:上海古籍出版社,1987年,第122页。

抄书,也指定用成都的麻纸。第二是雕版印刷术,成都不仅率先把雕版印刷术形成产业化,而且其印刷品远销海内外。唐晚期至五代,扬州经济逐渐衰落,但是益州(成都)的经济却因少受战乱而继续发展。左思在《蜀都赋》中描绘其繁华时说:"市廛所会,万商之渊。列隧百重,罗肆巨千,贿货山积,纤丽星繁。"此时的经济作物主要有茶叶、药材、甘蔗、荔枝等,形成了商品生产基地。蜀绣为全国三大名绣之一,蜀锦被视为上贡珍品,除了蜀锦、蜀绣、酿酒,成都的井盐、制糖、造纸、印刷也久负盛名。据《容斋随笔》:"唐世盐铁转运使在扬州,尽斡利权,判官多至数十人,商贾如织。故谚称'扬一益二',谓天下之盛,扬为一而蜀次之也。"①《资治通鉴》卷二百五十九唐昭宗景福元年:"扬州富庶甲天下,时人称扬一、益二。"②

宋代的四川已是经济繁荣、文化昌盛,贸易往来在全国处于领先地位,不仅与中原、东部沿海交易往来频繁,与高原山地的少数民族贸易也日益增多,四川逐渐成为全国商品集散地。纵观天府之国的经济社会发展,不难看出,从秦汉一直到南宋末年,在这近千年的历史过程中,成都一直处于持续性的繁荣阶段,即便在战乱频繁时期,成都也能在战乱结束后迅速恢复。成都的手工业和商业在北宋时依然保持了高度的繁荣,城市依然具有旺盛的商业活力和交易需求。所以,这座城市的繁华商业、国内领先的手工业,以及深厚的文化底蕴,都为交子诞生提供了基础和推动力,也为交子的诞生储备了能量。

四、交子在成都的问世成为必然

成都,由于得天独厚的地理区位、"旱泽从人"的地貌环境和开放包容的诚信理念,早期在民间已出现纸币"交子",为规范这一新事物,宋天圣元年,宋仁宗在益州设"交子务",由此,"官办交子务,厉行监守;预留准备金,限量流通;

---

① [宋]洪迈著:《容斋随笔》,上海:上海古籍出版社,1978年,第122页。
② [宋]司马光编著,[元]胡三省音注:《资治通鉴》卷二百五十九唐昭宗景福元年三月条,北京:中华书局,1956年,第8430页。

专设钞纸院,革除伪造;厘定交子铺,恪守信用""变革金融业态,略具银行雏形",经过充分的准备,于公元1024年,在成都出现了世界上第一种由公权力担保的纸币——交子。

交子有"私交子"和"官交子"之分,私交子是民间流行的票据,而官交子是朝廷成立交子务后的官方纸币。四川是宋代商品经济最繁荣的地区之一,丝绸之路上的蜀道四通八达,许多商人携带巨资,到四川购买蜀锦、绢帛、药材、茶叶、土特产品等物资,并将其运销境外,然后再将贸易所得货币转运回四川,继续购买蜀锦等物资。①这些大宗贸易动辄千万,交易量非常大。而在这一过程中,金属货币在数量上供不应求,不断出现钱荒现象,贱金属货币给商品的大量流通造成了极大困难。于是北宋初年,成都出现了为不便携带巨款的商人经营现金保管业务的"交子铺户"。存款人把现金交付给铺户,铺户把存款数额填写在用楮纸制作的纸卷上,再交还存款人,并收取一定保管费。这种临时填写存款金额的楮纸券便谓之交子。在交子逐渐被商人接受之后,人们又发现并不需要在每次交易之后都来交子铺兑换铁钱。于是交子就成了交换媒介,承担起了货币的部分职能。一开始交子的面额依据客户的存款额临时填写,后来又发展出了固定面额的交子,这为交子充当货币提供了极大便利。从纸币的这一发展过程看,纸币交子进入流通领域,不但解决了商品流通量和货币发展不相适应的矛盾,促进了商业的发展,而且还建立了一套比较完备的纸币发行与管理制度,使中国的货币发展进入纸币时代。

交子的诞生是中国对世界经济的一大贡献。它的使用发行不仅有着科学的发行制度和较为完善的准备金储备,而且在通货控制,以及货币回收上也形成了科学的体系。不仅如此,交子身上有一整套的产业链,涉及造纸、印刷、防伪、发行、回收等,其中绝大部分都是以成都本地科技和工艺来完成的,代表着当时世界最高水平。从信用关系和商品经济发展等角度来解释,宋代纸币的起

---

① 王宝平:《论交子与宋朝商业繁荣》,《开封教育学院学报》2010年第2期,第48页。

因,可以说:交子出现的前提是商人信用已被社会承认和接纳,[①]体现了唐宋时期天府之国的商品经济和商业信用的发展。综上所述,专家们大致认为"信用关系成为市场交易中的重要因素"。信用关系和商品经济发展,是宋代纸币登上历史舞台的主要原因。丝绸之路的畅通与域外的频繁贸易,加上这里人们的创新意识、诚信理念和发达的经济,交子在这里的出现将成为必然。

---

① [日]加藤繁著,吴杰译:《交子的起源》,《中国经济史考证》(第二卷),北京:商务印书馆,1963年,第1—11页。

西夏遗址中发现的铅质"大朝通宝"

——兼论"大朝通宝"的若干问题

牛达生

宁夏文物考古研究所

1998 年秋,银川市出土铅质"大朝通宝"15 枚。20 世纪 70 年代以来,"大朝"钱时有发现,但皆为银质和铜质。铅质"大朝",在宁夏是第一次出土,在全国也是首次发现,具有重要的文物、收藏和研究价值。

一、西夏遗址中的铅质"大朝"

(一)发现情况

1998 年 8 月下旬,银川市钱币爱好者支某,从银川宾馆南侧挖沟的民工手中购得刚出土的铅质"大朝通宝"15 枚。与其伴出的,有新莽"大泉五十""货泉",唐"开元通宝""乾元重宝",五代"唐国通宝""周元通宝",金"正隆通宝",北宋"太平通宝""宋元通宝",西夏"天盛元宝""光定元宝"等钱 70 余枚。

出土文物中,还有单片云形银锁 1 件。是与"大朝"钱同出,还是在较上的层位出土,情况不明。银锁古色古香,造型规整,面浮黑锈,横 6.2 厘米、高 5 厘米、厚 0.2 厘米,重 8.1 克。正面线刻真书双钩"如意锁"三字,文字两侧和下部为八字展开的线刻花草纹。背无纹饰,中下部有钤印"天保足纹"四字,印形薄小,字迹不清,仅 8 毫米×3 毫米。是西夏时物,还是后世之物,尚待研究。

鉴于这批"大朝"钱的重要价值,兹将有关数据列表如下:

表 1

编号	直径(毫米)	宽度(毫米)	内郭宽度(毫米)	重量(克)	备注
1	22.0	7.0	1.5	3.40	钱背穿右、穿下有钤印痕迹
2	21.6	7.0	1.5	3.15	同上
3	21.0	7.0	2.0	3.20	钱背穿上、穿下有钤印文字
4	21.0	7.0	1.8	3.05	同上
5	15.0	5.0	1.5	2.05	
6	15.0	5.0	1.0	1.95	
7	15.0	5.0	1.0	1.62	
8	15.5	5.0	1.0	1.61	
9	15.5	5.0	1.0	1.61	
10	15.5	5.0	1.0	1.61	
11	15.0	5.0	1.0	1.60	
12	15.0	5.0	1.0	1.53	
13	16.0	5.0	1.2	1.75	
14	16.0	5.0	1.5	2.00	
15	16.0	5.0	1.3	1.87	

(二)应是西夏遗址

一般认为,"大朝"钱多出土于元时期的遗址或窖藏内。那么出土铅质"大朝"的遗址是什么时代呢?如果不深究的话,也会以为它是元时期的。但仔细思量,它不可能是元朝时期[①]的,而只应是西夏末期的西夏遗址。理由有三:

---

① 元朝时期,是指 1206 年成吉思汗统一漠北,至 1271 年忽必烈升中都为大都(今北京),改国号为大元的一段。这一时期,又被称为"大蒙古国""蒙古汗国"。

首先,出土钱币中最晚的是神宗的"光定元宝","光定"(1211—1221 年)最后一年,距西夏灭亡仅 5 年时间。据说,出土物距地表深约 1.5 米,土层中含有西夏风格的房脊兽头残块及破碎瓷片,没有发现西夏以后的遗物。

其次,银川是西夏都城中兴府(前期称兴庆府)故址。1226—1227 年,蒙古灭夏战争异常残酷,蒙古铁骑尽"屠其城民","杀得一个不剩",[①]遂使其成为一座空城。1261 年(中统二年),元世祖忽必烈置"行中兴府中书省"后,[②]始从外地移民于宁夏,进行开发。其间,中兴府成为"空城"而无人居住达 34 年之久。这就是说,"大朝"钱入地,不可能在西夏之后,而应在西夏灭亡前。

最后,蒙古人称"大朝",应是 1206 年成吉思汗称大汗,至 1271 年忽必烈定国号为元这一特定历史时期的事。翻开历史,"大朝"钱在银川出土绝不是偶然的。1205—1227 年蒙古与西夏六度兵戎相见,直至夏亡。西夏迫于蒙古势力,不得不献女求和,遣送质子,称臣纳贡,甚至接受征调,派兵助蒙伐金。在夏蒙频繁交往的背景下,蒙古人使用的"大朝"钱流入西夏是再自然不过的事情了。

(三)金属测定与版别

"大朝"钱有大小两种,皆对读,真书,平背。轮廓欠规整,边缘有磨损痕迹,穿内残留毛刺。文字浅薄,但还清楚。如上表,大的直径 21~22 毫米、穿宽 0.7 毫米、内郭厚度 1.5~2 毫米,重 3.05~3.4 克;小的直径 15~16 毫米、穿宽 0.5 毫米、内郭厚度 1~1.5 毫米,重 1.53~2.05 克。

"大朝通宝"经宁夏大学测试中心采用 KYKY-1000B 扫描电子镜(SEM)和TNSERIES Ⅱ 能谱仪测定,元素含量主要为铅,可以认定为铅币(表 2)。

上述 15 枚"大朝"钱的小版别,经初步划分,大致可分为大钱二式,小钱三式(图 1:1、4、7、12)。

大钱二式,一为宽"通",一为窄"通"。1 号 2 号为宽"通"式,书体工整,笔力遒劲,宽博沉稳,有"大定"意味,为同类钱中所少有;3 号、4 号为窄"通"式,与

---

① 道润梯步:《蒙古秘史》,呼和浩特:内蒙古人民出版社,1987 年,第 360 页;拉施特主编:《史集》第一卷第二分册,北京:商务印书馆,1992 年,第 353 页。
② 《元史》卷四《世祖一》,北京:中华书局,1976 年,第 74 页。

表 2

原编号	名 称	元素含量（百分比）			
		硅(Si)	铅(Pb)	钙(Ca)	铁(Fe)
01	大朝通宝	4.07	90.13	1.71	4.09
04	大朝通宝	5.99	84.24	2.60	7.17
07	大朝通宝	3.55	87.61	2.37	6.47
12	大朝通宝	6.54	84.20	2.88	

式相反,字体粗放欠规整,"大"字左边和"朝"字右边,皆有大片流铅,"宝"字写法奇特,字头不是"宀",而是一点一横的"亠(tou)"字头。

小钱以书体形态的不同,可为三式。一式"朝"字正置,"大"字工整,"通"字走车下笔略倾,如 5 号至 9 号钱;与一式不同,二式"朝"字歪斜,"大"字头笔偏右,笔画交会处有流铅,"通"字走车下笔平直,如 14 号、15 号钱;也有介于一式和二式之间的,如"大"字工整类一式,而"朝"字歪斜则类二式,如 10 号至 13 号钱。小钱最为奇特的是简化"宝"字,与简化字不同,宝盖下为"王"字。

大钱钱背有钤印文字,但文字浅薄,甚难辨识(图 1:3、4)。

二、铅质"大朝"钱的价值

近十几年来,所见发现"大朝"钱的报道,一般仅知其出土地点,却少有其他情况。这次发现,虽然也不是科学发掘,但却是有明确出土地点、出土层位、并有他物共出的一次发现。这就增大了它的信息含量,提高了它的研究价值。至少有如下几点值得研究:

第一,为"大朝"钱增添了新的品种

过去,"大朝"钱有银质和铜质两种,而未见铅质的。铅质"大朝"钱的发现,为"大朝"钱增添了新的品种,对元时期钱币的铸造和使用具有重要研究价值。蒙古在银钱、铜钱外铸铅钱,或许与缺少银、铜资源有关。过去所见"大朝"钱,

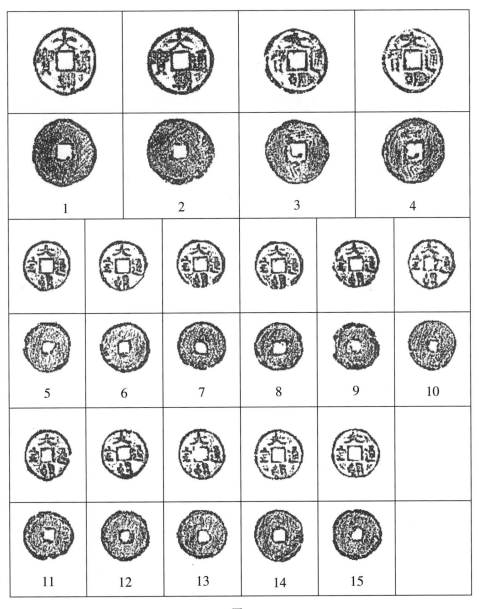

图 1

皆为直径 20 毫米以上的大钱，只有内蒙古察右中旗发现过一枚直径 16 毫米的小钱。这次出土的小钱，竟有 11 枚之多，为过去所无，从而进一步证明"大朝"钱除小平钱外，还有一种比小平钱还要小的钱。同时，不论是大钱还是小钱,是银钱还是铅钱,都还可以分出若干小版别。

第二,为"大朝"钱增添了新的文字资料

过去所见"大朝"钱,未见有异体文字。这次发现的两个异体"宝"字,在钱币研究中是极为少见的,为钱币文字的研究增加了新的资料。

"大朝"钱"宀"字头的"宀"写法,并不是初见。丁福保《历代古钱图说》著录的"应圣元宝"背"拾","乾元重宝"背"百","应天元宝"背"万"三钱,其宝字都是"宀"字头。"应天"为五代燕王刘守光年号,《泉志》董逌曰:幽州刘守光铸钱,文曰'应天元宝',背文曰'万'。""应圣""乾元"二年号与刘守光无关,丁福保以此二钱与"应天"钱"文字制作,完全相同",故断为同时。[①]《中国古钱大系》著录北宋折三铁母"至和重宝"背"虢"、背"同"、背"坊"三钱,其宝字也是"宀"头。宁夏扬某藏有折三铁母"至和重宝"背"坊"钱,造型规整,字迹清晰,品相极好,其宝字也为"宀"字头。"大朝"钱"宀"字头是受上述诸钱影响,还是自创,笔者以为两种可能都有,而后者可能性更大,理由是上述诸钱流传极少,铸"大朝"有关人员,怕是未必能见到。

有人认为,历代钱币文字规范,"简体字在钱文上是没有的"。太平天国从"囗"从"王"的国字,"是太平天国时期特定的一种写法",不是"简体字"。"大朝"小钱从"宀"从"王"的宝字,是首例钱文中的简体字,说明我国钱币文字除正规的篆隶真草外,还使用简体字。"大朝"小钱"宀"下"王"字的宝字,前所未有,是钱体文字的新发现。

"大朝"钱"宝"字的变体和简体,影响到忽必烈以后元代钱币的文字。如"至元通宝""大德通宝",有的小平和折二钱,宝字也是"宀"字头。而许多小供养钱,大都写成"宀"字头加"王"字的宝字,如"中统元宝""泰定元宝""天历元宝""致和元宝""至顺元宝""元统元宝""至元通宝"等,"延祐元宝"小平钱,也有简体宝字者。丁福保《历代古钱图说》,高汉铭《简明古钱辞典》,俞伟超主编

---

① 见丁福保:《古钱大辞典拾遗·古泉目录》第32(2407)页。又有将"应圣"断为日本钱的。如丁福保《古钱大辞典·下编》,第465(2101)页称:"袁寒云曰,厥泉为倭岛旧制,绝罕见,即彼邦也稀有矣。"北京:中华书局,影印本,1982年。

《中国古钱大系》等,都有这些钱的图录,高汉铭还在文字中记述了这一特点。

第三,为"大朝"钱的流通情况增添了的新资料

限于资料有限,"大朝"钱的流通情况尚无人论及。上面已经谈及,"大朝"钱在银川的出土绝不是偶然的,而是 1205—1227 年夏蒙频繁交往的结果。

我们知道,西夏虽然铸钱,但在境内流通的还有两汉以来的历朝钱币,但主要的是北宋钱,约占 85% 以上,最晚的是西夏"光定元宝"。[①]我们注意到,与铅质"大朝"同时出土的,也有汉后历朝钱币,也以北宋钱为多,而最晚者为西夏"光定"。这就意味着银川西夏遗址这批铅质"大朝"钱的构成与西夏流通钱币的构成是一致的,意味着"大朝"与"光定"虽不是同朝之物,却是同时之物,意味着"大朝"钱是与夏、金社会流通的钱币同时流通的。

三、对"大朝"钱若干问题的认识

"大朝通宝",史籍缺载,其铸造和流通情况少有人知。但清代以来,就有人收藏研究,被视为珍稀品种。清乾嘉时期,泉学大师翁树培可能是最早收藏和研究"大朝"钱的学者,这反映在《古泉汇考》"大朝通宝"条中。清末民国初年,收藏和研究的人渐多,仅据丁福保《古钱大辞典·下编》"大朝通宝"条载,藏有"大朝"钱者,就有于泽山一品,宣愚公一品,袁寒云一品,蒋敬臣一品,罗伯昭一品,皆银质。丁福保在《古钱大辞典拾遗·古泉目录》中,并称"大朝"有"银铸与铜铸二品",可见,还有人入藏铜质"大朝"的。20 世纪 70 年代以来,"大朝"钱多有发现,仅据已经报道的就有 8 处近百枚之多,兹将各地发现情况列表如下(表 3):

---

① 牛达生、许成:《贺兰山文物古迹考察与研究》第二章"窖藏钱币",银川:宁夏人民出版社,1988 年。

表 3

（长度：毫米，重量：克）

编号	出土时间	地点	质地	数量	直径	穿宽	郭厚	重量	钱背文字	资料来源
1	1975年	清水	银	1	20	5.5	2.3	3		刘大有：《成吉思汗病故清水县与当地出土的大朝通宝》，《内蒙古金融研究》1989年
2	1985年	秦安	银	1	20	6.5	1.2	3.3	有钤字	《甘肃历代货币》，兰州：兰州大学出版社，1989年
3			铜	1						《甘肃历代货币》，兰州：兰州大学出版社，1989年
4	1986年	贺兰	银	1		5.0	1.5		钤畏兀儿字	《西夏佛塔·贺兰县拜寺口双塔》，北京：文物出版社，1995年
5	1989年	察右中旗	银·小	1	16	3.0	1.0	1.4		王永兴：《大朝通宝银质小钱》，《内蒙古金融研究》1990年
6	1992年	黑城	银	1	22	6.0	1.2	3.6	穿左右钤字各1	庞秀文：《大朝通宝识略》，《内蒙古金融研究》1993年
7	1993年	天水	银	6	20~22			3.2	皆有钤字	王福爱：《大朝通宝背文求识》，《内蒙古金融研究》1994年
8	1993年	天水	银	50	22~23.5	4.0~5.0	1.0~1.5	2.53~3.90	部分有钤字	周力：《浅谈大朝通宝》，《舟山钱币》1994年
9	1994年	洋县	银	11	22			2.2	有钤字	赵汉国：《洋县发现银质大朝通宝钱》，《陕西钱币研究》1994年
10	1998年	银川	铅大	4	21~22	7.0	1.5~2.0	3.05~3.40		见本文
11	1998年		铅小	11	15~16	5.0	1.0~1.5	1.53~2.05		见本文
10			银	1	22	6.0				《中国古钱谱》，北京：文物出版社，1989年

续表

编号	出土时间	地点	质地	数量	直径	穿宽	郭厚	重量	钱背文字	资料来源
11			银	1	22	5.0				《中国古钱谱》,北京:文物出版社,1989 年①
12			铜	1	22	5.5		2.70		高汉铭:《简明古钱辞典》,南京:江苏古籍出版社,1990 年
13			银	1	22	5.8			有钤字	《上海博物馆藏钱》,上海:上海书画出版社,1994 年
14			银	1	21	4.0			有钤字	愈伟超主编:《中国古钱大系》,成都:西南财经大学出版社,1997 年
15			银	1	23	5.0				愈伟超主编:《中国古钱大系》,成都:西南财经大学出版社,1997 年
16			铜	1	20	5.5				愈伟超主编:《中国古钱大系》,成都:西南财经大学出版社,1997 年
17			铜	1	22	5.0				愈伟超主编:《中国古钱大系》,成都:西南财经大学出版社,1997 年
18			铜	1	22	5.0				华光普:《中国古钱目录》中卷,长沙:湖南人民出版社,1998 年
19			银	1	25	6.0				华光普:《中国古钱目录》中卷,长沙:湖南人民出版社,1998 年
20			银	1	26	5.8			有钤字	华光普:《中国古钱目录》中卷,长沙:湖南人民出版社,1998 年

注:10 号以后,选自相关著作,发现地点、时间不详;部分数据,测自图上。总计 99 枚,其中银 79、铜 5、铅 15 枚。②

---

① 补注:《中国古钱谱》两枚,皆取自丁福保《历代古钱图说》。

② 补注:据李逸友先生《"大朝通宝"考》一文考证(《内蒙古金融研究·钱币专刊》1995 年 2 期,总 68 期),除罗列与上表相同的近年出品外,还对各家论著中的多枚,进行了考证,涉及银 2、铜 3。兹简述如下:一、银钱两枚:1. 直径 19—20 毫米,源于宣愚公《银大朝通宝钱考》一文(原载《古泉学》第二期,1936 年)。其后,马定祥批注《历代古钱图说》1695 条所称"背有木字戳者",朱活《元钱通论》,王贵忱《元钱拓集》,孙仲汇《简明钱币辞典》中一枚,皆同此枚。2. 直径 19—20 毫米,首发孙仲汇《简明钱币辞典》中的另一枚银品,华光普《中国古钱目录》中的一枚,亦同此钱。二、铜钱三枚:1. 直径 23 毫米,重 3.4 克,首发朱活《古钱新典》,其《元钱通论》所用即此品。2. 直径 23 毫米,重 3 克,首发《古钱介绍》。3. 直径 22 毫米,重 2.7 克,首发高汉铭《简明古钱辞典》。这 5 枚银、铜"大朝",或许与表中所列诸家谱录,有相同者,故未补列表内。

（一）"大朝"钱的断代问题

最早对"大朝"二字进行考证的是翁树培先生。他在《古泉汇考》中，列举金石材料数十例，说明元时期"至世祖元年庚申（1260年），始改元中统，此前并无年号；且世祖至元八年（1271年），始建国号大元，此前并无国号"。他认为"大朝通宝当为蒙古未改国号大元以前所铸审矣"。[1]

近世，古泉学家宣愚公在《大朝通宝续考》中，更列举金石、文献材料数十例，说明古代自称"大朝"者，不仅有唐宋等大国，也有后唐后晋等小国，并非蒙古所独称。但他并未因此否定"大朝"是蒙古钱，而是"谛观是钱（锦县于泽山藏——原文注）文字及一切孔郭形制，虽不能确定为世祖以前何帝何后所铸，大抵属元初之物，翁氏之说，固极可信"。[2]泉家袁寒云认为，蒙古兴起"时值南宋之初，蒙古文化尚未昌明，即泉制也以宋为法，则厥泉'大''通''宝'三字，即放（仿之误——笔者）'大观'泉也"。认定为"蒙古未改国号为元以先所铸也"。[3]此后，丁福保、罗伯昭、方若诸家，皆沿袭是说，并成定论。

如果说，过去对"大朝"是元蒙钱的认定，主要靠的是对"大朝"二字的考证，如今，新的出土资料，却为这一认定提供了实物依据。1986年，在宁夏贺兰县拜寺口双塔发现的银质"大朝"钱，钱背畏兀字"蒙兀儿（帝国）·合罕·钱·宝"（图2），[4]明确无误地告诉人们，"大朝"钱是蒙古汗国钱。而忽必烈后元代官铸钱多有八思巴文，也说明其为元时期钱币。

（二）"大朝"钱是否是正用品的问题

"大朝通宝"是否是正用品钱，先贤们早有争论。宣愚公在认定为它是蒙古汗国钱的同时，认为它与元代"正用品中之至大、至正钱形制又不合，则非正用

① 转引自丁福保：《古钱大辞典·下编》"圆钱类·大朝通宝"，北京：中华书局，影印本，1982年，第96（1361—1362）页。
② 宣愚公：《大朝通宝续考》。转引自《古钱大辞典·下编》"圆钱类·大朝通宝"，北京：中华书局，影印本，1982年，第97（1365）页。
③ 转引自丁福保：《古钱大辞典·下编》"圆钱类·大朝通宝"，北京：中华书局，影印本，1982年，第97（1366）页。
④ 宁夏文物管理委员会办公室编：《中国古代建筑·西夏古塔》，北京：文物出版社，1995年，第90页。

图 2

品又无疑矣"。①而罗伯昭则认为"大朝通宝"是正用品,但不是主币,而是辅币,根据"金通行钞""宋间行钞""大朝钱少"推断,认为"似必另有"同名主币纸钞,并铸"少许银铜钱"作为辅币,用"以权钞者"。②

20 世纪 70 年代以来,随着"大朝通宝"的不断出土,又有"赏赐钱""供养钱""厌胜钱""春钱"等说。有人因其是银质,认为和"宋钱的金银钱一样,是赏赐给贵族的"。有人认为"近年出土大朝通宝,实不类蒙古汗国官铸正用品"③,"大朝"钱"当与寺观礼神有关,殆为寺观铸钱"。有人依据"文献绝无'大朝通宝'的记载",而认为可能是属于"寺观供养钱"。也有人以同样不见《元史·食货志》记载为由,认为其"性质属于厌胜钱和春钱"。

上列诸说,多为揣测之词,并无多少令人信服的依据。元代的纸币制度是在世祖中统年间才实行的。也确有"钱钞相权之法",即用实物钱币代替纸币的方法,是世祖时吏部尚书刘宣提出来的,但真正实行,并铸出"权钞钱",则是元末顺帝至正年间的事情。这是《元史》中明确记载,并有实物依据的历史事实。因而辅币之说并不正确。

"大朝通宝""不类官铸正品钱"而与宋金钱相类。对此,前人早已做了解

① 转引自丁福保《古钱大辞典·下编》,"圆钱类·大朝通宝",北京:中华书局,影印本,1982 年,第 97(1365)页。
② 罗伯昭:《元代权钞钱说》。转引自《古钱大辞典·总论》,北京:中华书局,影印本,1982 年,第 225—231 页。
③ "元代""蒙古汗国"是两个不同的概念。过去,这两个概念使用得比较混乱。"蒙古汗国"没有明确的官铸正品钱,此处似可理解为"不类元代官铸正用品"。

释。罗伯昭说："蒙古草创沙漠，文化未开，自必事事模效中华……金宋制度，当然习染，钱币何独不然？"①这种现象，在钱币史上屡见不鲜，即如南宋"建炎""绍兴"等钱，与北宋钱相类，而与"淳熙"以后真书钱不同。至于说文献绝载：《元史》未记，更不是理由。太祖成吉思汗之伟业，《元史》亦欠详尽，何况铸钱区区小事！文献中，除武宗"至大"钱、蒙文"大元"钱和顺帝"至正权钞钱"有记载外，其他如"中统""至元""大德""皇庆""延祐"等钱，均未见诸史载，这并不能说这些钱也不是正品钱。

蒙古汗国建于1206年，到1227年，1234年先后消灭夏、金，而据有北方中国之地。此时，我国使用方孔钱已有一千四五百年的历史。西夏使用钱币，金代钱钞并行，但到金末，交钞已如废纸，民间自然恢复以物易物和使用钱币。这些情况，不能不对元统治者有所影响。《元史·世祖纪》载，世祖至元十七年（1280年），在"江淮等处行钞法，废宋铜钱"，正好说明元时期是使用钱币的。战争频仍，朝代更迭的五代十国，是"铜、铁、铅钱并用时期"。②忙于用兵，尚未顾及经济的元统治者，他们只能听任民间继续使用夏金时期的钱币。也许是出于补充市场钱币的不足，也许是为了显示"大朝"的地位和扩大"大朝"的影响，自然有必要铸造自己的钱币投入市场，这或许就是"大朝"钱产生的背景。而贺兰"大朝"钱背书"蒙兀儿·合罕·钱·宝"钤文，更为"大朝"钱验明正身。"大朝"钱是蒙古汗国在其统治区铸造和使用的正品钱。

（三）"大朝"钱的流通区域问题

20世纪70年代以前，人们所知之"大朝"钱，不仅数量绝少，难得一见，且因皆为无出土地点的传世品而难以进行更多的研究，流通领域问题无人议及。20世纪70年代中期以来，如前表所列，不仅有了许多新的发现，更为重要的是大都有具体的出土地点，这就为诸如流通区域问题的研究提供了新的资料。

---

① 罗伯昭：《元代权钞钱说》。转引自《古钱大辞典·总论》，北京：中华书局，影印本，1982年，第59(227)页。

② 俞伟超主编：《中国古钱大系》，成都：西南财经大学出版社，1997年，第288—314页。

笔者注意到，上列"大朝"钱出土地点，都在今内蒙古和西北诸省区，其中甘肃3处，宁夏2处，陕西1处，内蒙古2处，而无中原及南方省区者。这使我们相信，南方诸如上博及个人藏品，也应多是从西北流传过去的。这种状况的形成是有其历史的必然性。它明确告诉我们："大朝"钱是蒙古征服夏、金，尚未统一南宋之前，在夏、金旧地铸造和流通的货币。这也决定了它的形式只能是东方式铸造的方孔圆钱，而不是西方式打压出来的并有铭文的片状钱币。

上表所列99枚"大朝"钱中，银钱约占4/5，说明银钱占主导地位。有人认为，"大朝"所以银钱多，是受西方波斯的影响所致，并认为钱背上钤印文字，是"大朝"钱流入波斯后，为使其在波斯"境内行用"而"加押"的。笔者认为，"大朝"钱背钤印文字，可能是受了西方的影响，因为蒙古人最早接触的是压有铭文的回鹘钱币，但说其"行用在波斯境内"，似乎缺少根据，至今未见伊朗、中亚诸国及新疆发现"大朝"钱的报道。至于使用银币，与其说是受西方的影响，不如说是受中原的影响。我国自古以来，除主要使用铜币外，黄金白银也有一定的地位，如楚国的爰金，汉代的钣金（金饼），唐代的金、银"开元"等，不一而足。到了宋代，更法定税收和官俸用银，银币更为盛行。金代铸造了"承安宝货"，实行银钞并用。蒙古虽然灭金于1234年，但早在1211年便攻占西京（今山西大同），进逼中都（今北京），占有今山西、河北、辽宁大部分地区。1213年、1214年进兵黄河以北，破金90余郡，使金主不得不南迁开封。1215年攻克中都，金之府库尽为蒙古所有。蒙古铸造银币，自然不必到西方寻找依据。

（四）"大朝"钱的文字问题

要对"大朝"钱的文字进行研究，似有必要对元时期使用文字的情况有所了解。我们知道蒙古族是游牧民族，成吉思汗以前是没有文字的，部落首领"凡发布命令、遣使往来，止是刻指以记之"。[①]"行于鞑人（即蒙古族）本国者，则只用小木，长三四寸，刻之四角，且如差十马，则刻十刻，大率只刻其数也……小

---

① ［宋］赵珙撰，王国维笺证：《蒙鞑备录》，是今存最早记载蒙古事迹的专书。

木即古木契也"。①"1204 年,成吉思汗征服乃蛮部,统一蒙古诸部后,开始使用回鹘字母拼写蒙古语,这就是回鹘式蒙古文,是与明末直至现代使用的蒙古文不完全相同的古代蒙古文。"与此同时,也用汉文拼写过蒙古语,即所谓"凡施用文字,皆用汉楷及畏兀字(即回鹘字),以达本朝之言"。②这些记载,反映了在蒙古汗国草创时期蒙古文字不够稳定,使用比较混乱的情况。1260 年元世祖忽必烈即位,即命国师八思巴创制蒙古新字,称为"国字"。1269 年正式颁行推广使用,凡皇帝诏旨文书,以及法令、印章、牌符、钱钞等,一律使用"国字",这就是人们通常所说的"八思巴字",是元代主要使用的文字。

"大朝"钱的文字有正面钱文和背面钤印文字。这两项文字的研究,前人都已涉及,但也都有待充实完善之处。

钱面"大朝通宝"四字,其中的"大""通""宝"三字,袁寒云提出"仿大观"说,方若提出"仿大定"说。③此二说似皆可成立,但从银川铅质"大朝"来看,并不完全如此。其中大钱Ⅰ式,确与其他"大朝"钱一样,与"大观""大定"有共同之处;但大钱Ⅱ式,笔画粗细不匀,结体缺少章法,而宝字,竟将字头改成"宀"写成"寶",则与"大观""大定"风马牛不相及也。又铅质"大朝"小钱,将宝字写成"宀"加"王"字的宝字,也难以找到依据。这都表明"大朝"钱文的复杂多变,也为文字学的研究增添了新的资料。

"大朝"钱背钤印文字,宣愚公就注意到"背有隐起之印,似篆文木字,未详其故"。袁寒云还对其字进行了描述:"背平钤印二:一 卅 形,一 几 形,咸古文也。"④1980 年以来,人们根据新的发现,对这些钤印文字给予更多的关注,其中有的还得到译释,如前述贺兰银质"大朝"背文为畏兀字"蒙兀儿·合罕·钱·宝"

---

① [宋]彭大雅撰,徐霆疏、王国维笺证:《黑鞑事略笺证》,王国维:《王国维遗书》第 8 册,上海:上海书店出版社,第 211、212 页。
② 《元史》卷二〇二《释老志·八思巴传》,北京:中华书局,1976 年。
③ 转引自丁福保《古钱大辞典·下编》"圆钱类·大朝通宝",北京:中华书局,影印本,1982 年,第 97 (1366)页。
④ 转引自丁福保《古钱大辞典·下编》"圆钱类·大朝通宝",北京:中华书局,影印本,1982 年,第 97 (1366)页。

四字。但是总的来说,钤印文字究竟是什么文字,尚无一个令人满意的说法。有人认为是"纪地"和"纪年"文字;有人笼统说是"蒙文",是"中亚古文字";有人沿袭旧说,说"卅"是"木"字,也有人说是篆文"铢"字的简写。笼统的说法不能解决具体问题,"中亚古文字"甚多,是何种文字,现代蒙古文与古代蒙古文也不同。说"纪地"和"纪年"、说"木"、说"铢",也都有待证实。

据手边资料,"大朝"钱背钤印文字,可分为直笔、曲笔两类。直笔字如"卅卅少阝乩"等,曲笔字如"馬電列⑤帯"等,因钱文大都模糊不清,所描画之字很难说个个准确,只供参考。现提供钤印文字较为清晰的拓片(图3),供辨识。这些文字属何种文字,具体是什么字,对"大朝"钱币和蒙古汗国货币经济的研究至关重要。笔者认为或许与回鹘蒙古文有关,衷心希望我们的古文字学家能介入研究,以使有所突破。

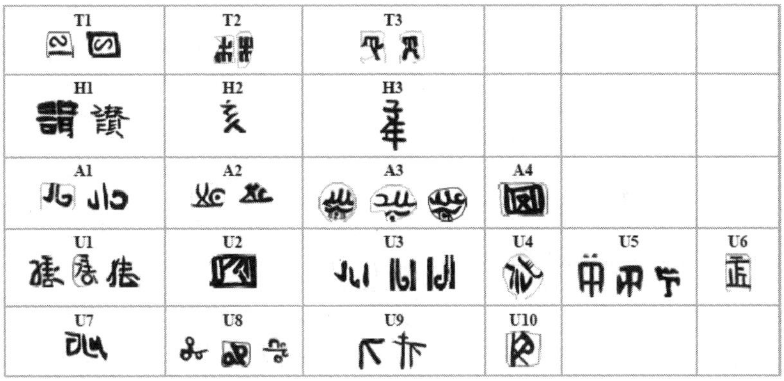

图 3

综上所说,"大朝"钱除一致认为是元时期蒙古汗国所铸外,如是否是正用品、流通范围的划定、钱币文字的辨认等,笔者所谈只是引玉之砖,尚待学界新的研究成果。而版别划分、银、铜、铅钱及大小钱币值等,更是悬而未决的问题。我们期待着更多的发现,特别是科学发掘的新发现。

原题为《铅质"大朝通宝"的发现及价值——兼论"大朝通宝"的若干问题》,原载《中国钱币》1999 年 4 期(本文做了较多增补)。

论丝绸之路上额济纳黑水城发现的
佛像掌中"天元通宝"

张文芳

中国人民银行呼和浩特中心支行　内蒙古钱币学会

笔者在俄罗斯友人赠送的《丝路上消失的王国——西夏黑水城的佛教艺术》一书中,[①]发现在圣彼得堡东宫博物馆收藏的一幅出自丝绸之路上、内蒙古阿拉善盟额济纳黑水城遗址佛塔的丝制卷轴"戴冠佛"画像的右手掌中,有一枚北元"天元通宝"钱币图。这枚难得一见的"钱币",承载着诸多历史信息,以下,通过对其进行考证研究解决一些相关问题。

一、相关背景

黑水城,位于内蒙古阿拉善盟额济纳旗旗政府所在地达来呼布(又译作达赖库布)镇东南约 25 公里处,蒙古语称作哈拉浩特、哈日浩特,是西夏黑水镇燕军司治所黑水城和元代亦集乃路遗址。当年该城地处额济纳河(黑水)下游,水力充沛,是沙漠戈壁中的一片绿洲。鼎盛时人口繁密,元代亦集乃路有居民

---

① 该书的英文版于 1993 年配合《丝路上消失的王国——西夏黑水城的佛教艺术》展览编辑出版,编者:Mikhail Piotrovsky。这项汇集了 83 件西夏文物精品的展览,曾在瑞士、奥地利、德国进行巡展。1996 年,台北"国立历史博物馆"从欧洲借来台北展出,并将该书的英文版翻译成中文出版。

7000 多人,其中黑水城内及关厢所住非农业人口约 3000 人。这里曾出现经济发展、商业繁荣的局面。

这里也是草原丝绸之路干线(之一)上的重要中转站、商品集散和物资补给地,即丝绸之路自甘州北行支线,经由亦集乃路至和林,继而远通至中亚、西亚及东欧,向东可与草原丝绸之路中路相连接。元朝岭北行省与腹里间的三条交通驿道的纳怜道(即为军情急务而设的小道,"纳怜"蒙古语意为"小"),其大致路线是自东胜州(今内蒙古呼和浩特市托克托城)沿黄河向西,经甘肃行省的北部至和林。额济纳黑水城是纳怜道所经之地,是纳怜道上自肃州至和林间的唯一一处供给基地。在黑水城出土的文书中,即有与纳怜道有关的记载。[①]也就是说,元朝时期的黑水城,不仅是一座人口众多,经济发达的繁荣城市,而且还是当时"北走岭北、西抵新疆、南通河西、东往银川"的交通要冲和元朝西部地区的军事、政治、文化中心。

1372 年,这座城池被明朝攻破,遂于 14 世纪末终告荒废,大量的文物宝藏被掩埋于黄沙蔓草之中。因此它吸引着西方列强所谓的探险家纷纷前来考察盗宝,其中该城遭受最大的浩劫是 1908 年、1909 年。其间,俄罗斯人科兹洛夫两次率领探险队到黑水城进行盗掘,运走了大量文书、书籍、绘画、纸币和硬币等贵重文物。其中有 8000 多件西夏文物收藏在俄罗斯科学院东方研究所,3500 多件文物收藏在俄罗斯圣彼得堡东宫博物馆(艾尔米塔什博物馆)。1914年英籍匈牙利人斯坦因也来黑水城盗掘走为数不少的文书、雕版画和其他珍贵文物。9 年以后,美国人华尔纳也步俄、英人之后尘来到黑水城,进行了又一轮滥挖滥掘。

1927—1934 年,瑞典的斯文·赫定和贝格曼多次到黑水城、额济纳流域进行考察或挖掘,这虽是经中国政府同意并联合进行的考古活动,但还是有很多出土文物被带到了瑞典。

---

① 原书此处加注:北京故宫的馆长(应为故宫博物院副院长——作者注)杨新最早向我指出硬币上的铭文中的第一个象形文字应是"天"。

中华人民共和国成立以来，国家文物考古部门多次对黑水城进行了考古调查。其中 1983 年、1984 年，内蒙古文物考古研究所、阿拉善盟文物工作站对黑水城进行的两次考古发掘，是全面、系统、科学、规范的考古发掘，不仅基本搞清了该城的布局和建筑基址，而且还发掘出土了近 3000 件文书和元代纸币，以及其他大量的文物。

由此说来，黑水城是一座巨大的文物宝库，这些实物资料对于研究额济纳地区的历史，特别是西夏至北元早期的历史具有重要的参考价值。本文论述的这枚"天元通宝"就这座文物宝库中的"一粒珍珠"，它出自黑水城城墙外、距西北角 300 米处的舍利塔，因该塔里面有手稿、书籍、绘画、铜像和木雕、小舍利塔等"庞大的财富"而被科兹洛夫冠以"辉煌"舍利塔（图 1）。2016 年 10 月笔者专程前往额济纳黑水城，考察这座舍利塔（图 2）。

图 1　20 世纪初期的"辉煌"舍利塔　　　图 2　2016 年 10 月的"舍利塔"

"天元通宝"被绘制在其中的一幅丝制卷轴"带冠佛"画像的右手掌心中。（图 3）。《丝路上消失的王国——西夏黑水城的佛教艺术》的编者 Mikhail Piotrovsky 在书中写道：佛陀"仪态如僧人"，其右臂垂于身旁，手上持一中国式的硬币，上有文字，自右向左读（实为上下右左对读——作者注）。有三个象形字（应为隶书汉字，下同——作者注）仍可读出："天元通"，第四个字"宝"则被抹掉(应作"磨损不清"——作者注)。①

图3 掌中绘"天元通宝"的戴冠佛

关于这枚"天元通宝",牛达生先生曾在《佛祖掌心上的"天元通宝"及由此引出来的难题》文中谈过自己的疑问。牛先生针对画中出现的"天元通宝"写道:"这幅画也给我们提出了一个难题,即文献无北元鼓铸之说,更无出土和发现北元钱币的报道。"那么,"天元通宝"从何而来,佛掌上的钱应如何解释。牛先生还说道:"觉得这一问题很有意思,现提出来,供大家讨论。"②

笔者认为这枚天元通宝年号钱学术研究价值非同小可,通过它为我们再现和从不同角度来研究元末明初暨北元早期那段不平凡的历史,特别是北元

① 李逸友:《黑水城文书所见的元代纳怜道站赤》,《文物》1987年第7期,第36—40页。
② 牛达生:《佛祖掌心上的"天元通宝"及由此引出来的难题》,《甘肃金融》2002年增刊第2期,第29—31页。

是否铸造过钱币提供了实物资料。不妥之处,还请各位专家同仁批评指正。

二、北元与"天元通宝"概说

北元(1370—1402 年),是史书对元朝灭亡后退居漠北哈剌和林的元朝政权的称呼。昭宗爱猷识理达腊 1371—1378 年在位,年号宣光。[①]1379 年后主脱古思帖木儿改年号"天元",至 1388 年止。其后 14 年间三易其主,均无年号。

关于北元是否铸过钱币,主要集中在宣光和天元两个年号上。因史书和钱谱均无记载,又不见实物出土,故泉界一致认为北元没有铸造过钱币,更没有铸造过天元通宝。但近几十年间发现过宣光通宝供养钱,[②]又见有文章说"天元通宝钱见有十数种版本,金、银、铜(包括青铜和黄铜)、铜鎏金及铅质皆有,大小不一,有相当一部分为佩戴之钱,其中背穿上'文'字的大钱学术界定为晚清天地会所铸之凭证信物,另一种较轻薄的小平钱为安南所铸。另外见有黄铜宽缘小平钱,就其风格判断当铸于清代,至于是否亦为天地会所铸,尚无定论。"该文中还展示了一枚天元通宝,直径 23.7 毫米,厚 1.8 毫米,青铜质,生坑,淡锈间绿蓝锈,皮壳坚硬斑驳,诸谱未载。观其制,与元钱无异。作者还引用博友"蒙古文化"《一幅佛像中的北元》文中提供的信息:1908—1909 年,俄国探险家科兹洛夫两次到达额济纳黑水城,盗挖了西夏至元代的文物。在这批发现中有一幅北元时期的绘画《持币戴冠佛》,其掌中有一枚外圆内方的中国传统铜钱,铜钱上有"天元通宝"四字。"今日又得一品北坑同版罐装钱,直径 24 毫米,厚度 1.5 毫米。可惜出土详情不明,地张有两处铸孔,铸工不精,从磨损程度判断

---

① 关于北元的起始年份有不同的说法:一为 1368 年元顺帝退出大都、北奔上都起;一为 1370 年至正三十年顺帝卒、太子爱猷识理达腊在应昌立,其后走和林即皇帝位,称必力克图汗,年号宣光起(是以明年为宣光元年)。本文即采用后者林幹、陆峻岭合编的《中国历代各族纪年表》(内蒙古人民出版社 1980 年 5 月版)之说。

② 有网站曾披露,在 20 世纪 70 年代有"宣光通宝"出现,颇具古气,极罕。但据孙仲汇先生,北元在荒乱中不可能铸钱。由于宣光钱为供养钱形制,是否当时有有心人造此钱,尚待更多实物证实。此外,有关论坛资料显示,吉林大学历史系李如森在一次讲座中曾经提到过宣光钱。黑龙江有人发现一枚宣光通宝,根据李如森考证为北元所铸。基本上可以说目前关于北元这段时间的钱币实证研究仍然处于空白。2005 中国嘉德春季拍卖会曾拍出一枚"元代宣光之宝供养钱"(规格为直径 11 毫米)。

有一定的流通使用痕迹。据此基本可以确定北元铸行过'天元通宝'这样一个
事实"。①还有文章也公布了自己得到的一枚天元通宝钱(图4),并得出结论为
"天元通宝"小平钱,无论是从铸相抑或是书相来看,其当为北元官炉铸品。而
从其锈相,并结合博友张海松之不同锈色品来看,其真实性很高,很难置疑。北
元钱,至今发现极罕,然而,极罕不等于没有。②

图 4 "天元通宝"小平钱

对上述泉友所披露的北元"天元通宝"之真,假笔者不敢妄加评断,只是赞
同北元铸过"天元通宝"的观点。其根据就是额济纳黑水城发现了佛像掌中绘
有"天元通宝",因为考古出土实物资料是不容置疑、最有说服力的。

三、佛像掌中"天元通宝"的特殊意义

在以往黑水城出土发现的文物中,有为数不少的元代纸币,③也有元代及
其前朝所铸的铜币,但多数为宋钱及唐铸钱,唯不见北元铸"天元通宝"钱。因

---

① 张海松:《北元铸天元通宝小平钱略考》,网络资料,2012 年;张海松:《又见天元——北元天元通宝》,
网络资料,2014 年,http://blog.sina.com.cn/s/blog_7936de080101kbfa.html。
② 京川游侠:《极珍罕的北元〈天元通宝光背小平〉铜钱赏考》,网络资料,2014 年,http://blog.sina.com.
cn/s/blog_738ba1010101i0zr.html。
③ 李逸友:《元代草原丝绸之路上的纸币——内蒙古额济纳旗黑水城出土的元钞及票券》,《内蒙古金
融研究》2003 年增刊第 2 期,第 176—185 页。

此，这枚佛像掌中"天元通宝"的发现就显得特别有意义。正如本书的编者 Mikhail Piotrovsky 所说："有关佛陀手中硬币的描绘极为特殊。"（此句译作"在佛陀手中绘制硬币极为特殊"更为恰当——作者）

这幅丝制"持币带冠佛"卷轴，立式，长 77.5 厘米，宽 51.5 厘米。画中佛陀立于一朵莲花上，仪态如僧人。头戴一镶有宝石的三面冠，左手执斗篷于胸前，右臂垂于身旁，手张开结与愿印，掌心绘一枚"天元通宝"（图 5、图 6、图 7）。佛陀手结与愿印并持钱币，这象征着佛陀的大悲和慷慨布施，显示出对世俗利益的渴望，令人如愿。然而佛陀作为宇宙之主（转轮圣王）和慷慨与愿者的角色结合，又以钱币取代象征佛教教义的法轮，就有多方面的特殊意义了。

图 5　持币戴冠佛　　　图 6　持币戴冠佛手臂　图 7　持币戴冠佛掌心"天元通宝"

第一，通过卷轴钱币上的天元年号，可以确定北元天元年间铸造过钱币。因为绘画艺术家在创作过程中所表现的画面，应该是自己所亲眼看到的东西，特别是一枚小小的年号钱，如果画工没有见过其实物，是不会想象出来的。据此分析或可得出这样的结论：这幅佛像的绘制者，可能在善男信女来寺院布施的钱币中见到了"天元通宝"，就临摹到佛陀的掌心中了。因为元朝普遍信奉宗教，黑水城中的佛教寺院和佛塔非常之多。至今城址上所保留下来最多的建筑

物即一座座佛塔。(图 8、图 9)

图 8　额济纳黑水城遗址佛塔
(2007 年 5 月笔者拍摄)

图 9　额济纳黑水城遗址佛塔
(有修缮,2007 年 5 月笔者拍摄)

第二,通过卷轴钱币上的天元年号,可以准确地确定这幅画的绘制时间。在黑水城发现的 300 多幅佛像画作上均未署年款,因此不能确定其具体年份。而这幅"持币带冠佛"因掌中所绘"天元通宝",标明它为 1379—1388 年间的作品,也由此让后人了解了天元年间的绘画风格,成为那个时代绘画断代的标准参照物。

第三,这幅卷轴画佐证了当时的历史状况,暗示了为什么用硬币代替法轮置于佛陀手中的寓意。据前所述,天元是北元第二位皇帝托古思帖木儿于 1379 年颁布的年号,使用到 1388 年。天元十年间,明朝不断攻击退居蒙古草原的北元政权。而北元皇室与原来分封在漠北的宗室及一些将领、部落之间矛盾重重,相互倾轧,导致实力渐衰。但远离战争核心的黑水城却是另一番情景。1372 年明将冯胜降服亦集乃路,把这里的部分军民押解迁移到中原之后,北元的其他军队和民众又重新占据了亦集乃城。到天元年间黑水城的军民人口和经济一度出现复苏的局面。1380 年的经济、文化等各业仍很活跃,特别是保持着虔诚的宗教信仰和对北元朝廷的忠心耿耿。此卷轴证明这时黑水城的宗教和艺术活动依然持续不断。再者,此时整个蒙古地区在政治和军事上的处境都比较艰难,北元王朝即将瓦解,这时黑水城的艺术家或布施者将一枚北元帝王托古思帖木儿的年号钱"天元通宝"硬币绘于带冠佛掌心的用意显而易见——求宇宙之主、慈悲的佛陀保佑元朝重振雄风、国人过上太平的日子。事实上,明朝初年即北元前期,地处偏僻的黑水城局势相对稳定,北元汗廷或者重要官员在黑水城亦有驻留。在这里仍延续着大元为正统、皇帝至高无上的观念意识,仍继奉元朝的典章制度和官制,以及与明朝抗衡的行为。比如,在黑水城出土的北元纪年文书上,仍见有沿用的甘肃行中书省、亦集乃路总管府等官署名称和丞相、平章、刑部郎中、少监、达鲁花赤、同知、判官、经历等元朝官吏的名称。出土的"天元元年"(1379 年)托古思帖木儿即位北元皇帝位的第二年,礼部造的八思巴文"永昌等处行枢密院断事官府印"铜印,更是对这种现象的最好诠释。[①]

第四,这幅北元画卷出现在西夏末年封闭的舍利塔中,佐证了明初西征,黑水城将领和官员降明,使黑水城和城内居民没有遭受战火之灾难。因此,早在 1227 年,成吉思汗攻打西夏时,黑水城里的官民掩藏于那座"辉煌舍利塔"中大量珍贵的西夏绘画、书籍、铜像、木雕、小舍利塔等得以完整保存下来。还佐证了成吉思汗攻打西夏时, 已封闭的舍利塔在北元时期再度开启继续藏宝于其中。这也由此改变了以往学术界认为的黑水城废弃于明洪武五年(1372 年),冯胜西征取亦集乃路,以及黑水城发现的画卷基本上是西夏时期所绘的观点。

第五,这幅画中将钱币绘于佛陀之掌心,也反映了当时货币用于宗教信仰布施,以及与元代庙宇钱的延续关系。我们知道,元朝盛行神佛庙宇钱,迄今发现的各个朝代的庙宇钱,无论是品种还是数量,均以元代的为最多。铸造佛寺布施专用铜钱在《新元史·食货》中有明确的记载:"(元代)历朝并铸铜钱,盖以备布施佛寺之用,非民间通用也。自世祖以后,中国通用楮币,西北诸番仍行钱币。"对此乔晓金先生曾有考证,认为元代铸造的所谓佛寺布施之钱,恐怕是为

[①] 蒙古文物考古研究所、阿拉善盟文物工作站:《内蒙古黑水城考古发掘纪要》,《文物》1987 年第 7 期,第 1—23 页;王大方、张文芳:《草原金石录》,北京:文物出版社,2013 年,第 203 页。

了纪念一些盛典,如皇帝登基、祝寿生子、战争胜利。用作赏赐、馈赠、供养、压胜之用。因此,在元代铸造的钱币中有一类庙宇香殿专用钱。①其实,这些庙宇钱,在寺庙等宗教领域应该是可以用于商品交易流通的。元朝这一习俗影响到北元,或者说二者存在着延续关系,因此,这一史实也反映在北元佛像绘画中。

综上所述,本文通过额济纳黑水城发现的一幅北元佛像掌中绘有"天元通宝"这一现象,分析了其背后的故事,探讨了其重要的考古学术价值。在此文即将完成的时候,笔者也深深感到,有些问题尚未论述透彻与完整展现,还有一些问题没有涉及。因此,一是将继续对此问题展开探索研究,在额济纳黑水城发现的珍贵文物中"寻宝",以期寻找新的发现;二是抛砖引玉,意在像牛达生先生所期望的,把问题提出来,请大家参与讨论。

最后,感谢赠我英文版《丝路上消失的王国——西夏黑水城的佛教艺术》一书的俄罗斯朋友、钱币专家 Vladimir Beliyayef 先生,感谢让我借阅中文版《丝路上消失的王国——西夏黑水城的佛教艺术》一书的内蒙古博物院文物考古鉴定专家苏东女士。

---

① 乔晓金:《元代货币制度新探》,《内蒙古金融研究》2002 年增刊第 1 期,第 46—51 页。